DIAMOND
流通
選書

テスコの経営哲学を10の言葉で語る

企業の成長とともに学んだこと

Management in 10 Words

テスコ元CEO
テリー・リーヒー［著］
矢羽野晴彦［訳］

ダイヤモンド社

アリソンに捧げる

はじめに

　洗練されてはいないが熱心なマーケティング担当者として、１９７０年代に私がテスコに入社したとき、テスコはイギリスの他の小売業と同様に極めて貧弱な会社だった。ディスカウント・ストアとしての評判を拭い去ることに苦労しており、食品だけを扱っていた。また、イギリス国外では事業を展開していなかった。１９８０年代に急速に成長したが、１９９０年代半ばでもまだ、イギリスの商店街で活躍する巨大企業より遅れていた。セインズベリーとマークス＆スペンサーである。ＣＥＯとして14年間勤め、２０１１年に私がテスコを離れたとき、テスコは両社よりおよそ6倍の規模になっていた。今や６０００以上の店舗と事業をヨーロッパ、アメリカ合衆国とアジアの合計14カ国で展開し、世界で3番目に大きな小売業者であり、世界の人口の半分を対象としている。店舗とオンラインを通して、シリアルから保険、バナナ、携帯電話、衣料品、iPad などあらゆる商品を毎週数百万人の顧客に販売しているのだ。

　イギリスのビジネス界における最も注目に値する物語の1つであるテスコの変身は、いくつかの要因の組合せのおかげだった。ロイヤルティを得るために価値をお客様に届けることに対する執拗な関心、絶え間ない革新、ロイヤルティ・カード、小売サービス、新しい業態、そしてとりわけ成功へのスタッフの意志である。

　もともと私は本を書くつもりはなかったが、一連の対話を通して私が示したアイデアをひとつの経営に関する書籍にまとめるよう勧めてくれたダニー・スターンに感謝をしたい。担当の編集者であるナイジェル・ウィルコックソンとは一緒に仕事ができて光栄だった。彼は常に私を励ましてくれた。

私が苦労して書き上げた原稿を緊密な構成と文体に仕上げてくれた彼の能力には驚くばかりだ。また、ジョージ・ブリッジにはいくら感謝してもし切れないほどだ。彼は常にサポートをしてくれた。かけがえのない助力とアドバイス、そして示唆を与えてくれた。

私がテスコで働けたことは非常に運が良かった。一緒に働くのにこれ以上素晴らしい人々はいなかった。彼ら全員の名前を挙げることは、それ自体で本を1冊必要とする。ほんの少しの人の名前を挙げれば、挙げなかった人たちに不必要な不快感を引き起こしてしまうだろう。30年もの間、テスコで私を助けてくれた何百人もの人々を数え始めることさえできない。ほとんどの人は小さな親切をしてくれた。多くの人は重要な助けをくれた。幾人かの友人と同僚は、長年にわたって忍耐強く支援し、導いてくれた。

とりわけ、私は妻アリソンと私たちの子供たちトム、ケイティとデイビッドに感謝したい。彼らは私に愛情と支え、そして笑いを授けてくれた。

テスコの経営哲学を10の言葉で語る◉目次

序章

部屋の中はイギリス政府の役人で一杯だった。高級官僚たちは、これまで私が何度も耳にした質問を口にした。

「それであなたは、たかだかイギリスで3番手だったテスコを、どうやって世界第3位の大手小売企業に育て上げたのですか?」

「単純なことです。我々は顧客に価値を届けることに徹底的にこだわりました。まず、シンプルな目標と、企業として存続するための基本的な価値を設定しました。次に、それを達成するプロセスを定義し、一人ひとりの責任を明確にしました。それだけです」

沈黙。控えめな咳。誰かが水を注ぐ音。そしてまた沈黙。実に官僚らしい反応だった。

「それだけですか?」とようやく一人が口を開いた。

「はい、それだけです」と私は答えた。

本書には、私がテスコの成長とともに学んだことが記してある。いくつかはシンプルで分かりきったことに見えるだろう。基本的でシンプルな真理を「単純なこと」と誤解する人は世界中のどこにでもいるが、そのような人々は基本的でシンプルな「真理」を「当たり前すぎて取るに足らないもの」として打ち捨て、忘れてしまっている。問題を解決する方法も同様に複雑であるべきだと考えているのだろう。この誤解によって多くの人々は、自分は無力であり、問題を解決するのは誰か他の人、つまり上司やその上役、国の責任者、あるいは国連など、とにかく自分以外の誰かだと思ってしまう。

確かに世の中は厄介なもので、次々降りかかる障害を乗り越えていくのはとても難しい。大きな夢は簡単には実現できない。我々が直面している人口増加、気候変動、国をまたがる経済システムの規制といったグローバルな課題をはじめ、ビジネスの世界におけるデジタル革命の影響、煩雑な規制や法律、金融市場のこみ入った状況などが仕事をさらに厄介なものにする。そのせいか、多くの人は目の前の宿命を容易に受け入れてしまう。しかし、どのような問題でも、普遍的な解決策はシンプルなものである。それは誰にでも理解できる明確な価値と原理に基づいた、簡単なものに他ならない。

私はこうした基本的なことを、テスコにおいて我々が直面した難題の数々を克服し、テスコが今日のような姿に変わることを通して学んだ。本書はそうした学びを皆さんと共有する試みである。私は自分の考えを10の言葉にまとめてみた。これらの言葉は、私の経験が教えるありのままの本質である。思考を最もシンプルな形に凝縮しようとすることが、私という人間をいくばくか反映しているのではないかと思う。私は無愛想だと言われており、それは当たっている。確かに、何か問題があれば私は自分の意見をそのまま述べ、周りの人の気分を害することもあった。しかし、誤解を避けることはできた。

本書も同じである。

本書は、テスコにおける私のキャリアについて語ったものではない。テスコで30年以上働いた経験に基づいてはいるが、今後も続くテスコの歴史の中で、私が担当したのはほんの一部でしかない。テスコの成功はただ一人によってではなく、一つのゴールに向かって身を粉にして働いた何十万人もの人々によってもたらされた。本書では私のキャリアに触れているが、自分の手柄だと書いているつもりは断じてない。万が一そのように感じられる箇所があったら、先にお詫びしておきたい。ビジネスに携わる間に、私も例外なく間違いを犯してきた。失敗を書き連ねたらきりがない。ビジネスを成長させる決断にリスクは付き物である。本書の目的は、私が下した決断を宣伝したり擁護したりすることではない。私の過ちをどう裁くかは、判事や陪審員に委ねよう。

本書は単に流通業だけに留まる書籍ではない。流通業に根ざしていながら、教訓は他の業種でも活かせるはずだ。

誰にでも「顧客」がいる。自分には「顧客」がいないと思ってはいけない。公的機関であってもそれは同じだ。商品を直接販売する相手だけが「顧客」ではない。

本書は巨大な組織の経営トップのためのものではない。自ら挑戦しようとする全ての人に向けて書かれている。「マネージャー」と呼ばれる職に就いていない人にも、本書が少しでも役に立つことを強く、強く望む。仕事の仲間や関係者と協力したいとき、難しい決断を迫られたとき、あるいは自分が立てた計画を実行に移すとき、この本が助けになるであろう。

本書は、魔法の杖でもなければ、成功と幸せの秘訣を記したハウツー本でもない。それを期待するならすぐに返品すべきだ（小売業者にとって返品は失敗のサインだ）。人生やビジネスに特効薬はない。その類のことを語る人がいるとすれば、それは嘘だ。しかし、シンプルな真理と惜しみない努力があれば、成功するチャンスは必ず訪れる。

もう一つ、本書はテリー・リーヒーについて書かれた本ではない。私個人の人生を語るつもりはない。そんなものには誰も興味を持たないだろう。しかし本書には私の信条と価値観がしみ込んでいるため、皆さんに私のことを紹介しておいた方がよいかもしれない。そこで、苦行ではあるが、テリー・パトリック・リーヒーの略歴を記しておくことにする。

私の父は、アイルランドのスライゴ地方に10人兄弟の一人として生まれた。大好きなドッグレース賭博で勝ち、まとまった金が手に入ったのでイギリスのリバプールに移住した。大工をしていたが、第二次世界大戦が始まると商船隊に加わり、大西洋船団として航海していた。魚雷を受けても怪我だけで助かったが、その後、結核にかかって大工として働くことができなくなった。父はグレーハウンド犬のトレーナーになった。優しく知的な人であったが、犬とギャンブル、そして浴びるように酒を飲むことが父の生き方になった。私は時々父とドッグレース場に行ったが、そのいくつかは無許可の荒々しい場所で激怒した男に銃を向けられたこともあった。

私の母もアイルランド人である。イギリス北アイルランドのアーマー州の農家に生まれた。努力家の母は看護師になり、第二次大戦中は南西部のエクセターで働いていた。リバプールに移ったとき、下町のトックステスで父に出会った。

私は4人兄弟の3番目で、1956年にリバプールのベル・ベールで生まれた。私たち家族はプレハブの公営団地に住んでいた。団地の建物は、独軍の爆撃で家を失った人たちのために工場で作って現場で組み立てられたものだ。安っぽくて冬はとても寒いが陽気な雰囲気の家庭であり、我が家には贅沢にも冷蔵庫と室内トイレがあった。家は貧しく、テレビは1962年に買ったが、自動車はその後何年も持つことができなかった。旅行に行ったこともたくさんの洋服を持った覚えもない。16歳までは、ほとんどの時間を学校の制服で過ごしていた。

それでも決して空腹ではなかった。ベーコン、卵、ポテトチップスをほぼ毎晩、金曜日には魚を食べていた。今で言う「シンプル&ベーシック」だ。

私の小さい頃の記憶の大部分は食べ物で占められている。買い物に惹きつけられる遺伝子を持っていたのか、それとも母が私を娘代わりにしていたのか、プレハブが建ち並んだ中にある暗くて狭い店に母とよく買い物に行った。それぞれの店には「ロニーの肉屋」「ハリーのお菓子屋」「ジョージの雑貨屋」のようにオーナーの名前が付いていたのを覚えている。

私は地元のカトリックの小学校に入った。最初はあまり好きになれず、よく脱走した。宿題にも馴染めなかった。ところが、クラスには生徒が50人もいたにもかかわらず、幸運にもある素晴らしい先生が私の素質を発見してくれた。そして、リバプールで一番のセント・エドワーズ校の奨学金を得られるよう手助けしてくれたのである。おかげで地元の自治体が学費を負担してくれることになり、私は無料で学校に通うことができた。

セント・エドワーズ校は私の命綱であった。私の家庭は専門職や管理職、ビジネスマンとは無縁だった。我々は「我々」、彼らは「彼ら」。異なる文化が交わることはなく、それに戦いを挑むことはできない。「我々」は学校を16歳で卒業し、何らかの仕事に就く。振り返ってみれば我々はみな社会主義者であり、皮肉なことに近隣の選挙区の労働党議員であるハロルド・ウィルソン首相を英雄として崇拝していた。ウィルソン氏は「我々」の世界から脱け出し、オックスフォード大学を卒業して出世した、ここから逃れることのできた数少ない一人だ。我々は彼を「極めてまれな例外」と見ていたが、キリスト教の修道士である学校の教師の多くは、たゆまぬ努力によって我々もまた「彼ら」のようになれると繰り返し説いた。私は最初、教師たちの教えに対して反抗的な態度を取り、罰を受けた。数年間は怠惰に過ごしたが、GCE上級試験（訳注：中等教育最終段階の統一試験）のときには、自分のやるべきことに集中し、あらゆる科目の教科書を次々にこなした。結果、賞をもらったが教師たちは当惑したようだ。

当時、リバプールの文化は熱く沸きたっていた。ジェリー&ペースメイカーズ、フレディー、ザ・ドリームメーカー、そしてもちろんザ・ビートルズ。だが産業は崩壊していた。リバプール埠頭はリバプールの経済の心臓部であったが、すでに沈黙していた。希望はなかった。ある夏休み、リバプールではアルバイトが見つからず、私は数百マイルも離れたロンドンの南、ワンズワースまで出かけていった。そこで見つけたのが、ショッピングセンターに入っていたテスコでの仕事だ。とても気に入ったが、また戻ってくるとは思ってはいなかった。

学校を卒業したら建築家になりたかった。しかし、GCE一般レベル試験（Oレベル試験）で芸術科目を落としてあきらめた。弁護士になろうにも点数が足らず、経営を目指した。経営については何も知らなかったが、経営工学を学ぶため、マンチェスター科学技術大学に入学した。大学ではホームシックになったり、気後れしたりしたが、次第にアカデミックな世界に慣れていった。ローランド・スミス教授やキャリー・クーパー教授の講義では、シンプルさと集中すること、特に顧客に焦点を絞ることの大切さを学んだ。

学位を取得すると、私はいくつもの魅力的な消費財メーカーに応募したが、どこにも採用されず、生活協同組合に入った。イギリス中をまわって加工肉やチーズなどのデリカテッセンの商品を加盟店に販売するのは楽しかったが、生活協同組合はその断片化された組織構造と複雑なオーナーシップが足かせとなってこの先変わることはないだろうと感じた。そこで１９７９年に私はテスコのマーケティング職の求人に応募した。そのときは不採用になったが、幸運にも、私が応募した職に就いた人が大変優秀ですぐに別の役職に変わった。私は、一度は断られた職の打診を受けてテスコに入社し、その後、33年にわたり同社に勤めた。

現在私には、医師である妻のアリソンと、３人の子供がいる。

生い立ちが信条や価値観にどのような影響を与えるかを判断するのは難しい。しかし私は自分が生まれ育った中でいくつかのことを教わった。

まず、礼儀正しさ、教育、勤勉さ、社会常識、他者への尊敬などの重要性。これらはどこにおいても通用する根本的な価値である。次に、幼いときから、何かを成し遂げたかったら自分自身を見つめなければならないと学んだ。誰かに助けを求めるのではなく、「自助努力」が信念であった。私は早くから、成功はリスクを恐れない者にだけ与えられると理解してきた。私の通った学校のモットーは、「信頼を通じた勇気」である。神への信頼、自分への信頼。私はその両方を持っていると思う。さらに、生い立ちや置かれた環境にかかわらず、全ての人がよりよい人生を送るための手助けをしたいという深い思い。最後に、私のリバプールっ子魂が、最高のサッカーチームであるエバートンへの献身的な愛情を育んだ。

本書では、自分の経験を回想しながら何人もの人について言及しているが、中には事実と異なる点があるかもしれない。そのことをお許しいただきたい。

私が書き記したことの一部は、経営コンサルティング業界の珠玉のような人々によるものである。その他、第二次世界大戦においてビルマでイギリス陸軍第14軍を指揮した陸軍元帥、スリム子爵に大きな影響を受けている。彼は士気が落ち、負け癖がついた軍を、恐るべき闘志あふれる勝利の軍団に変えた。スリム子爵の経験に私は胸を打たれ、考え方に影響を受けた。スリム子爵の軍団とテスコには類似性がある。将軍は戦場で数千もの兵士を指揮したが、そのためには目的とプロセスが明瞭でなければならなかった。軍隊では細かい配慮をする時間がない。戦場では何事も短く、鋭く、的確でなければならず、誤りは死を招く。シンプルさと集中。私は軍隊の歴史に大変興味があり、尊敬もしている。

私は楽天家だ。最良の日はいつでも今日より未来にあると信じている。私は常に、人には驚くようなことを成し遂げる力があると信じている。自由と、自分への信頼と、挑戦の機会が必要なだけだ。理想主義者と笑われるかもしれないが、悲観論者と呼ばれるよりはましだ。

「大それた夢をかなえるなんて無理だ」と思っている人には、もう一度考え直してほしい。よりよい教育、安定した家庭に恵まれていなかったとしても、過去はあくまで過去でしかなく、未来を狭めるものではない。成功のチャンスを広げる方法はいくつもある。勇気を持って行動すれば、深く暗い挫折から抜け出し、夢や希望をかなえられる。成功するかどうかは全てあなた次第だ。災難や過ちに負けずに歩き続けるのだ。そして人生のページをめくるのだ。

第1章

真実

組織において、
真実に向き合うことは非常に難しい。
自分なりの現実を設定し、
それに基づいて成功か失敗か判断する方が
はるかに容易である。
しかし、私の経験上、
真実こそが成功を創り出し、
成功を維持するために欠かせないものである。

真実と向き合うのは辛い。仕事がうまくいかない、投資が回収できない、会社の状況が悪化している、不完全で力不足、といったことを認めるのは難しい。一度認めてしまうと、あらゆる種類の問いが頭に浮かんでくる。

なぜこれが起きたのだ？

なにが間違いだったのか？

どうすればよいのか？

仕事を変える？

人を解雇する？

リストラする？

こうした問いの全てがあなたを、多くの場合は他の誰かをも変えてしまう。だが、実際に変えることは難しい。あなたが過ちを犯したせいで、変えることは一層難しくなる。一番簡単なのは真実に直面せずに放置しておくことだ。これが車や家なら難なく対処できるだろう。しかし、仕事が立ちゆかなくなったり、会社やチームの状況が悪化したりした場合、自信が徐々に蝕まれ、魂が苦しめられる。目指すものがないという感覚、もっとうまくできたはずだという気持ち、毎日自分が何を達成しているか分からないという意識は自信を失わせ、憂鬱にし、あなた自身を押しつぶす。

組織の全員が、新しい戦略は成功せず、「成果指標」は意味を持たず、組織は進むべき道を見失っている、と同じように考えていると気付いたときは最悪だ。しかし、誰もそうとは言わない。沈黙が長く続けば続くほど、真実とそこから導かれる結論に直面するのが難しくなる。その結果、手遅れになるまで、何にも手が付けられないのだ。

世界中のいかなる組織でも、真実に向き合うことは非常に難しい。自分なりの現実を設定し、それに基づいて成功か失敗かを判断する方がはるかに簡単である。経営者は聞きたくないことを選び、消し去ってしまう。

問題を認識するということは、厄介な決断を下すということである。自分の評判が落ちる可能性があるのに、誰がそんなことをしたがるだろうか。一層悪いことに、真実によって失敗が明らかになり、人々が汚い言葉を浴びせかけてくる。真実にふたをしたくなるのは当然だ。役員連中は何が起きていようとも「何も起きていない」とし、気付かれないうちに蓋をしたくなるのは当然だ。

情にも世界は閉じられ、問題は広がる。経営者は対処しているように見せなければならず、しばしば無意味な行動や取り組みにふける。

ビジネスが成功すればするほど、真実を追求せずに難しい決断を避けることを正当化しやすくなる。会社の株価、売上高、会員数などの指標が成功を示しているときに、わざわざ悲観的なものを持ち出す必要はない。成功は自己満足をもたらし、成功した世界を変えたくないと思わせる。だから自分も変わる必要がないと思うのだ。

「真実」という言葉は、流通業と紐付けて考えるべきものではないかもしれない。法律や信仰と結びついているものであり、小売店には似合わないだろう。しかし私の経験では、真実は成功を生み、維持するために欠かせないものである。真実、それはテスコがイギリスの中堅クラスのスーパーマーケットの地位から大きく前進するための唯一の道であった。

テスコの歴史は、ジャック・コーエンが第一次世界大戦での陸軍の退職金を元手に出した、東ロンドンの小さな店から始まった。コーエンは、紅茶を1ポンド（454g）あたり9ペニーでTEストックウェルから仕入れ、0・5ポンドあたり6ペニーで販売した。TESとコーエン（Cohen）のCOを合わせてテスコとなったのだが、原動力はコーエンであった。コーエンは手押し車に載せた紅茶を一日で450ポンドも売りさばいた。彼には小売りに関して天賦の才能があり、掘り出し物を見つける眼力と、よいビジネスの秘訣は安い価格以外の何物でもないという強い信念を持っていた。あるとき半分沈みかけた船からデンマーク製クリーム菓子の販売委託を受けて商品を店に送り、「棚にある研磨剤で菓子の容器に付いた錆を取って、1缶あたり2ペニーで売れ」と指示した。また別のときには、「学校のトイレの裏で吸った古いハーブタバコ（ニコチンなしのタバコ）以下としか思えない」とあるテスコ社員が形容した、レタスの葉から作られたらしいポーランド産のタバコの委託販売を受けた。(※1)「切り裂きジャック」と呼ばれるようになっていたコーエンにとって、品質は価格に比べて二の次のくだらないことであった。「山積みして、安く売る」は彼のモットーであり、「いつでも金を握って逃げ出せる準備をしておけ」と並んで大好きな格言であった。

コーエンの強引な性格、ビジネスの才能、膨大なエネルギーによってテスコは成長し、1950年代半ばまでには150店舗を有するまでになった。最初のスーパーマーケットは1956年に開店し、1961年にはコメディアンでキャリーオン・フィルム（訳注：イギリスのコメディー映画シリーズ）のスターであるシド・ジェームスを、当時イギリス最大のスーパーマーケットであったレイセスター店のオープニングに呼んだ。1970年にコーエンが引退し娘婿に権力を譲るまでに、テスコは800店舗以上のチェーンになった。

しかし、大きいから良いということにはならない。コーエンがテスコにいたことが問題になっていた。彼の強引な荒っぽい性格がテスコのアイデンティティーとなり、規則を軽視する風潮や荒れる役員会が評判になってしまった。創業者の性格が土台となって創られた企業文化は、ときには成功の邪魔になる。

イギリスが豊かになり始め、中流階級もより豊かになってくると、ジャック卿のテスコはより一層色褪せた。セインズベリーやアズダ（訳注：ともにイギリスの小売業者）が新店舗を出店して圧倒してきた。実際のところ、テスコが生き延びたのは、イアン・マクローリンと、彼とともに業務執行取締役を務めたデイビッド・マルパス、そして当時の希望の星、ジョン・ギルダースリーヴのお陰だ。ジャック・コーエンがテスコから離れて数年のうちに、価格へのこだわりは薄まり、グリーンシールドスタンプ（訳注：イギリスの商品引換えスタンプ）のマーケティング手法を過剰なまでに多用した。やがてタバコ会社がテスコを買収するとの噂が広まったが、ブランドのイメージが下がるのを避けるためにその計画はなくなった。イアンはグリーンシールドスタンプとの提携を打ち切るという大胆な手を打ち、積極的な低価格商法に戻った。同時に彼らは、より良いＰＢ商品の開発や、健康的な食事プログラムを生み出し、生鮮食品の重点化によって「山積みして、安く売る」というイメージを和らげていった。その上、自動車で来店する買い物客の増加に対応するため、郊外にスーパーストアを開くことに注力した。１９９０年までの3年間で、売上は50パーセント以上増え、利益は2倍以上になり、営業利益率は6パーセントを超えた。テスコの全店舗の面積は毎年約10パーセントずつ増えていった。１９９０年のテスコの業績についてある全国紙は、次のように報じている。

10年前のテスコは大衆演芸場のジョークと同じくらいモダンだった。そして今は儲かりすぎて笑いが止まらない。テスコの変貌は、並外れたサクセスストーリーである。

物事がうまくいっていた時にイギリスは不景気になってしまった。利用客はバーゲンを求め、それが、アルディやリドルといった、ドイツから進出したばかりのディスカウント・ショップにチャンスを与えた。テスコは、コストを削減して利益を守ろうとしたが、結果的には顧客サービスの質を徐々に低下させ、顧客のロイヤルティを低下させることになった。金利が上がったことで事態はさらに悪化した。テスコの利用客は大きな痛手を受けたが、テスコよりも高い年齢層の顧客を持つセインズベリーに大きな打撃はなかった。セインズベリーの利用客の方が裕福で、住宅ローンの支払いがある人は少なかった。セインズベリーは無敵で、その勢いは止められないように見えた。テスコの戦略に対する自信は疑いに変わり、「好調だ！」という言葉も「迷走している」に変わった。テスコはいくつもの新たなスキームを試みたが、それは焼け石に水であった。会社は行き詰まってしまったのだ。

そのような状態は1992年まで続いた。士気が低下し危機感が生まれはじめた10月のある日、チェスナットにある本社で、私は突然イアン・マクローリンに呼び出された。デイビッド・マルパスもいた。解雇されるのだと思った。当時私は生鮮食品のコマーシャル・ディレクター（訳注：商品部長）であった。テスコの取扱商品で生鮮食品の占める割合は高く、私には利用客の減少の責任があると考えた。しかし驚くべきことに、彼らは解雇どころか「マーケティング・ディレクターとして役員に就任する気があるか」と言った。昇進だった。

顔から血の気が引いたが、私は承諾した。選択の余地はなかった。

マーケティング・ディレクターというと立派に聞こえるが、それは私のために作られた新しいポジションで、過去には存在していなかった。初日、私にはチームも何の予定もなく、ただ空っぽのオフィスがあるだけであった。落ち着かない状態だったが、これは全く新しい仕事で、何よりも「考える時間」が重要なのだと理解した。

私の任務はとてもシンプルだった。テスコの苦戦の原因を見つけ、それを取り除くことである。数ヵ月後、自社のビジネスへのアプローチに不適切な点があると考えた私は、顧客調査を実施し、フォーカスグループからのレポートを検討し、売上が増減するメカニズムについて議論した。テスコが顧客のため動いているのではないことは明らかであった。「顧客満足」は忘れ去られていた。テスコのアプローチはユニークなものではなく、小売業界全体と同じく、自分たちのオペレーションに固執していた。時として顧客は、自分たちの商品を買ってくれる不特定多数でしかなかった。

これは、私が大学で学んだマーケティングの基本を否定するものであった。成功する企業は、全ての活動の中心に顧客を置く。顧客が全てのビジネスの推進力となるのである。しかし、テスコだけでなく他の小売業の経営者も、消費者の立場には立っておらず、自分たちのビジネスの本質を問いかけているわけではなかった。

その上テスコは、競合他社と同じやり方で戦い、競合他社の業績と比較して自社を評価し、競合他社のスキームに追いつこうとしていた。盲目的に「ベンチマーク戦略」と呼ばれるものに従い、他の小売業で成功した方法を真似ていた。イアン・マクローリンの言葉を引用すれば「我々はただ、他社の戦略を堂々とコピーしているだけ」であった。

そこで私は、直感にすぎなかったが、顧客の声に耳を傾けることから始めた。この直感が正しいことを証明するには、テスコだけではなく同様な小売業が顧客の生活の中でどのような役割を果たしているか、その核心に辿りつかなければならない。顧客の内面にもう一歩踏み込むには、型通りの顧客調査ではなく調査自体の質の改善が必要で、それには時間がかかった。

私は「何かやるべきだ！　今すぐ！」という声を聞いた。よくあることだ。だが失敗はパニックを招く。焦って物事に着手し、「戦略グループ」を立ち上げ、前に進もうとして間違える。根本的な事柄を深く考えぬく時間はないと思ってしまう。「この組織の目的は何か？」という基本的な問いが、失敗の背後にある真実に到達するための重要な鍵なのに。

「テリー、いったい何をするつもりなんだ？　役員会が知りたがっているぞ」。
数えきれないほどの人に尋ねられた。最初の数ヶ月間、最高のアイデアは浮かばなかったが、それでもいくつかの新しい試みに着手することで自分の役割は果たした。問題は、それらが全て戦略的ではなく戦術的なものであり、ことごとく失敗に終わったことだ。シティ（ロンドンの金融街）では、1993年に株式市場が20パーセント上昇したが、食品小売業と医薬品小売業の株価は20パーセント下落し、中でもテスコは惨敗に終わった。

株価が低迷している間、私は国中を駆け回って数多くのフォーカスグループ・インタビューに出席した。顧客から話を聞いて、テスコのビジネス・モデルが使えないと思い知らされたのはショックだった。品質を求めるならセインズベリーに行き、価格にこだわるならディスカウント店で買い物をする。では、テスコに来る理由はなんだろう？

そこで私は、創業以来、最も大規模な消費者調査を行うことにした。それは、不都合な事実を覆い隠してきた石をどけるようなものだ。会社に狼狽と不快な驚きを与えることは明らかであった。私自身、そして社の上層部も、これを実行する勇気があるかどうか疑わしかった。しかし実際には、イアン・マクローリンの英断で実施にこぎつけることができた。イアンも、ただ辛い真実に直面する準備ができていなかっただけで、調査が必要だと考えていたのだ。

石の下には、ひどく不快なものが隠れていた。顧客がテスコをどう思っているか、正直な意見を聞くのは苦痛だった。端的に言えばテスコは顧客を顧みていなかった。顧客のニーズに注意を払わず、セインズベリーやマークス&スペンサーのようになることに取り憑かれていた。テスコはもはやテスコではなかった。魂と価値観を失い、顧客のロイヤルティを失っていた。景気後退の時期に、我々は顧客にとって価値ある商品を手頃な価格で提供すべきだったが、そうしなかった。そのため顧客は、手が届く価格ならばセインズベリーやマークス&スペンサーに行き、そうでなければディスカウント店に行ったのだ。テスコの商品はさほど安くない。コスト削減の影響で顧客サービスも十分ではない。反論の余地はなかった。ウィルトシャーにあるトローブリッジ店の顧客はこう言った。

「テスコは好きですよ。でももう、ここでは買えないんです」。

我々には絶望しか残されていなかっただろうか？　いや、違う。顧客は我々の店に戻りたがっていた。だがそれには、理由が必要であった。

顧客の反応は私の心に沁みた。顧客の望みや夢は、稼いだお金を使いすぎることなく子どもに新しい靴を買ったり、休暇のために貯金したり、映画を観に行ったりするという、ごく当たり前のことだった。かつてリバプールでつつましく地味に、そして両親の愛情を受けて育った者として、私は顧客の意見に親近感を覚えた。

それ以上に、買うか買わないかは顧客の自由であり、今日ではあたり前のものが裕福な人しか手が届かないものだった時代からずっと、我々が顧客をビジネスの中心に置いていなかったという事実が私を打ちのめした。収入に関係なく全ての人に価値と選択の自由を提供する。私はこれこそがテスコの使命だと確信した。顧客が求めているのは贅沢、それもほんのちょっとした贅沢を楽しむことだ。テスコが手頃な値段で魅力的な商品を提供すれば、他社との差別化を図れるはずだ。テスコは、中間層から上の富裕層だけでなく、全ての人のそばに常にあるべきなのだ。

ようやく調査結果を発表する時が来た。１９９３年のある春の日、役員会議室は緊張した雰囲気に包まれていた。役員たちは明らかに私からの報告を恐れていた。私はきめ細かく調査結果を説明し、いくつかの提言を述べた。特に強調したのは、普通の人たちが自然にテスコを選んでくれるようになるため必要なことは何でもする覚悟を決めることだった。特効薬はないが、解決できない問題に直面していくわけでもない。私は、顧客に対して実施しなければならない多くのことを「壁のレンガ積み」に例え、数多くのイノベーションが必要だが、魅力的な価格と改善されたサービスが、近い将来必ず大きな変化を運んでくるはずだと述べた。

私がプレゼンテーションを終えたとき、会議室には安堵の雰囲気が漂っていた。デイビッド・マルパスは参加者の気持ちを汲み、「問題は深刻だが、原因が分かり、改善できるのであれば、それは収穫だ」と語った。

その会議は真実が持つ力と顧客の権威を示した。調査結果に異議を唱えるのは、何千何万もの顧客に異議を唱えるのと同じだった。顧客が我々のビジネスに不満を持っていることは明らかで、それが、ビジネスが不調な原因であった。我々の間違いが全て詳らかにされた。他の誰でもない「我々」がしでかしたことだ。真実は、顧客が我々を信頼していないということであり、棚に新商品を並べようが、マーケティング手法を変えようが、ロジスティックスを改善しようが、何も変わらないということであった。原点に戻る必要があったのだ。

真実に基づく行動

原点とは、顧客こそが最も信頼できるガイドであると認識することであった。顧客は我々を苦境から抜け出せるよう導いてくれる。彼らの声を真実として受けとめ、従っていくべきだ。ビジネスをどう考え、どう展開するのか、あらゆる点において顧客の意見、要望、そして希望を理解しなければならない。顧客を無視していた古いやり方に戻るわけにはいかない。

顧客を我々のあらゆる活動の中心に置くべきだという点には疑いの余地がなかった。しかし、果たしてどれだけの組織が顧客の考えに耳を傾け、その声に基づいて行動しているだろうか。学校、製造業、慈善団体、プロフェッショナル・サービス、サプライヤーなど、あらゆる組織には顧客がいる。皆、「顧客を知っている」と主張するだろう。しかし現実はどうだろう。顧客から教えられたことに応えている組織はわずかなのではないか。マネージャーたちは「調査しました」と言うかもしれない。だが、よくよく問い詰めてみると、その調査は予め決まっていた考えを確認するためのものだったり、引き出しの中に仕舞い込まれてしまうものだったりする。そのような組織では結局、真実が弱々しい光しか発しない。人々の考えを十分掘り下げていない調査は、進歩をむしろ妨げる。

「顧客を知る」とは、全ての商品とサービスについての顧客の真意を知り、サービスに対するフラストレーションを見つけだし、顧客にとっての真の原動力を理解することだ。感情、希望、恐れ。我々の調査は、あらゆる領域の課題を明らかにした。顧客が抱える不満と不安、例えば失業の恐れがあるのか、毎週の買い物の予算をオーバーしてまでも入手したい「小さな贅沢」とは何なのか、家族全員で一緒に食事しているのか、一人ひとり別々に食べているのか、ショッピングカートがスムーズに動かないときどれくらいイライラするのか。

この試みに終わりがないことはすぐに分かった。一口に「顧客」と言っても親、患者、ビジネスマン、最新のファッションを追求する独身女性などさまざまだ。また、人々の望みや嗜好は常に変化し、ときには全く予測できない。しかし、あなたが顧客の脈を診ることを止めたら、何が顧客の心臓を速く脈打たせるのか分からなくなるだろう。マネージャーたちは、調査の重要性は知っていても実施には消極的だ。あるいは、真実を発見するための信頼性の高い調査が必要であるということ自体、真剣に考えていないかもしれない。

これは単に経営者が悪いのではない。今日、人々の頭や心の中で何が起きているのか、特定の行動はどんな考えや感情につき動かされているのかなど、数え切れないほどの調査が考えられる。調査には定性的なものや定量的なもの（世論調査や代表サンプルを集め課題について計画的に討議をしてもらう方法など）に加え、イメージ調査、態度調査、行動調査などがある。調査は電話で行ったり、直接会ったり、もちろんオンラインでもできる。インターネット調査なら短時間でできるため、顧客を代表する人々の意見を即座に集めることができ、フィードバックがすぐに得られる。

テスコは１９８０年代の初めから調査スキルを磨いていた。私がマーケティング・ディレクターになる前のことだ。しかし、初期に行われた調査は徹底されたものとは言えず、意思決定プロセスの中で充分に考慮されたものではなかった。多くの調査は我々が必要としていた洞察を与えてくれたが、テスコの１９９０年代初期の失敗が示すように、十分でもタイムリーでもなかった。特に致命的だったのは、調査が会社のＤＮＡに埋め込まれておらず、顧客の意見が我々のあらゆる発想や行動の原点になっていなかったことだ。

とは言え、初期にも若干の進歩があった。例えば１９８０年代に、私はフォード自動車が開発した「トレードオフ・リサーチ・モデル」をテスコに導入した。競争上の優位性を確立して持続させる上で非常に賢いアプローチ手法であった。フォードは、開発中の新しいフィエスタを、市場を席巻していたＶＷゴルフと互角に張り合えるようにしたかった。これは難しい挑戦であった。車を買うとき、人はエンジンの馬力、安全性、シートの柔らかさ、トランクの大きさ、燃費などさまざまな項目を検討する。フォードは各項目の相対的な重要度に信頼できるランクを付ける必要があった。フィエスタを市場で優位に立たせるためだ。そこでフォードは優先順位が明確になるまで、顧客がどのような項目の組み合わせを重視するかを調べた。例えば、エンジンの排気量と燃費、安全性とスペース、どちらがより重要なのか？　この調査によりフォードは、顧客のニーズをより多く満たすにはどうすればいいかという洞察を得ることができた。同じアプローチが小売業界にも有効だと考えた私はテスコにこれを導入し、商品の品揃え、価格、品質、買い物のしやすさなどを基に、顧客が店を選ぶポイントをランク付けするシステムを作り上げた。

車と同様、項目は多くなった。例えば「新鮮な果物と野菜」対「ビールとワインの品揃え」、「焼きたてのパン」対「乳児の必需品」。こういった対比により、セインズベリーを選んだ顧客が高品質の商品と生鮮食品を求めていたことを理解した。1980年代、この調査はセインズベリーへの挑戦に必要だった、スーパーストア業態開発のための洞察を提供してくれた。取り組みを始めた段階ではセインズベリーははるか先にいたが、1980年代の間に我々はギャップを縮め、1980年代の終わりには有力企業と見なされるまでになった。

この強力な調査手法が我々の意思決定の改善に役立ったことは間違いない。だが、最高の調査手法にも限界はある。なぜなら、調査結果はその方法と質問に依存するからだ。長期間にわたり調査を続ければ正確な結果を得られる可能性はあるが、全てを把握するのは難しい。暗い部屋の中で懐中電灯を使うようなものだ。部屋全体を明るくすることはできない。

この潜在的な欠点に気づいた私は、顧客の考えや心理をより深く理解できる別の方法が必要だと考えるようになった。予め用意された杓子定規な質問を顧客に投げかけたり、世論調査の専門家に分析を依頼したりするのではなく、顧客を招いて話してもらい、そこから浮かび上がってくるものに着目するのだ。

1992年、私はこのアイデアを『お客様パネル』と名付け、イギリス国内にある全店舗で開催することにした。昼の買い物客と夜の買い物客、それぞれ30人ほど集まってもらい、パネルを開催した。パネルは各店舗のマネージャーが主催したが、司会進行は本社から派遣された専門チームが務めた。我々は本社の他部門にも出席を促した。

このパネルは、多くの点で調査の定義とは合致しない。会への参加者が我々の顧客の代表的サンプルとして適切だったかどうかも疑問だ。しかし、我々の顧客がどう感じているかを率直に教えてくれたことは間違いない。自分たちの生活、仕事、家、家族、お金、テレビ番組、旅行、ショッピングなどについて参加者は話し続けた。もちろん、テスコについても話してくれた。地元の店としてどうか、何が好きで、何が嫌いで、どのように役に立ったか、他の店舗とどう違うか、優れている点、改善すべき点は何か。調査では知ることができなかった内容ばかりだ。

参加者の話からは人々の生き生きとした生活の様子が垣間見られ、無味乾燥な調査よりもはるかに魅力的だった。ロンドン郊外に住む若い男性は、4万種類もの商品の中からたった一つの商品の値段に飛びつき、価格設定に対する見解を披露した。他にも、我々が何千万ポンドもかけているレジ袋の代金を惜しむ年金受給者や、レジ横に並んでいる菓子を子どもにせがまれて困るという母親がいた。ときとして過激な演説が始まることもあるが、真に役に立つ指摘は声高には語られない。重要な指摘は、各地のパネルで異口同音に語られるものだ。

これは「群衆の叡智」である。顧客（あるいは患者や有権者）に従うことに懐疑的な人々は、さまざまな顧客の要求は矛盾し、その全てを考慮できる組織は存在しないと主張するかもしれない。しかし、私は顧客を信頼している。十分な数の人々の話を聞くと極端な意見はろ過され、ある一定のパターンが浮かび上がる。経営者が見逃しがちな、単純でありながら非常に役立つ気づきを得ることができるのだ。

我々はイギリス中で、のちに世界中でパネルを開催した。私は多くのパネルに出席し、匿名で後ろに座って聞いていた。通常リーダーは活動の中心に立ち、話すことを期待されているが、私がこれまでに行った最高のリーダーシップは私の代わりに顧客がリーダーになるようにしたことであった。聞くのが苦しい痛々しい批判も改善への期待であることを理解して、なすべきことを実行し始めたので、我々の取り組みはやがて興奮へと変わっていった。

顧客の意見に基づいて、1990年代、我々は大規模な改革に乗り出した。最も重要な改革は、我々の考え方を変えることだった。我々の仕事が顧客から始まるよう、企業活動の流れを逆にした。この基本理念は、二度と顧客を失望させないという決意を表していた。我々は、顧客が必要としている商品やサービスをいち早く察知し、競合他社よりも先にそれを提供することに力を尽くした。顧客が何かを話したらそれを聞き、何かを求めたらそれに応える。我々の間違いを指摘したら、それを修正する。顧客が正しいかどうかなど問わないし、後でとやかく言わない。顧客は自分の生活に何が必要かを最もよくわかっている。我々の仕事は顧客が望むものを提供することだ。

顧客は常に要求が多かったが、無分別ではなかった。当事者意識を持ち、何が公平かも考えていた。企業が使える資金に限りがあることも分かっていた。顧客は、経営者が直面している課題や問題に対して、驚くほど理解があった。

顧客の意見に耳を傾けるようになると、ビジネスをどう改革するべきか分かってきた。テスコはちょうど3年で問題を解決し、競争相手を追い抜きマーケット・リーダーになった。

1993年、テスコは実質本位でシンプルな包装のPB『テスコバリュー』を導入した。顧客の声から誕生した格好の事例である。新しいエコノミー商品ラインを用意することで、消費者に明瞭なサインを送った。「テスコはこの厳しい時代にあなたの側にいます。ディスカウント店でお買い物をする必要ありません」と。

その1年後、我々はイギリスで初めて、スーパーマーケットのレジの待ち行列をなくす『自分の前に一人だけ』サービスを導入した。原則はシンプルだった。レジに2人以上待たせないということである。２人以上になったら、レジ・マネージャーはもう一つレジを開けなければならない。続いて１９９５年には、最も大きな成果を上げた『クラブカード』によるロイヤルティ戦略を開始した（詳細については後述する）。

これらの新しい試みはどれも多額の投資を要し、多大なリスクがあった。バリューＰＢ商品の導入によって競合他社との破滅的な価格競争のスパイラルに陥る危険性があり、レジの待ち行列の削減には何千人もの新しいスタッフが必要となって利益の10パーセントを犠牲にした。私の後任のフィリップ・クラークが注意深く監督したとしても、利用客の増加で全てのコストを回収できる保証はなかった。最もリスクが高かったのは『クラブカード』だ。利益の25パーセントを失いそうになったほどだ。さらに、競合他社がテスコに倣えば、ゼロサムゲームに終わるかもしれない。売上高は増えず、利益の４分の１を顧客に還元するだけのことになる。

当然のことだが、テスコ社内や株主の間には、我々の成功に不可欠なこのようなステップを悪く言う者もいた。だが、彼らの意見は単なる勘や変化への抵抗、真実に対する嫌悪に基づいていた。一方、我々には真実があった。「顧客の欲しがっているものはこれだ」いう真実である。我々はあらゆる顧客の要求に即座に応えられるよう、何事も徹底的にやった。ときには顧客の要求を撥ねつけたくなる誘惑を抑え、顧客が望むものの一部、あるいはその全てを用意し、その上で収益を上げられるかどうかを問う必要があった。

さまざまな調査の結果を見れば、現状維持こそテスコにとって最悪の選択であることは明らかだった。「変化しない」なら「テスコはいらない」ことになる。テスコは法や規制、あるいは競争によって仕方なく変化するのではなく、競業他社とは全く別の方法で自発的に変わっていった。それがテスコの顧客にも伝わり、顧客からの信用とロイヤルティは少しずつ回復していった。

競合他社が我々のやり方に追随してきたが、顧客はそれを「企業間競争」と受け取った。顧客のため、とは思わなかったのである。人まねや表面的な戦術では企業が本気でやっているとは顧客は受けとめない。

我々が最初に着手した変革は店舗の改装だ。店舗の設計やレイアウトには顧客の意見を取り入れた。私がマーケティング・ディレクターになった時、テスコの店舗は業界で最もコスト高になっていた。最先端のデザインに惜しみなく投資し、世界中で賞賛され手本とされるデザインを生み出した。ただ、顧客に「こういう店で買い物をしたいですか？」と聞かずに店舗を造ってしまったのは問題だった。このような基本的なことを忘れてしまっていた我々は、テスコの店舗をどう思うか顧客に尋ねて大きなショックを受けた。世界中から賞賛を集めていたはずの店舗に、肝心な顧客は全く魅力を感じていなかったのだ。「どこか冷たくてよそよそしく、ちょっと工業的だ」という声が多かった。素敵な店というより、倉庫のようだというのだ。

確かに当時の店舗は、暗めの間接照明と、カラフルなディスプレイを際立たせるスポットライトを使った、非常にシックなデザインだった。だが、顧客にとってはあまりに暗かった。冷凍食品売場にはドアのない最先端デザインのステンレス製の棚が備えてあったが、案の定、店内が寒いという不満の声があがった。また、各種商品の売り場に個性を持たせ、さらにそれを際立たせるために曲がりくねった通路を設計したが、それが利用客を迷わせていた。

建築家とデザイナーは確かに優秀だった。しかしながら、そこに顧客の存在はなかった。建築家とデザイナーたちはテスコが「顧客の求めているもの」を熟知していると思っていたのだろう。そして彼らは、テスコの顧客のためではなく、テスコの経営陣のための設計を行ったのだ。それでは顧客は満足しない。「顧客のための店舗」でなければならないのだ。建築家とデザイナーは、最初は自分たちのクリエイティヴィティを守ろうとしたが、顧客に関する傾向や特徴を知ると一転、素晴らしい店舗を造り上げた。

一方で我々は、新しい店舗を設計する前に、業績不振の既存店を立て直さなければならなかった。我々は『お客様パネル』で顧客と話し、またスタッフからも、多額な投資を必要としない改善案やアイデアをもらった。顧客からのフィードバックに基づいて行った見直しは、どれも大胆なものではなかった。間接照明を明るくし、壁に塗るペンキを明るく暖かな色に変えた。食品と雑貨の棚を低くし、一番上の棚にある商品を簡単に取れるようにした。通路はより広く、より明るく、活気のある雰囲気にした。ディスプレイもまっすぐでシンプルなレイアウトに変えた。店内の余計なサイネージを取り払って整理した。利用客に気持ちよく来店してもらえるよう入口も広げた。さらに我々は、ショッピングカートを拭くものを用意し、レジ袋をたくさんの野菜が詰め込める大きめのものに変えた。トイレにはおむつ交換台を設置した。駐車場の案内表示を分かりやすくし、車の流れがスムーズになるよう設計し直した。

変更に次ぐ変更を重ねたがコストは大してかからず、店舗ごとの予算は限られていても、それが障害になることはなかった。この取り組みには優れたマネージャーが不可欠だった。ゴードン・フライエットは、マネージャーとしてだけでなく、顧客にとってもベストな人選だった。顧客の意見や要望を取り入れ、それを実現することは、テスコが顧客を信頼していることを意味する。これは、セインズベリーとマークス&スペンサーの模倣を止めて顧客を重視するという証明になった。顧客には、テスコを買い物しやすい店にしようとして我々が費用をかけていることは伝わったが、それをどう収益につなげているかまでは伝わらなかった。だが、それでかえって顧客の信用を得られた。単に収益を上げるのではなく、顧客のニーズに合わせて動いていることを示せたのだ。

「いままでのテスコとは違う」

テスコの変化は、プルネラ・スケイルズ（イギリスの人気テレビ・コメディの主役）が出演した『ドッティ』の広告キャンペーンを通して伝えられた。

ドッティは喜ばせるのが難しいお客だ。ＣＭではドッティが付ける難癖にテスコの店員がこれまでにない対応を見せ、快適に買い物を楽しむ様子が映し出された。

現在『ニュールック』と呼ばれているこの取り組みは、テスコの歴史においてはほんの小さなステップだった。しかし、顧客の要望を反映した店舗のレイアウトは、テスコの未来に大きな影響を及ぼした。この小さな革新によってテスコは、１９８０年代までの「小売企業」から、大きな可能性を秘めた「マーケティング企業」に変貌したのである。

それ以来、重大な決定や困難な問題解決の原点は全て「顧客」になった。

２０００年から２００９年までに、店舗のいくつかはそれが立地する地域社会の人口構造に合わなくなってきていることがわかっていた。立地条件はどのような小売企業にとっても非常に重要である。店舗に地域社会が反映されていなければ、地域の人々とのつながりは絶たれ、人々の生活に深く入り込めない。顧客の生活や文化、家計を考慮せずに商品を並べても、店舗の魅力は失われるばかりである。

店舗をどこに配置し、どのように設計するか、品揃えをどうするかを決めるとき、我々はそれまでイギリスの国勢調査に頼っていた。国勢調査は10年おきにしか行われない。世界各地からイギリスへの移住者も多く、各地域の文化的な構造は急速に変わりつつあったが、我々のデータはこれを全く反映していなかった。

２００５年、ロンドンの西、スラウの店舗改装が決まったとき、この問題が浮き彫りになった。周辺を歩いてみるだけで、２００１年の国勢調査以降、地域がどのくらい変化したかが一目瞭然だった。スラウでは２００３年から２００６年までの間に、第一言語として英語を使わない子どもたちの割合が約７パーセント上昇し、イングランドで最も高いエリアの一つになった。ある小学校では一学期の間にポーランド人の児童を50人受け入れた。テスコの店舗はもはや地域のこうした変化に適応していなかった。テスコの代表的なハイパーマーケットも、30以上のさまざまな国籍を持つ住民が人口のおよそ40パーセントを占める多文化的な地域社会には合っていなかった。

従来のような店舗は顧客の役に立たない。そこで、会社全体で地域社会を理解するよう試みた。スラウの顧客が何を求めているかを知るため、『お客様パネル』を何度も開催し、移民コミュニティーのリーダーたちと話した。そして、インド、パキスタン、バングラデシュ、ポーランドから食料品やさまざまな商品を仕入れ、住民たちに大量に安く提供した。一部の店舗には各国の肉屋や伝統的なデザートの店を置いた。

テスコにとっては初めての試みだったが、大成功だった。地域と一体化し、結果的に売上高は改装前の２倍以上に伸びた。我々を突き動かしたのは国勢調査の結果ではなく、住民と直接触れ合い、観察し、話を聴くという熱意だった。我々はこの教訓を活かし、イギリス全土でビジネス・スタイルを完全に変えた。テスコが一般的な家庭にとって一番の店であり続けたいなら、多様な社会のニーズを満たさなければならない。顧客は問題解決の道標であるだけでなく、テスコを最先端の企業へと導く存在であることが分かってきた。

『ニュールック』を開始して数年後、我々は既存店の改装や新店舗の計画を立てる際、顧客に支援を求めるようになった。どの店舗も非常に忙しい場所である。トラックが商品を配送し、母親はベビーカーを押し、床に何かをこぼしたり壁を壊したりする。店舗は傷み、ペンキを少し塗るだけではとても追いつかない。テスコではそれまで5年ごとに店舗を改装し、マーケティングの観点から最新の装いを施していた。10年すると大部分の照明、空調機器、冷蔵庫、その他もろもろの機材を交換しなければならない。これは多くの店舗で我々が常に大がかりな改装を行っていたことを意味する。イギリスでは毎年100以上の店舗で2億ポンド以上を投資し、さらに海外でも多額の投資をしていた。ほとんどの場合、改装時には『ニュールック』の設計ルールを適用し、各店舗に応じた改装ではなく、本部によるデザインが絶対視されるようになった。リニューアルのための営業の中断を避け、顧客にかける不便を最小限に抑えるためだったが、結局のところ顧客は改装された店舗を必ずしも気に入ってはいなかった。改装に費用をかけることで店舗の魅力が失われたと言ってもよい。

店舗が老朽化する以上、改装するしかない。店舗が色褪せて急速に利用客が減り、顧客のロイヤルティを失う前に着手しなければならない。そこで私は、より直接的に顧客を巻き込むことを考え、店舗を改装するにあたり顧客に支援を求めるようになった。予算と、何を直すのにいくら必要かを伝え、逆に、一番望む改修は何かを選んでもらうようにした。

顧客は店舗プランナーではない。マーケティングやトレンドに通じていない顧客からのアドバイスに価値があるのかと思う人もいただろう。テスコの社内にも、「テリーは何をしようとしているんだ?」と不思議に思った者がいた。それでもマーケティング・チームとプランナーは顧客を集め、自由に話す機会を設けてくれた。結果は予想以上だった。もともと顧客は自分たちが買い物をする店がどうなっているのかに興味を持っていたので、まるで自分たちの家をリフォームするかのように意見を出してくれた。この方法で見事に販売実績もユーザー満足度もアップした。

予想外の収穫もあった。店舗にかける費用を半分にするという提案があったのだ。それで希望の店が造れると言う。家計管理の発想と知恵だった。店内の無用な飾りを取り除くことで商品の価格が下がるなら、気取ったワイン・ラックやおしゃれな照明はいらないと言われた。この「真実」のおかげで我々は、1店舗あたり100万ポンド以上も節約できた。

もう一つ、『お客様パネル』で得られた真実によって、食品の品揃えが一変した。

1990年代中頃、『お客様パネル』では特別食のニーズについてたびたび議論されていた。それまでは購入履歴もほとんど残らないような小さな市場セグメントであったが、顧客の立場からは違う。たとえば、アレルギー体質の家族がいれば、それは家族全員の買い物に影響する。アレルギーの子供を持つ親は、その子と他の家族のための買い物を一カ所で済ませたいと思うはずだ。食物アレルギー対応食品を置いている店で、他の家族のための買い物も済ませるだろう。数ポンドの特別食を販売している店舗が、家族全員の残りの買物100ポンドも得るということである。

特別食自体の市場は小さいがそれに付随する市場は大きい。しかし、テスコはまだまだ組織化されておらず、意欲的でもなかったため、皆の理解を得るのは難しかった。

アレルギー体質の人々に向けた商品を置くことは、店舗全体の品揃えやブランド、その他多くの構造に影響を及ぼすが、仕入れ担当マネージャーの注意を引くほどの数量はなかった。

そのころ私は、テスコの顧客の一人、パトリシア・ウィウェイに面会を求められた。パトリシアの息子ジョージは、グルテン過敏症であった。彼女は私に、テスコの取扱商品について問題を提起し、自分を雇うよう訴えた。顧客への信頼が絶対である以上、反対する理由はない。我々はパトリシアを採用し、彼女はアレルギー症の人々のための品揃えの実現を約束した。

特別食のニーズに応え、パトリシアが開発した一般市場向けの包括的な商品ラインは、『フリー・フロム』と名付けられた。規模は大きくはなかったが当時としては十分で、市場にも合っていた。目立つよう各店舗の一カ所に集めたのもよかった。近くのテスコで、しかも手頃な価格で特別食が手に入る。このことが売上高を伸ばした。この企画が成功した証拠に、競合他社も市場に参入してきた。

特別食は、市場が拡大するにつれてその選択肢を増やし、簡単に手に入るものになっていった。テスコとともに輝かしいキャリアを積んだパトリシアに私はとても感謝している。彼女の功績を忘れることはないだろう。自分たちのビジネスや組織に対する顧客の信用を得たいなら、顧客の声に耳を傾けるべきだ。必ず真実が見えてくる。たとえ戦略を立てたとしても、事実に基づくものではなく仮説でしかない。それに気付かず、進むべき道を見失うこともある。しかし、正しい方向が分かれば軌道修正できるのだ。

目の前の結果がどんなに辛いものであっても、真実と向き合う。テスコの企業文化にはそれがある。失敗を認め、顔をあげて向き合うこと、そして正直であることが、人々の信頼を得る唯一の方法だ。マネージャーやリーダーにとっても同じだ。真実を無視して部下や顧客の信頼を失うくらいなら、過ちを認めて苦しむ方がましだ。

より大きな真実

1997年、私がテスコの最高責任者に就任した頃、テスコは危機を脱していた。最大のライバルであるセインズベリーは追い越した。だが私は、1990年代初期に起きた問題の再発を防ぐため、新たな目的意識を持ってミッションを設定し、ビジネスを強化することにした。我々は、しっかりひとつにまとまった組織として前進する必要があった。誰もが「テスコは何のために存在するのか?」という大きな問いに答えられる組織になるのだ。

組織が大きくなればなるほど根本的な真実、すなわち「日々、我々はここで何をしているのか」という問いに対する答えをみつけることは難しくなる。

ありがちなことは、そんなことを誰も敢えて問わないことだ。結果的に組織、特に企業は生気の失せた、希望も目的もなく、自分と家族の生活のため味気ない業務をこなすだけの場所となる。私は彼らの貢献を過小評価しているのではない。誰だって生活していかなければならないし、親なら家族を養いたいと思うものだ。しかし、私が出会ってきた人たちはみな、たとえ表面的には平凡な仕事に見えても、それはただ給料をもらうためだけでなく、もっと大きな目的のために役立っているという意識を持っていた。

陸軍元帥であるスリム子爵の著書『敗北を勝利に変える』には、組織の目的を明確にする重要性について、私の知る限り最高の定義が記されている。それは組織で働く者に、シンプルな答えを与えてくれる。

スリム子爵が言っていることはシンプルだ。軍の強さは（企業やその他の組織においても）、そこで働く人々の士気によって決まる。そして、「士気とは心理状態である」と彼は言う。

組織のメンバーがその全てを賭け、自己の損得をも顧みず何かを成し遂げるのは、あの目に見えない力のなせる技である。その力は組織のメンバーに、自分自身より偉大な何ものかの一部である感覚を与える。その感覚を得るには、メンバーの忍耐強い士気に、（士気とは本質的に忍耐強くあるべきものだが）、いくつかの基礎が欠かせない。

そしてスリム子爵は、士気の基礎として「精神的、知的、物質的」を挙げている。

まず大事なのは精神的な基礎である。精神的な基礎によってだけ、本当の重圧に耐えることができる。次に知的基礎である。人は感性と同じように理性によっても動かされる。最後は物質的基礎である。重要ではあるが最後だ。なぜなら士気は、物質の状態が最悪であるときに最も高まるからだ。

スリム子爵が考える士気の基礎のトップは、「大きくて崇高な目的」である。それが「我々はなぜここにいるのか?」という問いへの答えにもなる。容易に定量化できるものではないが、心に訴える必要がある上に、次の戦いや業績に向かって持ち続けなければならないものだ。

私の知る限り、テスコの存在意義を問いかけた者はいなかった。企業や組織には大きくて崇高な目的が必要だ。奇抜でなくてもよい。ただし、2つの特質がなければならない。

第一に、崇高な目的は持続するものでなければならない。つまり、耐久性とともにリニューアルできる柔軟性が必要だ。新型のコンピューターや新車の付属品のようなものであれば、製品が新しい間しか保たず、その後は小さくしぼんでしまい、目的を見失った組織の抜け殻だけが残ることになる。

第二に、崇高な目的は崇高でなければならない。純粋に合理的な価値というのではなく、感情に訴えかけるような価値を、組織が最も頼りにしている人々に与えなければならない。企業にとってそれは顧客であり、従業員であり、株主である。彼らが全員、会社や組織に魅力を感じていなければならない。

「利益」という言葉はそこにはない。数字以外には目もくれないような企業は存続できない。短期指標でしかない「損益」のために、長期的な成功を犠牲にしてしまうのだ。顧客にとっての便益こそが企業の永続的な成功につながる。

ジム・コリンズは、このテーマを広範かつ雄弁に説いた自著の中で、製薬業界の巨人であるメルク社のジョージ・メルク二世の言葉を引用している。「薬は患者のためにあり、利益のためにあるのではない。利益はあとからついてくるものだ。それを忘れなければ、利益は拡大する」。「薬は患者のためにある」。ごく当たり前のことのように聞こえるだろう。だが、商品やサービスが洗練されるにつれ、シンプルな真実が陰に隠れてしまう。企業やその他の組織のリーダーたちの意識は、商品を売る相手ではなく自分たちが売っている商品に集中するのだ。

「テスコは何のために存在しているのか?」という問いと悪戦苦闘するうち、私には徐々にその答えが見えてきた。テスコは人々のためにあるのだ。利益ではない。ただ利益を生み出すのではなく、価値を創り出したかった。顧客との間に精神的な結びつきを生み出せば、顧客は何度でも我々のところに戻ってきてくれる。この地道な行いが永続的な成功の基礎を築く。私は、テスコの核となる目的は、「顧客に価値を提供し、その生涯にわたるロイヤルティを獲得すること」であると結論づけた。顧客に集中しよう。競合他社の方針に踊らされる日々は終わりだ。

この核となる目的を定めることは、意外にも難しいことではなかった。終りの見えない会議は不要だった。1990年代中頃に行った調査結果の影響か、すぐに受け入れられた。

我々の目的は、大きくて崇高だ。肯定的で、野心的で、私が常に持っていたシンプルな狙いを反映してもいる。人々の暮らしがちょっとだけよくなるお手伝いをするということだ。何にもまして、私がシンプルな真実から得たことだが、顧客のロイヤルティは組織を成功へと導く。

※1　Jack Cohen quoted in *Counter Revolution: The Tesco Story*, David Powell, Grafton Books (1991), p.119

第2章

ロイヤルティ

ロイヤルティを勝ち取り維持することは、
どんなビジネス、どんな組織にとっても
目指すべき最高の目的である。
ロイヤルティの追求は本質的には、
自分が他者に求めた行動に対して報いるという
古くからの考え方に基づいている。

売上、利益、市場シェア、スタッフの満足度、投資家に有利な配当、非常に高い評判。ビジネスを戦い抜く上でどれが最も重要だろうか。達成すべき目標は一つではなく、全てのマネージャーは瞬時に選択することを迫られる。これだけさまざまな重圧があるなら、羅針盤となって全員を導くただ一つの目標が不可欠である。

ロイヤルティを勝ち取り維持することは、どんなビジネス、どんな組織にとっても、目指すべき最高の目的である。これまで、多くの人々がロイヤルティの重要性を論じてきたことからも判る。第一人者であるフレデリック・F・ライクヘルドは、ロイヤルティとはビジネスに関わる全ての人々相互の結びつきであると言っている。顧客とスタッフのロイヤルティを得るには、自分自身が彼らに忠実でなければならない。

ロイヤルティの追求は、本質的には、自分が他者に求めた行動に対して報いるという古くからの考え方に基づいている。企業が自社の発展と成長に必要な行動に報いるなら、肯定的な反応を生み出し、それがやがてロイヤルティとなる。行動とは、従業員の勤勉さややる気、新しい提案かもしれない。あるいは、経済が厳しい状況下での長期投資かもしれない。また、熱心に何度も来店して商品やサービスを買ってくれることかもしれない。学校にはロイヤルティのある保護者が、企業にはロイヤルティのある株主が、慈善団体にはロイヤルティのある支援者が、小売業者にはロイヤルティのある顧客がいる。共通するのはそれぞれの組織を応援したいということであり、そのロイヤルティは業績や配当、サービスの質によって報われる。景気の悪いとき、企業は価格の引き下げやサービスの質を引き上げるための新たなコスト負担をしなければならないこともあるだろう。ロイヤルティのある従業員を育てるためには給料と福利厚生が必要なだけでなく、企業活動を通じて生み出す価値もまた同様に重要であることを経営者は理解しなければいけない。さらに、忠実な投資家に恵まれるためには、経営者は持続的成長につながる長期計画を立案しなければならない。

アナリストの中には目先の利益や資本収益、一株当たりの利益を重視する者もいるが、現状を鑑みれば、ロイヤルティを重視すべきことはすぐに理解できる。20世紀の後半から西側社会では商品やサービスの市場はますます過密になり、顧客の選択肢は無限にある。20世紀末から今世紀の初めにはデジタル革命によって自由市場が急速に広がった。ジーンズ・ブランドを例にとると、1980年におよそ6つだった主要ブランドが2010年には800以上になっている。また、1999〜2002年に印刷、フィルム、磁気装置などの光学記憶装置によってやり取りされた情報は、1700万冊の蔵書を誇る米国議会図書館が持つ情報量の3万7000倍にのぼった。2002〜2010年には、この情報量がさらに10倍に増えたと見られている。(※1)こういった状況では、顧客が何を選ぶかは、顧客のロイヤルティに影響される。

自分自身の生活を振り返ってみれば、車をどこで購入するか、どの食品を選ぶか、どのような趣味を持ち、休日をどう過ごすかなど選択は無限にある。そして、インターネットの普及のおかげで文字通り指先ひとつで選べるのだ。この時代に企業や組織が成長・繁栄するためには、顧客にその企業や組織への愛着や帰属意識を持ってもらう必要がある。その意識が、店を利用し、株に投資し、サービスを利用することにつながっていく。

顧客の愛着とはときに理知的である。製品の価値や価格、つまり経営や業績を見て成功していると判断すればその企業に投資する。

愛着や帰属意識には理知的なものと感情的なものがあり、ロイヤルティを育むのは後者だ。感情は、利用者にとって真の価値を提供する組織に対して芽生えるものだ。それは、価格、投資収益などのように数値化できるものと、信頼性、利便性といった機能上のものがある。感情には無限の要素があり、それらは融合している。ロイヤルティを築くことはさらに多くの習慣、より多くの利益と投資、より良いサービスにつながり、築かれたロイヤルティがさらに強いロイヤルティを生む。

利益はロイヤルティから生まれる。ロイヤルティに重点を置くことによって得られる経済的な利益は、どのようなビジネスにとっても非常に魅力的である。ロイヤルティは収益を増大する最も重要な要因である。より長く顧客を引きとめることができれば、新しい顧客の獲得に資金を投じる必要はない。ビジネスにおいては、たとえそのビジネスがベストな状態であっても、時間がたつにつれて顧客を失うことがある。小売業のような競争の激しい市場では、顧客の回転率は予想以上に高い。1ヵ月につき数パーセント程度の顧客を失う。例えば、携帯電話会社や自動車保険会社の場合、2～3年で顧客がすべて入れ替わることもある。小さな変化が、顧客の数に大きな影響を及ぼすのだ。

新規顧客の獲得には多額のコストがかかる。ビジネス上、最大の費用と言っても過言ではない。一部の金融サービス業では通常、粗利益の約5割を費やして顧客を獲得する。投資を回収し、獲得した顧客が利益に寄与するまでには数年を要する可能性があり、その間に他社が同様のビジネスを展開し始めるおそれもある。ただし、顧客のロイヤルティが失われることなく、その顧客を引き留めておくことができれば、最終損益に劇的な差が出る。

このゴールの達成は、日ごとにより難しくなっている。もちろんデジタル革命が一つの理由だ。人々にはかつてないほど多くの選択肢がある上に、人々自身の影響力が大きくなっているからだ。また、他人の意見を尊重しなくなってきている点もあげられる。自分たちには選択する権利があり、企業や組織からサービスを受ける資格があると感じている。企業間の競争が、顧客にそのロイヤルティの価値を認識させ、ロイヤルティの価値は一層上がっていく。

一部の企業は、こうした問題に対応するには新規顧客を惹きつける魅力的な取引きを用意すれば十分だと考える。確かにその取引きは顧客にとってこれまでで最良のものかもしれないが、こうした戦略は顧客がまた別の魅力的な商品や取引に飛びつくことを助長する。これでは顧客が絶えず「一見の客」になってしまう。自動車保険業界にはこの傾向がある。保険会社の多くは、既存顧客よりも新規顧客向けの商品に魅力的な価格を設定する。ロイヤルティのある顧客を失い、ロイヤルティのない顧客を得る。危険なスパイラルだ。本来はすべての顧客を大切にすべきである。特に、自分たちの商品やサービスを繰り返し利用している顧客、つまり行動が予測できる顧客ほど、そのロイヤルティを高める価値がある。

ロイヤルティに報いることによって企業は急速に成長する。ある会社Aが、顧客の10パーセントを失い、新しい顧客を12パーセント増やしたとすると、それは2パーセントの伸び率となる。会社Bが新しい顧客の12パーセントを獲得して5パーセントを失うだけならば、それは7パーセントの成長だ。株価に置き換えてみれば、それらの伸び率の違いによって、会社Bが会社Aの2〜3倍の価値を持つことになる。会社Aは代わりの顧客を多く集めればよいと考えるかもしれないが、それをするには莫大なコストが必要となる。新規顧客の獲得で採算が取れなくなり、会社Aは成長力を維持できなくなる。

ロイヤルティには、成長に拍車をかけるもうひとつの効果がある。ロイヤルティを持つ顧客はより多くを支出する。テスコは、機能的なロイヤルティ（顧客の支出のうちテスコが獲得している割合）と、感情的なロイヤルティ（顧客がどの程度テスコに魅力を感じているか）を測った。この2つのロイヤルティは深い相関関係を持つ。顧客がテスコの商品やサービスを利用すればするほど、テスコは顧客の信用を得ることがわかった。その信用が顧客に「他の商品や新しい商品も試してみたい」と思わせる。好循環である。テスコが取扱商品の幅を拡げることを懸念する声もあったが、多様な製品・サービスを提供することで、食品を購入する顧客も増加した。

このような顧客のロイヤルティを維持するには、コストがかからない。テスコのビジネスやスタッフを理解し、好んでくれている顧客だ。そのような顧客はあまりクレームをつけず、返品率も低い。加えて、スタッフの長所を引き出し、肯定的な認識とフィードバックによってスタッフに自信を与えてくれる。

さらに、ロイヤルティのある顧客は、無意識のうちにマーケティング活動を行ってくれる。顧客からの支持はどんなマーケティングや広告よりも大きな効果を発揮する。顧客はときには家族のように企業を支持し、批判をはねつける。企業が顧客と地域社会に貢献することを宣伝する。ビジネスが成功すると中傷を受けることもあるが、ロイヤルティのある顧客によってそれが緩和される。

ロイヤルティを最も大切にするビジネスは、ただ単にお金に余裕がある人や、価格を気にしない顧客を選り好みしたりはしない。我々も顧客のニーズや予算に関わらず、全ての人に価値を提供し、何らかのメリットを感じてもらうようにした。顧客がわずかでもロイヤルティを高めてくれれば、テスコのためになるからだ。我々は顧客の予算の大小にかかわらず、どのような顧客も差別しないようにした。ビジネスのサイズに関係なく、世界的なチェーンであっても高級ブティックであっても、大事に扱われたいという誰もが持っている気持ちに働きかけるべきだ。テスコが打ち出した強いメッセージは「誰もが歓迎されるテスコ」であった。

顧客だけでなくスタッフも同様だ。ロイヤルティのあるスタッフは企業・組織に貢献する。利用客になったつもりで顧客に接し、顧客のニーズを満たしてロイヤルティを築き上げる。ビジネスが新しい顧客を惹きつけて留めておくことができれば、最高のスタッフもまた惹きつけることができて、企業・組織にロイヤルティを持ち続けるだろう。それが、サービスの質、スピードを向上させる。より高い生産性と効率は、利益を持続させ、経営陣の主要な目的に賛同する投資家を惹きつける。よいスタッフを引き留めておくことによって、経験と見識が後進に引き継がれていく。これは、最高の新人教育となる。

ロイヤルティを持つチームはどのように形成されるのだろうか。一つには、健全な文化を創り出すことである。単に「よく働けば、高い報酬が得られる」ということではなく、核となる目的を持つことによって、スタッフのモチベーションを上げることができる。明確な価値を設定することにより、誰もが公正に、敬意をもって評価されることが示される。スタッフの仕事を信頼し、たとえ誤りがあったとしてもそれを許容することも重要だ。派閥や損得に左右されず、誰にでも公平にチャンスを与える。利益の分配、株式オプション、年金も有効だ。財務上の長期的な成功を分かち合うことも大切だろう。思えば私がテスコを去る時、8人の役員のうちの5人は生え抜きで、テスコには我が国の他のどの企業よりも多くの従業員株主がいた。

ロイヤルティのある投資家をつくることとは、さらに難しいことだ。投資家は投資への配当を得たいと考える。ただし、繰り返しになるが、短期的な利益を追求し、それを企業の経営者に期待することは、ビジネスを不安定にするおそれがある。ロイヤルティのある投資家は、長期間投資し続ける。経営者はそのような投資家を慎重に探し、自社の幹部と同様に、課題に向かって共にチャレンジするのだ。最高の投資家とは、顧客のロイヤルティ確立には長時間かかることを理解し、それを見守ることのできる人々である。

株主やスタッフのロイヤルティは重要であるが、成功の鍵となるのは顧客のロイヤルティである。シンプルな考え方ではあるが、テスコの中心目的の土台となるものだ。

「顧客の生涯のロイヤルティを得るために、価値を提供する」。

これを実現するには、顧客の裏の裏まで理解していなければならない。

顧客に従う

顧客のロイヤルティはビジネスの方向性を定め、それを推進する。この関係を確立するために、企業や組織は顧客を理解していなければならない。顧客とは誰か、どのように暮らしているのか、何を必要としているのかなどのデータがあればあるほど、革新的な方法で自社をアピールすることができる。そこにロイヤルティも生まれるのだ。従来の顧客調査、たとえばフォーカスグループと世論調査も役に立つだろう。しかし、効果は限定的であると言わざるを得ない。そういった調査では顧客のロイヤルティを測り知ることはできない。ニーズと行動に関して顧客からの聞き取りを行ったとしても、顧客がその通りに行動したかどうかを確認する術がない。毎年、ある企業で可処分所得の相当な割合を使ってくれる顧客がいるとして、それが誰であるか企業には見当がつかない。若い母親だろうか、学生だろうか、年金生活者だろうか。ロイヤルティはあるのか、他の店をどの程度利用しているのか、競合他社から潜在顧客と見なされているのか。これらの質問に答えられる洞察を得るためには、ロイヤルティを識別し、それに報いることに特化したシステムが必要だ。そこでテスコが考案したのが『クラブカード』だ。

『クラブカード』は失敗から生まれた。1993年当時、イギリスで最も収益を上げていた小売企業は、最近ウォルマートに追い越されたマークス&スペンサーだった。セインズベリーはイギリス国内にとどまらず世界で最も収益性の高い食料雑貨小売業であった。マークス&スペンサーとセインズベリーは、イギリスのビジネスの象徴であり、中流家庭に愛されたイギリスが誇る企業だった。

一方、テスコは苦戦していた。中流家庭の顧客からの評判が悪く、ドイツから進出してきたディスカウントチェーンに押されていた。タイムズ紙は辛辣な記事を掲載した。「品質を求めるならセインズベリーを、価格を重視するならディスカウントチェーンを利用すべきだ。テスコはその中間で行き詰まっている。テスコで買い物をする必要があるのだろうか?」。1993年には、セインズベリーの市場価値は85億ポンドに上り、マークス&スペンサーのそれは年末には125億ポンドを超えた。テスコは不振にあえぎ、45億ポンドにとどまっていた。我々にとって、セインズベリーとマークス&スペンサーは難攻不落に見えた。

1995年末まで話を進めると、テスコが市場シェアと株価でセインズベリーに追いつき、イギリス第一位の食料雑貨小売業になり、その2年後、マークス&スペンサーを抜いて小売企業としてもイギリスで第一位となった。それから今日まで、セインズベリーとマークス&スペンサーは、市場でのリーダーシップという点でテスコに並ぶことはなかった。2011年までに、テスコはその規模を両社の6倍にした。イギリスの企業経営史上、最も注目に値すると言われるこの転換は、我々が遂げた変化の結果だ。中でも1995年2月の『クラブカード』導入は、疑いなく最も意義があった。『クラブカード』は、世界初の顧客向けロイヤルティ・カードの1つであった。基本的には非常にシンプルな考えに基づいている。顧客は会員となり、購入額の1パーセントの割引を受ける。テスコはレジを通じて顧客の購入履歴などのデータを収集する。このようなシンプルな手法がなぜそれまで実施されなかったのか、なぜテスコが最初だったのだろうか。

導入には多くのテクノロジーが必要だ。いまでは、コンピューターやインターネットを利用した電子メール、フェイスブック、オンライン・ショッピングなどのない暮らしなど想像もできない。しかし1990年代まで、企業が顧客のデータを収集して分析するには、莫大なコストがかかった。私が1979年にテスコに入社した当時、テスコにはコンピューターがたった1台しかなかった。しかもその1台は、建物のひとつの階全てを占有し、専用の空調設備と特別なセキュリティー体制に守られていた。スタッフより大事にされていたと言ってもいい。若く熱心なマーケティング・ディレクターだった私は、誰が、いつ、どこで、どの商品を購入したのかを分析したくてたまらなかった。しかし、それはほぼ不可能だった。コンピューター部門にごく限られた商品の出荷データの抽出を依頼したところ、コンピューターを必要とする他の処理が終るまで待つ必要があった。ようやく受け取れたデータは、前の月の新聞と同じくらい古かった。つまり、まったく役に立たなかったのである。

1974年、リグレーのチューインガムの包み紙に印刷されたバーコードが読み取られるようになってから、新しい可能性が生まれた。バーコードの黒い線の集まりが顧客には支払いに要する時間の劇的な短縮をもたらした。小売業者は、詳細な商品売上高を把握できるようになったが、問題は残った。データを保管するコストが高く、限られた量の分析結果しか保管することができない。その上データは、商品を購入している顧客の性別、年齢、配偶者の有無、家族構成などの情報は何も提供してくれなかった。これらの情報の不足は私を失望させ、私が大学で学んだことを全て否定した。マーケティングの中核となる原理はシンプルである。顧客が何を欲しているかを見つけ、それを提供することだ。だが、テスコの顧客が誰なのか、何を買っているのかを知らなければ、どうやってその原理を活用できるだろう。さらに言えば、これまで数多く実施されてきた調査では、顧客のロイヤルティに報いることはできない。

1977年にさかのぼると、私が社会人としてのキャリアをスタートしたマンチェスターの生活協同組合で、ロイヤルティのある顧客に報いる方法がないことに焦燥を覚えたことがあった。生活協同組合は産業革命の影響により、19世紀前半にスコットランドから北イングランドまで拡がっていった。工場労働者は苦労して稼いだ給料を使う店の設立を望み、生活協同組合を作り上げた。店舗の利益は個々の労働者が使った額に応じてその労働者自身に分配された。この、ロイヤルティに基づく手法は、のちに私がテスコで直面することになるのと同じ問題を抱えていた。生活協同組合はいかなるデータも分析しておらず、最もロイヤルティのある顧客が誰なのか、何をいつ購入するのか、次に買い物をするのはいつ頃なのかついては、決してわからなかった。

1990年代初期までには、ゴードン・ムーア（訳注：半導体メーカーであるインテル設立者の一人）が予見したコンピューターの能力の飛躍的な向上のおかげで、新しい可能性が見えてきた。バーコードによってもたらされる取扱商品の動向に関する膨大な量のデータを、コンピューターで処理することができるようになった。あとは顧客個人を識別できさえすれば、品目の動向を特定の顧客に結びつけることができる。これを受けて私は、生活協同組合でのメンバーシップのスキームを刷新できないか考えた。顧客とその購入品目を結びつけることによって、顧客の行動を理解するだけでなく、顧客のニーズに合わせて品揃えを改善することもできるのではないか、と。

このアイデアを初めて思いついたのが私だと言うつもりはない。1990年に私は、2～3店舗を保有するベリーの協同組合が、電子メンバーシップのシステムを構築しようとしているという記事を読んだことがある。私はこの記事に触発された。このときテスコにマーケティング・ディレクターはおらず、私は生鮮食品の購買部門の責任者であった。ある日、マーケティングの担当者にこのアイデアを伝えたが、すぐ断られた。テスコが1977年にスタンプ収集型の大規模なロイヤルティ・プログラムを放棄していたからだ。先に述べたグリーンシールドスタンプだ。この方法はテスコが低迷していた時期を彷彿させた。当時のCEO、イアン・マクローリンは当時のことを忘れたいと考えていた。マーケティング担当者は、私が提案したロイヤルティ・プログラムをCEOに勧めることで、自分の立場を悪くしたくなかったのだ。

私はそのときは失望したが、マーケティング・ディレクターに昇進したことで、答えを見つけるチャンスが与えられた。私からの提案は懐疑的なテスコの役員会で反発を受けた。万が一、他の小売業者がロイヤルティ・カードを導入したらテスコの優位性がなくなる。

1パーセントの割引は確かに問題だった。当時、多くの小売企業の税引前利益は約4パーセント。1パーセントの割引を実施することは、税引前利益の25パーセントを失うことになる。どの程度の割引率なら顧客が会員になりたいと感じるのかも、決して明白ではなかった。テスコの役員のほとんどは、顧客は2~5パーセントの割引でなければ魅力を感じないと考えたが、それではテスコの利益がなくなってしまう。

だが私は、辛抱強く役員会を説得し、『クラブカード』を2、3店舗に試験導入する承認を得た。最初は仕組みを作るために2、3店舗、その後、効果を見るために数店舗。

売上は上がった。1パーセントと2パーセントで割引率を比較すると、たとえ割引率が低くても、高い率を設定したときと同様に顧客の勧誘に有効だということがわかった。検証に耐えうる様々な分析を行い、集客に最も効果的な販売量と割引タイプをデータ化した。莫大なコストを要したが、正しい体系化されたデータを得られるなら、投資の価値はある。

最も重要なのは顧客の反応だ。顧客には気に入ってもらえたようだった。テスコからのシンプルで小さな「ありがとう」でしかなかったが、少なくともこれまでのロイヤルティ・スタンプでは、顧客は企業から感謝の気持ちを受け取ることはなかった。『クラブカード』によって顧客はテスコへのロイヤルティを強めたのだった。

『クラブカード』を全国的に導入するかどうかの決断は、1994年11月の年次戦略会議で行われた。この決断には、テスコ社内外の重役をはじめ、全ての役員会メンバーが関与した。役員会議で何度もプレゼンテーションを行ってきた私だが、会議室に入る時点から緊張を覚えた。私の提案の真価が問われる場だった。役員会は私の提案だけでなく私自身をも審査する。CEOになったとき、私は部下に対し、審査されるのは提案や問題であって人ではないと、相手を安心させるための言葉をかけたが、それは完全には正しくはない。激しい議論においては、相手ではなく相手の論点のみを批判することなど頭から抜け落ちてしまうものだ。

そのときの役員会は、テスコにとって重大な戦略的変更を検討する場でありながら、驚くほど穏やかな会議となった。イアン・マクローリンもこの新しいロイヤルティ方式を支持した。他の食品雑貨小売業もロイヤルティ・カードの導入を検討し始めていたかもしれない。だが、テスコは、初めてそれを導入した企業となった。

あとは時間との戦いだった。我々が方針を決めた以上、競合他社も我々に追従しようとするだろう。役員会は38歳の私に導かれ、平均年齢わずか30歳の若いマーケティング・チームに対して絶大な信頼を寄せた。チームは自信を持って自分たちの道を貫き、唯一のミッションであった「1日も早くロイヤルティ・カードを全国導入すること」にまい進した。無謀な計画のようにも思われたが、我々は、コンセプト、システム、広報のプランなどをおそるべき速度で立案した。

1995年2月、テスコは正式に『クラブカード』を全店に導入した。この日イギリスの消費者に、スーパーマーケットとの特別な結びつきがもたらされた。初日、店舗前には行列ができ、『クラブカード』は翌日の紙面や全国のテレビ・ニュースを賑わせた。

我々にもこれがたいへんなブレークになることが伝わってきた。セインズベリーは依然として小売業界ブランドのリーダーであったが、『クラブカード』をグリーンシールドスタンプの電子化に過ぎないと見て、『クラブカード』を取るに足らないものと片づけた。我々は信じられないほど幸運だった。

この判り易い反応は、今は良く統制されているが、今後急速に古びていく組織の特性を備えていた。これは我々には、競合他社が何か革新的なことを行ったときは、その弱点ではなく、強みに着目すべきだという教訓を与えた。

セインズベリーの反応は現代のコミュニケーションが本来持っているリスクを示した。ビジネスでもその他の場面でも、予想外のことは頻繁に起こり、人は迅速な対応を求められる。PRアドバイザーは、「自然は真空を嫌う」と言うかもしれない。我々が沈黙すれば批評家が話し出すだろう。しかし、沈黙はときに最善の行動である。何も話さないか、「時間をとって熟慮してから、私の考えをお話しします」というシンプルな真理を話すかどちらかにすべきだ。『クラブカード』を「電子グリーンシールドスタンプ」としか捉えなかったセインズベリーは、イギリス小売業界の頂点から少しずつ落ちて行ったのだった。我々は先行する余裕を確立する、極めて貴重な時間を与えてもらった。結局はセインズベリーもロイヤルティ・カードを導入したが、顧客に対する理解に基づく積極的なスキームという印象はなく、テスコを模倣した遅れた試みに見えた。

『クラブカード』の全国的な導入は成功だった。導入後まもなく、私は小売業界全体の売上データを確認した。小売業のような成熟した業種の場合、通常は1～2パーセントの変化が見られる程度だ。だが、テスコは11パーセント、リードした。『クラブカード』がテスコと私自身の生活だけでなく、小売業界全体を大きく変化させたことを知った。そしてテスコは、飛ぶ鳥を落とす勢いでセインズベリーを追い越してマーケット・リーダーになり、私がテスコを去った2011年まで、その地位を守り抜いた。

我々の成功は、基本的な2つのことを正しく行ったおかげだ。顧客は購入額に関係なく、ロイヤルティに対する一定の割引を受けた。高価な商品を購入した顧客へのインセンティブではなく、全ての顧客への感謝そのものであった。第2に、購入額の累計が高額になったとしても、割引率は変わらなかった。我々は全ての顧客を大切にすることを表明し、「誰もが歓迎されるテスコ」を強調した。『クラブカード』の利点は翌年、形になって現れた。

メンバーは1000万人となり（英国の世帯数は約2600万である）、私が夢見た膨大なデータが蓄積されたが、我々はその膨大なデータの正しい処理方法を理解できていなかった。そこで、データ・マイニング事業を立ち上げたばかりの若い起業家、クライヴ・ハンビーとエドウィナ・ダンを雇った。2人が経営するダンハンビーは、データを分析して活用する方法を教えてくれた。その方法は大成功を収め、テスコはダンハンビーを買い取った。ダンハンビーは現在、世界で最も成長の速いデータ・マイニング企業の一つである。ダンハンビーのデータ分析によって、我々は顧客の詳細なデータを得た。つまり、ある家族のご主人、奥様、お嬢様が、いつ、何を買っているかを知ることができた。

我々のチームの一人が、競合他社の宣伝をしているセレブリティに注目し、テスコで買物をしている事実をマスコミにリークすることを勧めた。私はこれが吐き気がするほど嫌だった。短期的に得るものがあったとしても、長期的に見れば顧客の個人情報を保護していることを納得してもらうため苦労する怖れがあった。私は、相手がテスコ内部の者であっても、顧客の個人情報を決して共有しないことを心に刻み込み、『クラブカード』の導入から数ヵ月のうちに、データを匿名にした。購買記録から氏名を削除し、誰が買ったのか分からないようにした。代わりに、共通の特徴で顧客をグループ化した。当時は個人情報保護規制が実施されていなかったため、我々がこれを行う義務はなかったが、その結果、16年間にわたる『クラブカード』の歴史において、我々がデータの機密性の問題に直面することはなかった。

当初、我々はライフステージで顧客をグループ化した。購買行動の要約分析を得るために、学生、単身者、相対的な経済状況（郵便番号を使用）などに分けた。しかしながら徐々に、これが不自然な方法であることが分かった。やがて我々は顧客を、買ったものによってグループ化した。「食べるものがあなたをつくる」ならぬ、「買うものがあなたをつくる」だ。これは有用なデータとなった。ベジタリアン、予算が限られている人、美食家、大急ぎで軽食を食べる人など、より多くの行動を分類する部分的な集合を見つけて分類していった。ダンハンビーによる初めてのプレゼンテーションが終ったとき、イアン・マクローリンは「これまでの30年間よりも、今の30分間で顧客についてより多くのものを学んだ」と叫んだほどだった。

ただ、データを集めて顧客グループについて深く知っただけでは、ロイヤルティは獲得できない。ロイヤルティは、顧客について学んだことを顧客に還元していくことにより築くことができる。どんなに小さなことでも、よりよく顧客のニーズを理解し、顧客の役に立つことが重要なのだ。テスコの「ご提案」の精神は、マーケティング投資の生産性を、3倍から10倍向上させた。

例えば、競合他社が通りの向かい側に新店舗を開店したとき、クラブカードは従来型の紙の割引券よりも3倍効果的である。どの顧客が他社に引きつけられたか、どのような要因が作用したかを知ることができ、我々がその顧客に気を配り、テスコに戻ってくる対策を講じることができた。顧客が好む商品を対象としたプロモーションも展開できた。購入する可能性の低い商品ではなく、頻繁に購入するもの、必要とされているものを勧めることで、テスコの商品に魅力を与えることができる。『クラブカード』のデータがあれば、個々の顧客に合った商品を勧めることができる。無差別なプロモーションよりも10倍以上効果的であった。例えば、特定の種類のジャム、特定のブランドのカミソリなど、顧客が愛用している商品の在庫を確認することもできる。テスコにとっての売れ行きではなく、その顧客にとって重要な商品かどうかだ。そういった商品を常に用意しておくことで、ロイヤルティが高まった。

これらの洞察は、テスコに個々の顧客と直接的な関係をつくる力を与えた。中核となるコミュニケーションは四半期毎のダイレクトメールであり、『クラブカード』のポイントクーポン、目的別クーポン、その他の情報など、顧客が興味を持つと考えられる情報を届けた。ＤＭの内容は顧客によって違う。何千万ものバージョンを作成する必要があったが、顧客はＤＭが届くのを待ってくれていた。『クラブカード』のＤＭは、販売プロモーション業界に革命を起こした。目標を定めないプロモーションでの反応率は、かろうじて１パーセント程度であったが、『クラブカード』の商品オファーでは、10から30パーセントもの反応があったのだ。

もう一つのスキーム、『クラブカード・リワード』は、一見理解しにくいロイヤルティ戦略であった。顧客はテスコ以外の店でも買い物をする。そうなら、たとえば映画館、自動車教習所、旅行、レストランなどで『クラブカード』のポイントを利用できるようにしたのだ。これらのレジャー施設の中には、顧客の30パーセントがクラブカード会員である場合もあったため、我々は一括してサービスを割引いて購入し、『クラブカード』のメンバーに割引価格で提供した。

『クラブカード』の話はさらに続く。現在は、オンラインや携帯電話からも利用できる。特にセルフレジでも役に立つ。テスコのどの店舗でも『クラブカード』さえあれば顧客はテスコとつながり、テスコは世界中の顧客について即座に理解することができる。中国の６７０万人、タイの５２０万人を始め、世界中のおよそ４３００万人がテスコの『クラブカード』を持っている。

『クラブカード』を模倣しようとした数々のロイヤルティ・カードがあったが、長く続いたものは少ない。そのうちのごくわずかなカードしか、導入した企業に成功をもたらさなかった。『クラブカード』がテスコを成功に導いたのは、我々がロイヤルティとデータの洞察を全ての中心に置いたからである。膨大なデータから洞察を得ることは仕事の半分に過ぎない。最も重要なのは、データから得た洞察を意思決定の中心に置くことである。

『クラブカード』の事例は小売業に限らず、どのような組織にも当てはまるだろう。斬新なアイデアが既存の体制をどう激変させ、しぶといマーケット・リーダーからどうすれば覇権を奪うことができるかを語っている。どのような企業・組織にも顧客がいる。データが示す新しい洞察を活用して、規模、評判、競合他社の圧力による収益性の低下をどのように克服できるかを、『クラブカード』は示している。ところが、『クラブカード』導入から15年経つが、データの持つ力を発揮させたのは、ごく僅かな組織だけで、大部分はその力さえも理解していない。

『クラブカード』は私にシンプルな真実を教えた。感謝されて気分を害する人はいない。感謝によってロイヤルティが生まれる。競合他社はそれをコストと見なすが、これはシンプルな真実であり、そのパワーは巨大である。

トレンドを見つけ、ロイヤルティを築き上げる

『クラブカード』は我々の成功の基盤になった、データは我々のビジネスを動かした。しかし、何年かするうちに私は、データ量が膨大なため、人々の行動に起こっている深い、長期的な変化がマネージャーたちに見えなくなっていることに気づいた。しばしばそうした変化は、表面上自分の仕事の領域とは何の関係もないように見えるからだ。そうした変化はかすかなため、何も変わっていないと人を勘違いさせたり、あるいは反対に、物事が突然、こんなにも大きく変わるものかと驚かせたりする。こうした変化を見過ごさないようにするには、視野を狭め外部の生活を見えなくさせる組織の圧力に抗う必要がある。地球の反対側で起こっていることについてのニュースや、パブでの友人とのおしゃ

べりは仕事や組織と無関係に思えるかもしれないが、そこにこそあなたの世界を根底から変えてしまうトレンドが映し出されているかもしれないのだ。

こうした社会の奥深いトレンド変化の一例は、経済の発展にともなって見られる女性の社会進出、特に子どもを育てながら働く女性の増加である。アメリカでは労働人口のうち既婚女性が占める割合は、1960年から1990年でおよそ25パーセント上昇した。6歳以下の子どもを持つ既婚女性にいたっては、働いている割合が1960年の19パーセントから1995年の64パーセントに上昇した。イギリスでも同じことが起きている。1950年代初期には、働く既婚女性は25パーセントに満たなかったが、1991年にはおよそ50パーセントになった。

ビジネスマンと特に政治家は、これが生活のあらゆる面に及ぼす影響に気づくのが遅かった。「女性は家で子どもの面倒を見るべきなのか」という議論が、この変化が実社会に及ぼす影響から人々の目を遠ざけた。両親が外で働く家庭では、富は増えるが時間は減る。忙しいため買い物に行くことができない。

今日、「ワーク・ライフ・バランス」の問題は頻繁に取り上げられている。しかしさまざまな経済活動に反映されるまでには長期間を要した。

イギリスの店舗は一般的に、午前8時から午後6時まで営業し、日曜日を定休日とし、平日の定休日も設けていた。イギリスの大手デパート・チェーン、ジョン・ルイスは月曜日を定休としていた。この慣習は一世紀にもわたり大きく変わることはなかった。家には母親がいて店が開いている時間帯にいつでも買い物に行くことができる、という前提だ。消費者のニーズが変化することなど想定していない。

テスコは、社会の変化に初めて対応した企業の一つだ。1980年代に我々は、平日の営業時間を午後10時まで延長し、土曜日の夕方の営業も開始した。特に土曜日の営業時間の延長は、顧客に評判がよく、売上が増加した。この時間帯の利用客からのロイヤルティの獲得にもつながった。

地方議会は納得せず、営業時間を制限することは地元の家庭と市民のニーズだと主張した。しかし、当時、若手社員として市場調査を担当していた私は、どこからそんな「情報」が上がってきたのか一生懸命調べたが不明なままだった。どうも地方議会は、少数の声高な苦情と、意見を聞かれもしなかった多数の声なき消費者の無関心によって動いているようだった。

これらの当局とはケースごとに協議して対応したが、日曜日の営業はイギリスの商店法の下で禁じられていた。営業時間が長ければ、現代の忙しい家庭に役立つ。理にかなってはいたが、論争は続いた。第一に、日曜日は宗教的に見て特別な日であり、第二に、日曜日は家族の日であり、安息の日であるという考え方があった。日曜日に女性に、買い物を奨励したり仕事を強要したりしてはいけないというのだ。この考えをイギリス議会とイギリス社会の上流層は強く支持したが、買い物を伝統への脅威とは考えなかった一般社会層の共感は得られなかった。その証拠に、日曜日の営業が許されていたスコットランドでは、買い物が多くの現代人にとって恰好の気晴らしであり、休日に「ショッピングがしたい」と思っている人が多いことがわかった。日曜日に働きたいと思うスタッフも多く、我々は休日手当という形で彼らに報いて感謝された。ある女性に「あなたが日曜日に出勤すると、ご主人が困らないですか?」とたずねると、その女性はこう答えた。

「『あなた』というのは、『ご主人』がパブで飲んでいる間、家であくせく家事をこなしている私のことですか? 外でお金を稼いでいる方がいいに決まってるじゃないですか」。

我々は日曜日の営業を実現しようと活発に運動したが、それには商店流通関連労働組合(USDAW)のサポートが不可欠だった。USDAWは常に日曜営業に反対で、議員にも働きかけていた。しかし、我々のスコットランドでの経験は、彼らに日曜営業の必要性を示すのに十分だった。スコットランドで働くスタッフたちは、日曜日の勤務がどのくらい生活に役立っているか、どのくらい楽しんでいるかをＵＳＤＡＷに報告した。その結果、ＵＳＤＡＷも我々を支持した。誤りを認めることは、特に政治的な議論に携わっている人には大変難しい。だがＵＳＤＡＷの英断のおかげもあって、法律が成立した。日曜営業が実現し、大成功を収めた。1時間当りの売上は週の最高を記録し、やがて世界中の多くの国が我々に倣った。

テスコは更に前進した。難しい勤務パターンの顧客を考慮して、多くの店舗で24時間営業に踏み切った。実際にはこれまでも、我々の店舗では24時間業務が行われていた。夜、店舗が閉まっている間にほとんどの清掃と棚卸しを行っていたのだ。そのため、我々は顧客が買い物をしている間に次の日の準備を行うため、いろいろと上手に業務を再編する必要があった。

24時間営業は顧客に優れたサービスを提供した。夜泣きする赤ちゃんのために解熱剤を買いに来たり、夜間シフトの後、夜食を買いに来たり、空港から帰りに立ち寄ったり、ラマダンの日没後に食料を買いに来たりできるのだ。今では時刻を気にせずオンライン・ショッピングやネットバンキングを利用できるが、このときの経験がｅコマースへの対応にも役立った。顧客が必要としているときに、ビジネスの準備ができていなければ意味がない。

営業時間についての話を貫いているのは、「顧客の要望に応える」ための変化にとどまらない。顧客の立場で考え、顧客がどう感じているか理解することだけを通じて、顧客のロイヤルティを獲得できるようになるのだ。顧客の習慣に合わせるためだけでなく、自社にとって永続的な価値をもたらすくらいに自社のビジネスに愛着を持ってもらうよう、変化し続けるのである。それは、顧客の心の内に入り込み、どのように行動し、振る舞うか理解することである。

多くのマネージャーたちは顧客の話を聞いているだろうか。単に教えられた通りにやったり、ただそうするフリをしているだけではないだろうか？　テスコが完璧だったと言うことはできないが、私はいつも同僚たちに顧客の視点と行動に基づいて判断すべきだということを繰り返し言ってきた。多くの企業が「顧客主義」を標榜しているが、大部分は同じようなものだろう。しかし今や、そのほとんどの企業は、少なくとも試しはする。

税金で運営されているさまざまな公共部門については、同じことがそのまま当てはまるわけではない。公共団体はさまざまな点が民間企業と異なっている。社会における説明責任の線引きも不明瞭だ。公務員は政治家、監査機関、組合、同僚、マスコミ、そして市民を相手にしている。選挙によって長期計画の立案が中断されたり、新しい議会が発足すれば戦略や方針が急きょ変更されたりすることもある。民間企業のように株式によって資金を調達したり、資金の投下先を自由に変えたりすることはできない。

公共部門に市場が存在しないならば、利用者がサービスについてどう考えているかを理解するのは難しい。「審議会」や「投票」を実施したとしても、ただ結果を伝達しているだけで、背後にどういった目的があるのか、利用者が何を望んでいるのかをスタッフが理解できているだろうか。イギリスの地方自治体は、住民・市民の意見、ニーズ、行動に注意を払い始めている。イギリス政府に比べれば、限られた地域の有権者に特定のサービスを届けることに注力できる場合があるからだろう。では、いったいどのくらいの公共団体が利用者のことを最優先に考えようとしているだろうか。

例えば新しい学校か病院で先生と保護者、あるいは看護師と患者にどう思うか尋ね、費用を節約するにはどうすればいいか提案してもらったら良い。自治体の医療体制についての新しい戦略について、患者にとって何がもっとも重要か尋ねるのだ。公共サービスの窓口が開いている時間はいつが便利か、市民に聞いてみるのだ。使われるのは自分たちのお金であることを意識してもらい、どう使うか一緒に考えてもらえば、政府と納税者はもっと税金の価値ある使い方ができるだろう。

市民を優先することによって、組織の文化と構造が変化する。市民がハンドルを握り、彼らが選択した方向に進む必要がある。根本的な構造変化だ。

一部の人は、私が顧客にフォーカスすることに狂信的と言っていいほどの強迫観念を抱いているといって非難した。非難は甘んじて受けよう。しかし、そうすることによってのみ、顧客を十分に理解し、そのロイヤルティを得ることができる。顧客のことを大事に思っていることが伝わる小さなことをすればいいのだ。顧客を信頼することによってあなたには、大胆な目標に挑む勇気が湧いてくるはずだ。

※1　*The New Rules of Retail*, Robin Lewis and Michael Dart, Palgrave MacMillan (2010), pp.51 and 53

第3章

勇気

優れた戦略は、意欲的かつ
大胆でなければならない。
人は全力を尽くすことで、自分が
考えているよりずっと多くのことを成し遂げられる。
目標は興奮と多少の恐れを
呼び覚ますものであるべきだ。
何よりも、それは人を奮い立たせ、
組織に対しては、偉大な野心を持つか
それとも現状に甘んじるか、
選択を迫るものでなければならない。

勇気は、人に戦争や病気を連想させる。戦火のもとでの勇敢な功績や、末期の病気と断固闘うことなどである。

勇気は通常、ビジネスや組織運営と結びつけて用いられる言葉ではない。会議に出席したり、商品やサービスを販売したり、あるいは何かをつくっている人々を我々は普通、勇敢とは考えない。

我々は勇敢な物理的な行動を勇気のしるしと考えがちだが、私にとって勇気とは心理的、精神的そして道徳的なものである。未知のものやリスク、反対などに直面したとき、勇気とは事実関係においても価値判断においても自分が正しいことを確信していることである。自分が理性においても感情においても、正しいことを行っていると断言できることである。そうすれば、何かを成し遂げられる可能性は無限に広がる。反対に、勇気なしでは組織のための壮大な野心を抱いたり、人々の生活に永続的な価値を提供することなどもできはしない。

スリム子爵はこの「道徳的勇気」について優雅に語った。スリム子爵によれば、ほとんどの人は生まれつき勇気を備えているわけではなく、両親、教師、教会から教わる。それが出来なかった場合には、大人になってから「とても印象的な出来事を突然体験する」ことが必要である、と彼は述べている。

私は、自分自身が勇敢だとは思わない。むしろ内気で、慎重で、勇気がない方だと思っている。リスクを取るに値すると判断したときだけ、私は一連の行動に乗り出す。成功し続けたいという願望によって突き動かされると言ってもよい。失敗してもなお大きな目標を追い続けることも、勇気の現れなのだろう。

私が1997年2月、テスコの最高責任者になったとき、我々には核となる長期的な目標とゴールが欠如していた。『クラブカード』から得たデータとその後の調査は、食品と、小売業者が「非食品類」

と呼んでいる本、電化製品、衣料品などの商品を扱う、コンビニ業態を望んでいることを明確に示していた。我々は、顧客の要求だけではなく、イギリスで、そしてグローバルで起こりつつある大きなトレンドに応える必要があった。

テクノロジーは収束しつつあった。携帯電話とインターネットは初期段階だったが、人々の生活が激変することは目に見えていた。1996年、アメリカの巨人、ウォルマートはイギリス市場に注目していたが、テスコの長期的な繁栄にはウォルマートを我々のホームグラウンドで負かすだけでなく、自分たちのビジネスを成長させる必要があった。ビジネスの成長、それはスーパーマーケット・チェーンがこれまで参入していなかった金融サービスやテレコミュニケーションのような分野に挑戦することを意味していた。他社が海外で失敗した分野であっても、収益性の高い長期的なビジネスをヨーロッパ全土、さらにそれ以外でも立ち上げて成功させなければならない。

私がCEOになる前の数ヵ月間、このトレンドとチャレンジは私の頭の中を巡っていた。ある日、アイルランドに向かう飛行機を待っていた時、俄に意を決してテスコのゴールを「勇敢であること」と定めたことは、人にはただの自己満足に見えるかもしれない。だが、『クラブカード』は私に誇りを与え、我々はさらに上を目指す必要があった。勇気を持って挑戦する以外に、道があるだろうか。

第一に、テスコをイギリス一の小売企業にしたかった。当時、我々はセインズベリーを抜いたものの、上にはまだマークス&スペンサーがいた。ウォルマートの存在もあり、テスコのリードは一時的なものと思われていた。

第二に、非食品類でも食品類と同様に強くなりたかった。当時、テスコの非食品類の売上高は全体のわずか3パーセントで、この望みは無謀とも言えた。

第三に、私は収益性の高いサービス・ビジネス（例えば金融やテレコミュニケーション）を拡張したかった。1996年にはテスコは全くそのようなサービスを提供していなかった。

最後に、海外にも進出し、イギリス国内と同等の売場面積を持ちたかった。当時、海外の売場面積は1パーセント未満であり、翌年にはそれを売却する計画があった。

有名なテレビ・コメディ『イエス・ミニスター』に登場する上級公務員ハンフリー卿によれば、提案された行動プランがあまりよく考えられたものでないことを政府の大臣に納得させる最善の方法は、その決定が「勇敢である」と述べることだそうだ。ハンフリー卿なら私の目標についてもそう言っただろう。

現実には、優れた戦略は意欲的かつ大胆でなければならない。人は自分が考えている以上に、できる限りの努力をするべきだ。目標は興奮と多少の恐れを呼び覚ますものであるべきだ。何よりも、それは人を奮い立たせ、組織に対しては、偉大な野心を持つかそれとも、居心地はいいがちっぽけな現状に甘んじるか、選択を迫るものでなければならない。海を渡るか停滞したままか、歴史をつくるか歴史とは無関係のままか、人々の暮らしに寄り添うか大した役にも立たないか、である。

明確な野心は、大きな変化を必要とする。それはリーダーのエネルギーと意思を試す抵抗を引き起こす。ジャッキー・フィッシャー卿は、イギリス海軍の歴史の中で最も偉大な改革派の1人だった。とりわけ、第一次世界大戦の海戦を変えたと言われるドレッドノート型戦艦をつくるという大役を果たした。フィッシャー卿の大胆な目標は行動と不屈のエネルギーへの切望と重なり、「戦う海軍を作るために、我々は機構改革において無慈悲で、厳格で、さらに冷徹でなければならない」と説いた。さらに、「停滞は人生の災いのもとである」「馬鹿馬鹿しいものがうまくいく」「大きいリスクは大きい成功をもたらす」とも述べている。

自分が進む道に他人が立ちはだかることを許さない男だった。かれが日曜日に働くのをやめさせる

ために は国王の命令が必要だった。彼の大好きな書物の1つは、ピリピ人への手紙だ。「ただ、この一事に励んでいます。すなわち、後ろに何があるのかといったことは忘れ、ひたむきに前にあるものに向かって進み、目標を目ざして一心に道を急いでいるのです」。

決して人への感謝の気持ちがないわけではない。ただ、発展するには目標を高く設定するべきだということだ。一つの山に登って満足するのではなく、さらに高い山の頂上を目指す。それが必要だ。テスコがイギリスで最も成功した小売業者になったとき、我々はそれだけでは満足しなかった。

電気機械製造会社の東京通信工業が1950年代に成功した会社になったとき、創設者の一人である盛田昭夫は要求水準を上げた。その証として社名を変更した。現在のソニーだ。「海外で売り出さなければ、私と井深大が思い描いたような企業になれないことは明白だった」。

私が最高責任者になったとき、テスコに唯一残されていたのは前へ進むことだった。当時のままでいたら、イギリスだけでしか戦えない、輝きのない企業になっていただろう。新しい市場を拡大していくことが必要だった。あえてこの難しい挑戦を続けていた頃は、静かな生活を望んだこともあった。

14世紀に生きたイタリア・プラートの商人、フランチェスコ・ダティーニが受け取った、ビジネス・パートナーからの手紙のようだった。

フランチェスコ、あなたが新しい事業に乗り出そうとしていると聞きました。私は神に、あなたの目を大きく開いて、あなたが自分のしようとしていることをよく見られるようにしていただきたいとお願いするつもりです。あなたは裕福で余裕があり、もはや子供ではないのだから、それほど多くのことに手を出す必要はありません。私たちは皆人間で、多くのことに手を出しすぎると災難に遭うということを知っているはずです。70歳を超えたドナート・ディーニがどうなったか思い出してください。彼はあまりに多くのことに手を拡げたために破産し、費やした1リラのうち5ソルドしか残せなかったではないですか。（1リラ＝20ソルド）

ダティーニの書簡は有名だが、これを現代風に表現すると、ファイナンシャル・アナリストのアドバイスのようになる。「何か新しい事業を始めるには、会社の上層部が歳を取りすぎている。成功しているのだから、安定した現状を維持すればそれで十分です」。

ダティーニがアドバイスを無視して挑戦し続けたように、私も野心的な戦略を立てた。何を達成したいかは明白だったから、大規模な戦略部門は不要だった。

どのような組織でも、戦略はトップが立てるべきだ。加えて、一度立てたら、変更してはならない。戦略部門に信頼を置くリーダーは、自らの責任を放棄している。多くの戦略担当者がいる組織は、外部に向かって明確な信号を送っている。「我々はどこに向っているのかわからない」と。

その代わりに、何を成し遂げようとしているのか、その過程で皆に果してもらいたい役割を説明した。この努力によって我々は急速に成長し、改革を実現した。その裏で我々は、大きな目標にはリスクがつきものだということ、そして達成を試みたことのうち少しは失敗することも理解していた。

失敗。人は失敗を恐れる。成功の可能性がある限り、常に失敗の可能性もある。失敗を恐れない人は多くない。だが、その恐れを知りながらも目標に向かって進むことのできる人が、「勇気」のある人だ。

私も時々、失敗して職を失う恐ろしさに気持ちが萎えたことがあった。しかし、この恐怖を圧倒するほかの感情があった。それは、最初のうちは物事をよくしたいという激しい情熱であり、後にはテスコを世界に通用する企業にしたいという願望であった。その実現を目指す中では、リスクをとり、失敗に耐えなければいけないこともあった。最悪でも投資と努力が無に帰し、いくばくかの人が困惑してしまったが、それはそれである。イノベーションに背を向け、未知の世界に踏み出すことなく、新しいものに挑戦しないことの結果を考えるべきだ。何も変わらず、より生産性の高いやりかたを試しもせず、ビジネスにおいてより多くの価値を生み出す新しい取り組みをしようともしないことになるだろう。何も未知の世界に無謀に飛び込めといっているのではない。リスクをとるには、計画し予防措置を取る必要がある。リスクが大きければ大きいほど、予防措置もしっかり講じるのだ。何もしないということがしばしば、最大のリスクとなる。

賢明な指導者は、失敗によって教訓が得られれば利得につながることを知っている。たとえば、イタリアの経済学者で哲学者でもあるヴィルフレド・パレートは、「どんな時でも実り多き失敗を与えたまえ。たくさん実が詰まった種のように、そこからどんどん改善が飛び出してくるような失敗を」と言い、有名な投資家の一人、ウォーレン・バフェットは「失敗から始めて、それをうまく克服しなさい」と言っている。

トヨタ自動車は、第二次世界大戦後、このメッセージを受け止めた。トヨタ自動車では伝統的に、生産ラインを止められるのはラインの責任者だけという規則があった。あるとき欠陥車が見つかり生産ラインを止めて車を修理する必要が生じた。このとき、トヨタの生産システムの父であると言われる大野耐一は規則を撤廃し、重大な問題が起きた場合や製品に欠陥が見つかったときに生産ラインを止める権限を作業者にも与えた。間違いがあったときには全チームが集まって対処する。大野は、「5つのなぜ？」を提唱した。間違いの起きた根本的な原因が識別されて修正されるまで、あらゆる原因を調べつくす。この方法では、ラインがしばしば止まり、生産性が落ちる。しかしやがて、失敗から多くを学び、生産性は低下しなくなった上に、自動車の品質が向上した。

これは、人々が失敗から学ぶ力を持っていることを示す。この事例は、担当者個人に責任と現場をコントロールする権限を与えることの重要性を示している。組織として厳しいゴールを設定したとき、組織のメンバーが全員、期待されている挑戦に応え、リスクをとり、そして必然的にときどき失敗する権限を与えられていると感じることが必要である。

高い目標に挑戦する勇気を持ち、失敗から学ぶことは、どのような規模のどのような企業・組織であっても不可能ではない。私自身、未開拓分野の大胆な目標を追い続ける経験をした。ビジネス上では、アメリカで新しい業態の店舗を開き、イギリスでこれまでの商品に加えてさまざまなサービスを提供するようになった。公的な分野では、私の故郷であるリバプールの再生に携わった。それぞれ異質な目標であり、組織もプレッシャーもさまざまであるが、その全てにおいて大きな勇気が必要であった。

新しいフロンティアに立ち向かう

勇敢な行為、大胆な目標は、人々を未知の領域へ連れて行く。CEOであれば、ビジネスの可能性に賭け、限界を打ち破る方法を模索することもあるだろう。

私が下した決定は、アメリカで新しいスーパーマーケット・チェーン、『フレッシュ&イージー』を開業することであった。これは時期尚早と見られていた。懐疑的な人々には、「テスコが非食品類や金融サービスへの事業の拡大に加え、ヨーロッパとアジアへ進出しようとしているのは極めて野心的な計画だ」と言われた。アメリカへのイギリス企業の進出が極めて難しいことは周知の事実だ。加えて、『フレッシュ&イージー』の業態はイギリスでも試みられていない。アメリカ市場に進出しようとするイギリス企業にとって、言語が同じで文化も理解できると思っていることは魅力的に思える。これまでアメリカから多くの企業がイギリスに進出しているのだから、大西洋の向こう側だからといって大きな違いはないのではないか、と。

この「見かけ上の類似点」のおかげで、多くのイギリス企業がアメリカとイギリスの間の大きな違いを見逃した。ミッドランド銀行によるカリフォルニアのクロッカーナショナル銀行の買収やセインズベリーによるショーズスーパーマーケットの買収などを見て、彼らのイギリスでの成功をアメリカに持ち込めたと考えるのは早計だ。アメリカ企業を買収したイギリス企業の長いリストを見てみれば、アメリカとイギリスの市場の違いを思い知るだろう。

数世代にわたってイギリスの小売業者は、消費者文化の中枢であるアメリカを狙っていた。アメリカは世界初のセルフサービス・スーパーマーケットの本場である。顧客にカートを押して店内を歩き回らせ、自分で商品を選び取らせることは、第二次世界大戦以降のブレークスルーである。テスコ創設者のジャック・コーエンは、1940年代にアメリカの新しい百貨店を訪れた。イギリスではちょうど戦後の食料配給制が終ったところであり、コーエンにとってアメリカの百貨店はパラダイスのようだったはずだ。

宮殿のように輝いていた。照明で照らされ、広く、きれいだった。最も印象的だったのは商品の包装紙である。新しい素材、先進的なデザイン、カラフルなラベル、明確な価格表示。そして女性たちはショッピングカートを押していた。アメリカの百貨店は、小売業者のためのユートピアであった。……レジの音は、あらゆる業者の耳に快い調べであった。

コーエンはセルフサービスのスーパーマーケット業態を英国に持ち帰った。コーエン自身、それを

「消費者革命の始まり」と表現し、「他の多くが躊躇したセルフサービスの導入に取り組みたいという意欲によって我々は、暗い食料配給規制の時期の後に、消費者の大義のために挑戦するという我々の信念を強くした」。

マーケティングの研修生としてテスコに入社して4年後、私は小売業を学ぶために、アメリカに視察に行かせてもらったが、これを見ても、イギリスの小売業者がいかにアメリカに対して畏怖の念を抱いていたかがわかる。アメリカでの1週間の視察で、私は1年間に得たよりも多くのことを学んだ。大陸を縦横断して当時注目されていた小売業者を訪ねた。私は圧倒された。1980年代初期のアメリカは、不況で破壊されたイギリスと比較して「豊か」に映った。この訪問の後まもなく、我々はアメリカのスーパー・チェーンの協力を得て調査グループを結成した。長年にわたって交換訪問を行い、アメリカ人の目を通して見たアメリカの市場を学んだ。テスコは、初めての海外投資の地をアメリカにしようと考えていた。年月を重ねるにつれ、アメリカ視察の主な目的は企業獲得に変わっていった。テスコは力を付け、我々の目標はすぐに達成できるように思えたが、まずは韓国、マレーシア、トルコなどの、国内競争が激しくない新興国への進出から国際的な拡大を始めた。これらの国々ではイギリスのスーパーマーケット・チェーンは良く知られていなかったが、厳しいアメリカ市場よりは、我々の専門知識が絶大な効果を発揮できた。そこで学んだのは、文化の類似点より相違点を観察することと、相違点を考慮して小売戦略を立てることの重要性だ。これらの国での経験は、我々のアメリカの見方を変えた。「見かけ上の類似点」に惑わされてはいけない。我々は外国人としてアメリカを見なければならないのだ。

このとき1990年代半ば、アメリカのスーパーマーケット業界は成熟しきっていた。食品の小売では、革新的で最先端を行く企業はなかった。ウォルマートはまだ雑貨を中心に扱っていた。企業を見るとき、それを所有するのと、競合相手にするのとどちらがよいか常に考え、アメリカのスーパーマーケットは買収するよりも直接競うほうがよいと考えるようになった。

混乱した複雑で競争の激しい市場に飛び込むのではなく、我々は可能なチャンスについてじっくりと厳密に検討した。その結果、我々が利用することのできそうないくつかの特徴がこの市場に徐々に生まれていることを見出した。第一に、ウォルマートの台頭は、品質を犠牲にせずに安さを追求することの重要性を高め、一方でホールフーズ・マーケットのような、高級志向のニッチの企業が育っていた。第二に、アメリカの広大な国土が生鮮食品流通のロジスティックスに難しい問題を引き起こしていた。長時間にわたる輸送は、食品の加工と防腐剤の添加につながっていたのである。第三に、ビッグボックス型小売業の成功は、安価な土地、燃料、オペレーションコストの上に成り立つもので、地域の小規模店舗は長い間、投資や技術革新を呼び込めていなかった。一方、我々が手がけたその他の国で最も成長が速かった業態は「コンビニエンス」であった。

我々は新しい店舗業態をつくることに集中した。アメリカはイギリスに比べると土地が豊富で、出店規制が緩い。そのため、人口一人当たりの小売売場面積はイギリスの8倍にも及ぶ。アメリカに、これ以上のスーパーマーケット・チェーンは不要だった。しかし、新しい業態であれば入り込めるのではないか。競業他社よりもほんの少しだけ生活を良くする、そんなサービスを提供すれば顧客が集まるのではないか。コストコ、トレーダー・ジョーズ、ウォルマート、ホールフーズ・マーケット。みな伝統的なスーパーマーケットに挑戦し、急速に発展した。

我々のチャレンジは、次のようなことだった。我々は、ウォルマートの安値とホールフーズ・マーケットの高品質を兼ね備えたような、これまでにない価格と品質のバランスを提供する業態を開発できるのか？　我々は、調味料、防腐剤を始めとする添加物なしの、より新鮮な多数の自然食品を提供することができるのか？　行きやすく便利な「近所の店」を提供することができるのか？

これら全てを達成するのは難しい仕事だった。だが、それは食品小売業においては真のイノベーションであり、必ず顧客を引きつけられると確信していた。コンビニエンス・ストアの規模の問題点は、在庫だ。全ての商品を在庫することはできず、全てのニーズに応じることはできない。しかし、価格と品質のバランスが正しければ、全ての市場、所得階層、年齢層、民族に受け入れられ、市場における大きなニッチとなる。アメリカのような途方もなく大きな市場では、非常に大きなビジネスにつながるだろう。

我々の勇気は、他の地域での経験によって強化された。我々が考えていたスタイルはアメリカでは珍しいものだったが、我々の強みになると確信していた。添加物が含まれていない自然食品は新鮮なうちに素早く運ばれなければならない。それは専用の供給網とジャスト・イン・タイムの物流システムを必要とする。人口密度が高いイギリスでの仕組みづくりの経験を活かし、我々は加工食品部門にも自社のＰＢブランドを導入した。『テスコ・エクスプレス』『テスコ・メトロ』は、世界中のテスコの市場の中でもひときわ収益性が高く、急成長する業態であった。

そのモデルでは、言うまでもなく、食品を生産地から店舗まで、工場や中央倉庫を経由しながら効率的に輸送する必要がある。特定の目的に応じて商品を生産しなければならず、それを一秒でも速く店舗の棚に並べなければならない。これを実現するには、自社の集中配送センターに隣接するプロセスセンターが必要だ。このプロセスセンターで、自社店舗で販売するジュース、サラダ、レディーメイド食材、肉、農産物などの商品の30パーセントを加工する。加えて、専用の補給拠点、固有の補充システムといった独自のシステムも用意しなければならない。

先行投資は、数億ドルにも達した。第一段階は、高密度なネットワーク上に最大４００店舗を出店する。次に、それらの店舗をできる限り早く成長させて投資を回収し、さらに損益分岐点を超えさせる。店舗自体の規模は、倉庫を含めてもおよそ1万5000平方フィートと小さく、近所にあって気軽に立ち寄ることができる店だ。商品は4000品目（在庫管理単位）に絞った。いくつかの有名なNBブランドを扱ったが、メインは自社のPBブランドにした。レジはセルフサービスで、必要があればスタッフが対応する。コスト削減のためもあったが、セルフサービスの店での必要に応じたスタッフの積極的な「お手伝い」は、逆に利用客を満足させた。

我々は顧客のあらゆる面を研究し、これまでに学んだことの全てを活かして、ゼロから店舗を設計していった。利用客がどのように買い物をするのか、何を必要とするのかを理解するために、自社のスタッフを一般家庭に同居させたりもした。家族は信じられないほど協力的だった。しかも非常に貴重な洞察を提供してくれた。我々はプロトタイプ店舗をつくって顧客を招き、買い物をしてもらった後、その行動について顧客から話を聞いた。顧客からのフィードバックは本当に励みになった。顧客は価格が安く、きれいでシンプルな店舗を好んだ。多くの机上調査も行って客観的に業態をモデル化した。

アメリカへの参入はまだ正式には決定しておらず、秘密を守る必要があった。ロサンゼルスの工業地帯の倉庫に多くの機材と商品を運び込んで店舗をつくったところ、地元の人々の関心を集めた。我々のチームは「そこで何をしてるの？」と何度も尋ねられたが、「映画を製作している」と答えた。ロサンゼルスという土地柄もあって、この回答は効果的だった。

この業態には強力なブランド価値を持たせる必要があった。ブランドとは顧客が心惹かれる特性を持つものだ。当時のマーケティング・ディレクター、ティム・メイソンは、フレッシュ＆イージー・プロジェクトのCEOになったときにアメリカに転居し、そこで会社と顧客に関する一連の強力な価

される。フレッシュ&イージーは低価格で新鮮な、自然食品をイメージしたプロジェクト名だったが、その名の通り、優れた食品を簡単に低価格で地域の住民に提供する特色が顧客に支持された。

全ての準備が整い、我々は前へ進むことにした。リスクは極めて高い。しかしながら計算されたリスクであった。先行投資した後の投資の大部分は新店舗に対するもので、業績が上がれば回収できる。最終的に全部回収不能になったとしても、テスコの発展を脅かすことはない。その点においては、たとえば100億ドルを投じて市場で主要な位置を占める企業を買収するよりははるかに安全な選択だった。むしろ、上振れが相当見込めた。アメリカのニッチな業態さえ、英国におけるテスコのビジネスと同規模になりえるのだ。これは、成長は速いが経済と政治上のリスクが高いアジア市場での戦略とのバランスをとった投資でもあった。推進には勇気が必要だった。だが何に直面しているかを理解できていた。なにより、全資金を賭けていたわけではない。

我々は計画に基づいて用地の確保に乗り出した。アメリカ西部からスタートし、サンディエゴ、セントラル・ヴァレー、ラスベガス、フェニックスへの商品供給を想定して、ロサンゼルスの東に倉庫とセントラル・キッチンを設置した。セントラル・ヴァレー、ラスベガス、フェニックスは特に急速に発展し、手頃な住宅と労働力が豊富な地域だった。我々の計画はこれらの地域社会の発展に基づいていた。

最初の店舗は2007年秋に開店した。タイミングはこれ以上ないほど悪かった。西欧は過去70年間で最悪の不況に陥っていた。我々が進出を決めたとき、アメリカ西部は好景気だったが、サブプライムローン危機の震源地であったため、ブームは急速に去った。予想していなかった展開だ。家の価値が急激に下がり、失業率が上がったため、新しい地域社会からの人口流出が始まった。しかし、工場、倉庫、店舗の建設は進み、その他の賃貸契約も結んでしまっていた。

小売において、「新参者」は下降の兆候を一番強く感じる。厳しい状況下に人は新しいものを試さない。出費を切り詰めることに注力する。我々は苦難に見舞われた。だが、一度でも店に足を運んでもらえれば、顧客は必ず店舗を気に入ってくれた。

この難しい時期に、我々の最もロイヤルティのある支持者は、顧客とスタッフであった。それが成功につながった。顧客は「フレッシュ＆イージー・フレンド」となった。スタッフにとってフレッシュ＆イージーは最高の仕事場だった。地域社会が確立しているLAとサンディエゴの店舗は、景気悪化の打撃は受けたものの、損失を最小限に食い止めることができた。顧客とスタッフの情熱が生き残りに作用したと言える。我々は拡大を遅らせた。我々は多くのことを学習した。アイデアが現実に直面し、その全てが成功してはいない。損益分岐点達成の目標は２０１０年に設定されていたが、２０１３年の現在まで到達できていない。この目標が達成される日が来るのか、フレッシュ＆イージーが営業を続けられるのか、周囲の多くは今も懐疑的だ。彼らが正しければ、私はＣＥＯとしての説明責任を負うことになる。だが私個人は、いまだにフレッシュ＆イージーの成功を信じている。売上高が向上し、ブランドは発展している。我々には追い風だ。何より、野心を現実にしようと前進した勇敢な人々がいるからだ。

訳注：フレッシュ＆イージー・ネイバーフッド・マーケットは２０１３年9月に米国破産法第11章（日本の民事再生法に相当）の適用を申請し、テスコはアメリカでの事業から撤退を決定した。「おわりに」を参照。

慣例に逆らう

どの組織にとっても、海外進出は危険なビジネスだ。新しい文化、好み、法規、そして何より、完全に異なる経済背景と戦わなければならない。もうひとつのリスクは、未知の領域に活動を移すことにある。それにより組織自体の性質そのものが変化する可能性すらある。経営の多角化を狙う企業を待っているのは新しい競合他社との直接対決だ。市場、規制、テクノロジーを熟知し、すでに十分な顧客を確保している相手だ。負けるようなことがあれば、評判、ブランド、顧客の信頼の全てが打撃を受ける。

小売業界における多角化は１９９０年代の中ごろに始まった。それまで一般的には小売業者は商品を販売し、サービスは提供していなかった。顧客は苦労して得た現金を持って店に行き、棚から商品を選び、その代金を支払った。テスコに関して言えばその商品は食料品と飲料、そして一部の化粧品と薬品である。言い換えれば、テスコは顧客とその家族の食生活を担ってきた。

この生来の保守主義は、長年同じことを繰り返してきた古い世代の人々の産物だ。これよって他のやり方を試してみることができず、我々の目の前にあった新しいビジネスの可能性に気づかなかった。だが、テスコのような小売企業は、その考え方によって難しい問題に直面した。ますます競争が激しくなる市場にあって、小売業者はどのようにイギリス市場で成長して行くのか？　主に食品を取り扱う伝統的なスーパーマーケットは規制と競合他社に阻まれ、成長のチャンスを得るのが難しい。私は、他社のＣＥＯと同様、将来的な自社の成長の道を探していた。顧客に従い、顧客の生活の変化に応じて新しいニーズを見出した。それは顧客に対して常にビジネスで応える状態を保つことを意味する。

私がＣＥＯになる頃、イギリスの経済は急速に変化し、サービス部門の重要性が増した。１９６０年代初期に、消費者の収入の40パーセント以上を占めていた食料品は、１９９０年代までに10パーセントまで落ちた。衣料品と雑貨を加えても個人消費のうち商品が占める割合は少なく、発達した経済においては消費者が収入をサービスに費やしていた。それを推進しているのは人々の希望、夢、欲求である。携帯電話がもたらす革命が到来したとき、私はそれを目の当たりにした。消費者が、一週間分の食費よりも高い費用を携帯電話の一回線に費やしていた。

小売企業は、銀行、保険に続く、携帯電話という新しいサービス産業に気づいていた。しかし我々はそれを、自分たちのビジネスにはならないと判断していた。この判断は時代遅れである上に、問題のある経営戦略だった。すぐにでもサービスを販売する戦略を立てなくてはならない。さもなければ成長はない。このままでは、サービス企業が市場を席巻し、テスコなどの小売企業は町の商店街に取り残される。

一部の人は、開発途上国の経済が我々を救うと主張した。そこには真実の要素があった。開発途上国の家計支出の大部分は、食料品と日用雑貨である。我々は東ヨーロッパだけでなく、アジアの開発途上国の市場への参入を進めた。だがその状況が永遠に続くわけではない。開発途上国が途上国でなくなれば、その国の消費者も収入をサービスに費やすようになる。我々はまた変化を強いられた。

サービス事業の特色の一つが私の興味を引いた。長年にわたり商品マーケティングは断片的になり、専門分野に分かれていた。自社製品を自ら販売しているメーカーは極めて少なく、商品の供給以外を行っている小売業者は少なかった。対照的に、サービス業はまだ業務の大部分が統合されている。例えば銀行や保険会社は、自社開発の住宅ローンや保険商品を発売しており、新規顧客の獲得や既存の顧客へのサービス提供のために、店舗とオフィスの大規模ネットワークを持つ。多くの場合、マージンの半分は流通と顧客獲得に費されていた。私は商品の開発と製造、流通、顧客獲得を分離するように、効率的なビジネス・モデルが作れないかと考えた。可能であれば物品小売業と類似するサービス事業での、大規模ディスカウント小売業者の出現を期待できる。

私の構想には大規模な業界が上がっていた。銀行、保険、テレコミュニケーション、エンターテイメント、レジャー。法規制や政治が絡むため断念したが、教育と医療も検討した。処方薬の調剤を含む薬局事業を開発した経験は、起こりうる問題を暗示する以上のものをもたらしてくれた。顧客はスーパーマーケットの店内に薬局ができることを望んでいた。一般の薬局よりも営業時間が長いためだ。しかし、恣意的にしか見えない理由によってスーパーマーケットにはライセンスが与えられず、監督官庁は市場をゆがめていた。薬品の価格競争は禁じられ、薬品を大量に購入すればするほど価格が上がった。これは規模の経済性に反する。たくさん買うほど、たくさん支払うことになるからだ。私はこの分野に関わるのを断念した。サービス業界の他の領域に踏み込むには、既存の企業よりも優位に立てる強みとチャンスを見つけなければならない。

それを見出せたのはクラブカードのおかげだ。テスコの最もロイヤルティのある顧客で構成されたアフィニティ・グループを作ることができた。これらの顧客は、我々に特別な強みを与えた。我々が知らないサービス市場に参入し、知らない顧客に相対する代わりに、ただ我々自身の顧客に集中してサービスを提供することができた。

予想通り、答えは顧客が運んできてくれた。1995年、『クラブカード』導入後の2、3ヵ月後、顧客の何気ない質問が光をもたらした。

「ねえ、『クラブカード』は、レジでの支払いには使えないの？」

顧客は偉大だ。顧客には実行上の大変さなど関係ない。純粋にテスコが銀行であることを望んでいる。顧客の提言はシンプルで、それを無視するか実現するかは我々次第だった。

テスコが銀行を？　1990年代には、ほとんどの人が「正気の沙汰じゃない」と言った。顧客はテスコを信用して食料品を買ってくれている。しかし、お金を預けようと思うだろうか。信用のレベルが全く違う。ちょっとした失敗でも顧客との関係を危険にさらし、一晩でブランドに大打撃を与えかねない。「信頼に基づく賭け」はリスクの大きさを正当化できない。我々は皆、勇気を持ち、自分たちは正しいと信じるしかなかった。解決しなければならない多数の実務上の問題と、規制の問題があった。顧客が商品の代金を『クラブカード』で支払えるようにするには、銀行免許が必要だ。我々はテスコを銀行として組織化する方法を学ばなければならなかった。また、『クラブカード』による会計処理が可能になるようレジを変更しなければならなかった。障害は多かった。しかし、アイデアの力は、障害の克服こそが重要だと我々に思わせた。顧客が必要としている。それが提供できるかもしれない。大きなチャンスだ。

急速に仕組みを構築し、我々は1996年に『クラブカード・プラス』を開始した。『クラブカード』のように顧客はポイントを、テスコは情報を集めることができた。さらにこのカードは、代金の支払いに用いることができる。顧客は家計費から月々の食料雑貨の費用を『クラブカード・プラス』に入金し、エクストラ・ポイントを受け取る。加えて、どんな残高であっても、他の口座に預金するよりも高い利子が付く。テスコだけで使える金融商品であっても、『クラブカード・プラス』は普及するはずだ。そう判断した我々は、商品とサービスをより幅広く充実させて導入を開始した。当時はイングランド地方にわずかしかなかったが由緒あるスコットランドの金融機関、ロイヤルバンク・オブ・スコットランドと提携し、多くの専門知識を得ることができたため、銀行免許の申請時、銀行監査機関の信用を得ることができた。我々はサービスをすぐに拡大し、クレジットカード、貯蓄商品、貸付商品、自動車保険、住宅保険と展開していった。

これまで誰も成し得なかった事業だ。世界中のどこでも銀行はスーパーマーケットの周わりに支店を開設したが、スーパーマーケットが直接、銀行業務と保険業務に参入することはなかった。一部のメディアは、たかがスーパーマーケットにお金を預けるという発想は度が過ぎていると繰り返し述べていたが、これは、多くのビジネス・アナリストが陥る古い考え方である。このアイデアは他でもない顧客自身によるものだ。サービスや価値を分かりやすく提供すれば、顧客からの信頼を得ることができる。

我々は顧客にとって魅力的な利率とサービスの新しい水準を打ち出した。細字で書き込まれた読みづらい但し書きや費用請求はなく、顧客に分かりやすいよう明示した。

その結果、導入後2、3年で、我々は一部の金融商品の市場シェアを最大10パーセント獲得した。金融という巨大な市場セクターへの新規参入としては偉業だ。しかも我々は、テスコの顧客だけをターゲットにしていた。これでテスコは、金融サービス分野のブランドリーダーとなった。

我々の成功の主な理由は、我々のアプローチが昔ながらの銀行業とマッチしていたからであった。顧客を理解し、一緒に節約をし、保険を掛け、借り入れの必要があればサポートする。『クラブカード』を通じて顧客を深く知ることができた。我々は一晩で大きな銀行をつくる必要はなく、リスクを軽減できた。我々は着実に、忍耐強く、長期的視点で取り組むことができたのだ。テスコの銀行業は発展した。2008年の恐ろしい金融危機を乗り越え、2009年にロイヤルバンク・オブ・スコットランドから提携事業を買い取って銀行業務を拡張し始めた。顧客基盤を盤石なものにするために設計された商品とサービスを用意した上でだ。我々は550万以上の顧客口座を持ち、全てのテスコ・ビジネスにおいて顧客のロイヤルティを高めた。これが最大の特徴だ。かつては勇敢で多少無鉄砲だったことは、現在では当たり前なことになっている。

「小さな目標を立てるな」

「小さな目標を立てるな。血湧き肉躍るような魔法を与えてくれないからだ」

これは、シカゴとワシントンを再構築した、アメリカの都市計画家であり建築家でもあるダニエル・バーナムの名言だ。この言葉はどのようなプランにも通じる。あらゆる取り組みは、暗礁、難問と変化に対する人々の本能的な恐れに直面する。小さなプランは結局、さらに小さいものに分割されることになる。大きな視野を持ち、計画もまた大きい場合のみ、本当の変化が表れる。

私の故郷、リバプールの歴史には、勇気と野心のスケールが表れている。私はイギリスの北西部を愛しているが、リバプールは地理的に、また気候の影響で恵まれた場所ではなかった。町はその印象を好転させるのに苦労した。ジョン王が1207年に勅許を与えたが、1700年になってもリバプールは人口5000人の眠たい田舎町だった。

18世紀後半から19世紀初めにリバプール周辺にて、発電と生産に関連する産業革命が始まり、その影響は全世界に及んだ。数百年の間、世界的な富と生産物の3分の2は、中国とインドを中心とした東側にあったが、それがヨーロッパの片隅の沖にあるこの小さな島で起きた産業革命によって翻された。リバプールは、産業革命のための港になり、19世紀のある時期には世界の輸送の40パーセントを取り扱った。

リバプールの町は、爆発的な成長を経験した。1800年までに、人口はおよそ8万人に増加し、1900年までにはほぼ9倍の70万人以上にまで増加した。ロンドンに次ぐ大英帝国の第2の都市であると主張したリバプールの商人は裕福になり、町には素晴らしいビクトリア朝風の建物やギャラリー、博物館ができた。

だが、その下降は上昇と同様に急速だった。19世紀、リバプールのほとんどの家族はロンドンに移り住んだ。そして20世紀には、運送業者はコストが安く規制が緩い国々へと移転した。続いてイギリスが欧州連合に加わった時に、イギリスの経済の中心はイングランドの東部に移った。一方、産業革命の効果は世界中に浸透し、リバプールの優位性は失われた。20世紀最後の10年間、リバプールはどん底に落ち、2001年までに人口は1931年のおよそ半分になった。1961〜1985年の間、リバプールでの仕事は43パーセント減り、それにともない失業率は6パーセントから26パーセントまで上昇した。この時代のリバプールはヨーロッパで最も貧しい地域の1つであった。

21世紀が近づき、リバプールの苦難は大きくなった。失業による家族崩壊と犯罪が都市を破産させ、英国労働党に分裂の危機をもたらした。一時はイギリス貿易の顔であったリバプールは暴動と極左の町となってしまった。リバプールは中心部のスラム街への転落の代名詞となった。

リバプールの苦悩は誰の手にも負えず、どのような提案も現実的ではなかった。この状況を打開するために必要だったのは、真の勇気であった。リバプールの凋落は避けられないことで、出来うる最善なことは、それを「管理する」という勇気だけだった。そして驚くべきことに、この勇気を持ったグループが現れた。そのグループは都市中心部を物理的に再生させ、経済を活性化するように計画を立てた。そして、『リバプール・ビジョン』と名付けた、公的機関と民間団体の合併事業を準備した。2001年、私はそのディレクターのポジションに招かれた。

およそ25年前にリバプールを離れた私は場違いな感じがしないわけでもなかったが、できることなら何かの役に立ちたいと思った。都市のためであっても、それは企業や公共団体のために働くのと同じようなものだ。外の世界からリバプールを見た客観的な意見は有益なはずだ。周囲からの批判は正しいのか、対策は練られているのか、実行に移されているのか。悪い評判の影響で、都市はそれを判断する力を失っていた。一世紀もの低迷が続き、人々は町の可能性を信じなくなっている。あらゆる大臣による支援は、政府からの援助への依存を助長し、人々の士気、信頼、エネルギーを蝕んだ。

2人の男性が、『リバプール・ビジョン』の目標を実現する役割を果たした。活動は、静かなリバプール市民で建築業のジョー・ドワイヤーによって導かれた。一方、リバプール市は精力的なデイビッド・ヘンショーを最高責任者に迎えた。『リバプール・ビジョン』は、資金調達を含む、都市中心部全ての完全な再建を約束した。

経済的問題が残したものは悪いものばかりではなかった。不景気が長く続いたリバプールには、すばらしい壮大な建物が残っており、都市を近代的に変えるために古いものを取り壊す必要はなかった。第二次世界大戦で爆撃を受け、大部分の場所は60年の間、手つかずであった。これが、都市の中心部にある40エーカーの土地の利用計画を可能にした。

この場所は総合計画の要となった。市議会は都市の中心部に新しいショッピングセンターを建設することについて専門家に意見を求めていたが、都市の経済力の低下と貧困状態を考慮すると、必要となる土地面積は25万平方フィートであるとの回答を得ていた。実際にその規模で開発が行われていたが、我々はこれに同意しなかった。正しいスキームを実施すれば、新しい需要を生み、リバプールの小売業も再び活性化するだろう。これに、イギリスで最も財力のある人物であるウェストミンスター公爵が賛同し、20人のさまざまな建築家を招いて40エーカー全てを再建するスキームを提唱した。そのスキームとは、150万平方フィートのショッピングセンター、ホテル、レストラン、映画館とアパートを建築するというものである。

この、専門家が提案したよりも6倍大きなプランに同意するには、勇気が必要であった。だが、これが受け入れられれば、もう1区画分を計画することができた。ウォーターフロントにある、ホテルが併設されたカンファレンスセンター、博物館、それと高層アパートメントだ。全く新しいオフィス地区である。全体で40億ポンドが1平方マイル未満の土地に投資されたが、そのほとんどは民間資金で、残りはインフラに対する公的資金であった。全体として、我々はかって活気のあった時期と比較してもより広大な、都市中心部のほぼ4分の1を再建することを計画した。数十年振りに、将来に希望を持つことができたのだ。誇りと信頼が都市と市民によみがえるように見えた。

際立ったビジョン、大胆な目標、プラン。ひとつ欠けていたのは、それを達成することだった。都市や企業、機関、政府によって数え切れないほどの「偉大なプラン」がファンファーレとともに発表されていたが、人々はその実現は難しいと決めつけていたので、棚でほこりをかぶっているだけだった。必要なのは威厳のあるイベントだった。つまり、いつの時点までにプロジェクトを完了するかがはっきりしており、それゆえ明快な決定と行動が求められるイベントだ。

リバプールは見事な腕前を見せた。「欧州文化都市２００８」に選出されたのだ。これによってだれしもが活動をそれまでに完了するという大きなプレッシャーを受けた。このイベントは年間を通して、リバプールの豊かな文化を祝い、世界中から人々を惹きつけるものだった。そして、そうなったのである。あらゆるものが時間どおり、予算どおりに建設された。新たな開発は、伝統的な宝石のような建築物が輝く新しい舞台を用意した。大成功であった。その年リバプールは、イギリスで4番目に人気のある「休暇を過ごしたい場所」となった。「ショッピングに行きたい場所」のランキングでも15位から5位に躍進し、より広範な経済的利益を得た、あらゆる経済指標でどん底を苦しんだリバプールだったが、とうとうイギリスで最も成長の速い大都市の仲間入りを果たしたのだ。

まだまだなすべきことは残っている。しかしリバプールは信頼を回復した。働いたり投資したりするのにふさわしい都市としての評価を取り戻し、無数の方法で世界中とつながり始めている。

振り返ってみると、一時は世界の貿易の拠点であった都市が、一変して衰退することは信じがたいことであった。だが、失敗はどんな組織や地域社会にも、また個人にもあり得るものだ。リバプールの復活は、過去にとらわれて将来を見失ってはいけないという教訓だ。大胆な計画、タイミング、リスク、とりわけ勇気について、我々に教えてくれている。

大きな目標や勇気が求められるとき、人は決まり文句で言い訳をする。「行動しようにも時間がない」「すでに手一杯でこれ以上は引き受けられない」。しかし、自分が考えているよりも、人と組織はより多くを実現できる。一つ確かなことは、それを実現するには決心と忍耐が不可欠だということだ。「最高の真実と呼べる知恵とは、毅然とした決断である」。

ビクトリア朝時代の著述家であり思想家のサミュエル・スマイルズが記した、ナポレオンの大好きな格言である。

ある時、軍隊の行く手をアルプスがはばんでいるとの報告を受けると、ナポレオンは「それならアルプスを片付けてしまおう」とまで豪語した。そしてそれまで誰も近づけなかったシンプロン峠に道を切り拓いたのである。彼はこう語っている。「不可能という言葉は、愚者の辞書に見ゆるのみ」

このような断固とした決意や決心は、勇気を持って大きな目標を達成しようと思うなら必須である。同時にもう一つ、何かを成し遂げる過程で忘れてはいけないものがある。それは自分自身の価値観である。

第4章

価値観

確固とした価値観は成功するビジネスの礎である。
それはマネージャーたちが嵐に襲われたとき、
漂流したり座礁したりしないよう
錨の役目を果たす。
価値観はビジネスをどのように行えばよいか、
何が重要なのか、
問題に直面したとき何をなすべきかを
決定する。

ミニスカートとフラワーパワーの時代を目前にした1950年代から1960年代初期を、人々はたびたび黄金時代として振り返る。私はそうは思わない。あの時代について私は、大きな夢が失われてしまい、良い面より裏の面のほうが目立つ時代だったと思う。

しかし、1960年代に失われてしまったが、あの時代にも一つ良いことがあった。すなわち良い行いの基礎となる一連の価値観である。他人に対する尊敬、誠実、忍耐、正しいことと間違ったことの明確な基準。私はこれらの価値観をカトリックの教えを通じて叩き込まれた。しかし、階級の垣根が取り払われ、息苦しい伝統の終わりを急ぐあまり、そのような価値観は失われてしまった。そして、どんなことでもまかり通るようになってしまった。差別の撤廃の代わりに我々は全てを大目に見るようになった。

価値観は、ビジネスにも社会にも非常に重要である。確固とした価値観は成功するビジネスを強化する。それはマネージャーたちが嵐に襲われたとき、漂流したり座礁したりしないよう錨の役目を果たす。想定外の競合他社の取り組みにどう対応すべきか、従業員を解雇するかどうか、ベンチャービジネスに投資するべきかどうか。眠れぬ夜につきものの難しい問いへの答えは、明確で永続的な一連の価値観に忠実であり続けるならば、見つかる可能性がある。それだけでなく、価値観に忠実であることは信用と信頼を根付かせ、従業員同士を結びつけ、従業員と雇用主とを結びつけ、顧客と会社を結びつける。つまり、従業員が経営者に従い、より一層の努力をし、同僚を助け、顧客との間でロイヤルティをつくることにつながる。

人々の行動は、感情や直観的な反応によって左右される。感情は多くの場合、価値観により左右され、また強化される。このような問題については、理知的な論争があるかもしれない。しかし多くの人が、「本能的な直感が正しい行為であると教えてくれている」と思っている。

ドリュー・ウェステンはその著書『ポリティカル・ブレイン』の中で、「合理性に不合理なほどこだわる」政治家に噛みついている。「もし政治家が、有権者をある問題に対して自分の立場がどれくらい有効か測るための計算機だと思うなら、その政治家は常に世論調査を見ながら自分の主義主張を決めていることになる。有権者は、政治家が自身の内面の世論調査、すなわち感情や特に道徳感情ではなく、世論調査を気にしているだけだと分かれば、その政治家を軟弱でいつも曖昧な態度をとり、迎合的で無節操だと考えるだろう。そして、それは正しいのだ」。

さらにウェステンは、有権者は自分や自分の家族に「感情的な関わり合い」のない政策については関心を示さないと主張している。「神経科学の知見によれば、理知的な内容だけの訴えは、投票行動をコントロールしている感情の回路に働きかけることはできない」。それゆえに、ある政治的な格言によれば「正当に説得して、感情で動機づけする」のである。

成功した政治家は常にこれを理解しているが、ビジネス・リーダーではどうだろうか。従業員と顧客は感情によって動かされ、その態度はブランドやビジネスについての経験と感情によって決まる。だから価値観が重要なのである。何が大事で、問題に直面したときどうすればいいか、たとえばコスト削減をどのように行うかということから、顧客にケチャップの場所をたずねられたとき店員がどう対応すればいいかまで、価値観がビジネスのあり方を決定するのだ。

そう考えると、企業のパフォーマンスを詳しく調査するアナリストや研究者が、企業の価値観に注目しないのは不思議だ。「良い価値観」かどうか数値化するのは確かに難しいが、価値観をどれくらい重視しているかを測定しようとさえしていない。しかし、企業が従業員を尊重する価値観を持っているか、顧客の信用を得ることに価値を見出しているかどうかは、受付、店舗、ショールームなどを歩くだけでわかるものである。

一部のマネージャーは、組織の価値観を明確にすることに懐疑的かもしれない。みんな同じ価値観を持っているし、なぜわざわざそれをくどくど書き記す必要があるのか、と。確かに人は多くの共通した価値観を持っている。しかし、自分や自分のチームが何をもっとも大事に思っているのか明確にすることは、企業や組織にとっては何かユニークなものを創造していることに他ならない。

自分たちの価値観を見失い、短期的な売上げや利益のみに基づいて判断を下すようになった企業はだいたい失敗する。そういう企業はリスクを冒し、企業のすべて、すなわち全従業員の職、年金、生計、そして運までもたった一つの判断に賭けてしまう。善悪を尊重し従業員を正当に扱うといった価値観を持つ企業は、そのようなギャンブルを決してしない。

私は、「ビジネス」と「価値観」という言葉が結びつくとは思っていなかった。社会主義的な家庭で育ったため、「ビジネス」と聞けば、価値観の欠片もない冷酷なボスが営む暗い工場を連想した。経済学の学位を取得したときでさえ、「利益」と「市場」への社会主義的な反感があった。それは、私が生活協同組合に惹かれた理由と関係がある。

生活協同組合の起源は労働者運動であった。創設者たちは、民主主義と社会的正義に対する強い信頼感を持っていた。組合員が所有し、運営する組合は、善意のある人々を集め、社会的に恵まれない人々を少しでも助けようとした。それは賞賛すべきことだったが、民主主義と社会正義という究極の目的が、そうしたゴールを達成する手段を制約していた。生活協同組合は民主主義的に運営されていた。みなに発言権があったため、何を決定するにも時間がかかった。その上、あらゆる顧客に奉仕する崇高な意図があっても、顧客の声は意見と議論の中に埋もれてしまった。誰も組織が何をするために存在するか、理解していなかったのだ。人々に仕事を与えるためなのか、社会を改善するためなのか、顧客を獲得するためなのか、それとも利益を生み出すためなのか？　このような基本的な質問に答えられる者はいなかった。成し遂げたいものだけではなく、ゴールにどのようにして到達するかを設定することにおいても、価値観が重要であると学んだ。明確なプロセスが設定されていなければ、価値観と目標は単なる言葉のままである。

1979年に私は、私はゆったりとして魅力的な、伝統的なイギリスのティーパーティーの雰囲気すら持つ生活協同組合から、荒らくれ西部、つまりテスコに移った。テスコはロンドンのイーストエンドの雑多な市場の店としてスタートした。テスコは創業者であり、直感力に優れ、識別力があり、独裁的な特徴のあるジャック・コーエンによって経営されていた。競争的で、積極的で、マネージャーの多くが軍隊での経験を持つせいか堅苦しく、多くの従業員は私と同じような生まれ育ちだった。うまくやっていくには、自分自身の努力と意欲、決心に頼らなければならなかった。それは誰にとっても、とりわけ男性にとって、自分の力でやるということだった。明確な構造と行動ルールのある企業では、ただ仕事をすればよかったが、その頃のテスコは明確な構造も行動ルールも備えてはいなかった。

同僚同士の権力争いによって、社内の運営管理のやり方が決まっていた。それは残忍で厳しく、洗練されていなかったが、エネルギーと意欲だけは満ち溢れていた。緊張感はあったが、企業業績は低迷していた。人々はプレッシャーを感じながら、孤独だった。みんな頻繁に怒鳴って鬱憤を晴らしていた。組織体制はいい加減で礼儀に欠け、何が起こるか予測不能で右往左往していた。

私は、テスコが当時の他の企業とさほど違っていたとは思わない。だが、テスコに入社し、この状況を見て当惑した。大学で学んだ私は、より知的で分別があり理性的なものを期待していた。何より、品性のあるやり方を期待していたのだ。だが、仕事を始めてわずか1日で、私は周囲が敵ばかりであることに気づいた。食うか食われるか、だった。

そこで私は気持ちを切り替えて、好戦的で厚かましい、攻撃的な人間になった。機嫌がよければおどけた北部出身者として人々に要求し続け、機嫌が悪ければイライラしている北部出身者として人々に要求し続けた。

23歳のとき、私はおよそ60人のシニア・ディレクターの前で、ヘルス&ビューティーケア部門を改善するアイデアをプレゼンした。私がテスコで初めて手掛ける重要なプロジェクトだった。プレゼンが終わると、企業の政治を全く理解していなかった私への攻撃が始まった。

「リーヒー、お前は身の程知らずだな」

「一体全体、何について話しているんだ。お前のアイデアとは何だ。誰に説明しているんだ？ 俺はこの仕事を15年やってるんだぞ。何様のつもりなんだ？」

「お前は俺に仕事のやり方を教えようっていうのか？」

私には、シニア・ディレクターたちに「ではなぜ、実行に移さないのか」と尋ねる勇気がなかった。

4年後、1983年の役員会議で、優れた顧客サービスの必要性についてスピーチしたときもまた、同じようにつぶてが飛んできた。

「お前に顧客について語る権利があるのか？」

「我々に講義でもしてるつもりか？」

当時のマーケティングは、新しくもないデータをただ処理しているだけだった。1997年、私が最高責任者になる頃には、テスコは変化し始めていた。女性が社会に進出してビジネスに携わり、その活躍の温もりは氷のような社内の人間関係を溶かしていた。しかし、人を疲弊させる縄張り争いはなくなってはいなかった。お互いに強がったり私利私欲を追い求めたりする雰囲気では、アイデアとか新しい発想は出てこない。人々がもっと評価され尊敬されるべきであるということが何より大事だと思った。

私は、テスコの価値観を成文化しなければならないと考えた。我々のスタッフと顧客へのコミットメントから生まれた明確な価値観を、テスコにしみ込ませたかった。石碑に書いて伝承するような価値観は売場では活かせない。テスコの価値観は、テスコが創造したものでなければならなかった。

我々はテスコで一緒に仕事をしたことのある何万人もの人々を30から40人のグループに分け、1年かけて2つのシンプルな質問をした。「テスコとはどんな会社なのか？」「あなたはテスコがどんな会社であってほしいのか？」の2つである。次に彼らの答えを集計し、上層部ではなくスタッフから出た言葉をまとめた。例えば、「リスクをとる」といった言葉は、人々を不安にさせるため削除した。

その結果、2つの核となる価値観が浮かび上がった。

一番目の価値観、「誰よりも一生懸命にお客様のために努力する」は、テスコのスタッフの誇りを一言で表したものだ。2番目の価値観、「私たちが受けたいと思う接客をしよう」は、彼らがどのような場所で仕事をしたいかが反映されている。

「誰よりも一生懸命お客様のために努力する」には、次のような言葉が付け加えられた。

・誰よりもよく、お客様を理解しよう。
・精力的で、革新的でいよう。お客様のために一番であろう。
・最高の価値を私達のお客様に届けるため、私達の強みを使おう。
・仲間がお客様に奉仕できるよう、仲間に奉仕しよう。

「私たちが受けたいと思う接客をしよう」には、以下が書き込まれた。

・テスコでは皆1つのチームだ。
・互いを信頼して、尊重しよう。
・ベストを尽くそう。
・お互いに助け合おう。批判よりも賞賛を。
・教えるよりも多く、他の人の話を聞こう。知識を共有し、使おう。
・仕事を楽しもう。成功を褒め称えよう。そして、経験から学ぼう。

シンプルで力強いこれらの言葉は、我々のチームに行動のための指標だけでなく、公平と信頼の感覚を与えた。スタッフは、どんな行動を同僚に期待できるか理解した。これらの価値観こそがテスコの価値観であった。セインズベリーやマークス&スペンサーのようになろうと迷走したときでさえ、「これが私たちである。これが私たちの行動の基準だ」と確信を持って言うことができたのだ。この価値観は我々の、そして私の信念でもある。経歴に関係なく人々をその能力に応じて公平に扱うことを示している。

価値観が発表されたとき、ただの言葉でしかないと肩をすくめて無視する者もいるだろうと我々は予想した。だが、我々が受けた反応は正反対だった。保守派の一部はこれを文化革命と見なして妨害したが、やがて粗野でうるさい、子供じみた文化はなくなり、もっと分かち合い、多分に女性的な優しい文化が広がった。

価値観を生み出すのはまだ容易だ。難しいのはそれを実際の行動に反映することだった。「企業価値を実践する」というのは、崇拝を産み出すようなところがある。だがこれは、顧客を尊重し、礼儀と常識に基づいて築かれた文化であると私は考えている。同僚とゴルフのラウンドを何度も回るようなものではなく（私はゴルフはプレイできないが）、周囲の人々に対する行動に基づくものなのだ。文化をはぐくむためにはリーダーシップが重要である。リーダーがチームに対して価値観を示さなければならない。単に価値観を語っているのではなく、その価値観に基づいて決定を下している様を、チームメンバーに見せることが大切なのだ。

価値観に基づく文化を一晩で創り出すことなど到底できない。文化の形成には終わりがない。私はこの14年間、スピーチ、プレゼンテーション、激励演説、出張、会議など、どこに行っても価値観について話してきた。50分のスピーチでも、2分程度のコメントでも、いつも価値観を引き合いに出している。「これは重要である」とシンプルなメッセージを何度も何度も繰り返すことでテスコを動かすことができた。価値観は、戦略を実行に移す人々の脳裏に焼きつけられ、心の中に住み着いていなければならなかった。業務の内容にかかわらず、全ての男性、全ての女性の中にである。そして、私のCEOとしての最初の数年間を振り返ると、価値観と戦略を明確に店舗とオペレーションのチームに伝えたことが、最も大きな効果をもたらした。

組織のチームに何が期待されているか、どのように行動するべきか、組織の目的は何か、目的の中でチームはどう位置づけられるかを理解させるためには、メモや電子メール、DVDなどに頼ることはできない。直接顔を合わせることに勝るものはない。私は、「話す」のが最も重要だと考えている。大袈裟なレトリックや感傷的な決まり文句、大言壮語を述べるのではなく、シンプルに、何のためにここにいるのか、どのようにして目標を達成するのか、全ての人に大切な役割があることを説明する。

今日では技術革新が進み、さまざまなコミュニケーション方法が選択できるが、対面でのコミュニケーションは、電子メールやフェイスブックが一般的になる前と同様に、あらゆる点で重要である。

さまざまな情報の嵐の中で、他の人とコミュニケーションを取るのは難しい。たとえ、いずれかのメディアを通じてメンバーから一時的な関心を引くことができたとしても、発信したメッセージの価値を受けとめてもらえない可能性がある。多くの言葉の中からメッセージを浮かび上がらせるためには、熱意と誠実さを伝える何かが必要だ。

リーダーは、この役割を他人に任すことはできない。人々は、リーダーがどのように振る舞うか、行動が言葉と一致しているかどうかを見ている。リーダーが誰よりも早く問題を理解し、それを克服する計画を持ち、チームがゴールへ到達することを信じているかどうか、瞬時に見分けているのだ。リーダーが直接メンバーに相対することで、リーダーの人となりと、メンバーを重要視していることが伝わる。

スリム子爵は、兵士のニーズを理解していた。単に最前線の兵士としてだけでなく、彼らの役割の重要性を知っていた。

遠くの道路で働らいている工夫、店舗のゴミ捨て場を点検している店員、淡々と電話を繋いでいる本部の電話交換手、単調な作業をしている掃除夫、補給部隊で靴ひもを追加発注している補給担当兵のような人たちやそれ以外の何千もの人たちが、自分の役割の重要性を理解するのは難しい。だが、100万人の軍の半分にでも、自分の職務が全体のどの位置にあるか、その仕事と依存関係にあるのはどの職務なのかを理解させ、自分の職務を果たすことにプライドと満足を感じさせる必要があった。

そこでスリム子爵は、第14軍の指揮をとった最初の数ヵ月間、1日に3回から4回、部下を集めて激励演説を行った。彼は軍人というより「議員立候補者のようだ」と思われた。

小説フラッシュマン・シリーズの著者であり、007シリーズの映画『オクトパシー』の脚本家であるジョージ・マクドナルド・フレーザーは、スリム子爵の部隊の歩兵としてビルマで戦った。兵長に4回昇進したが、軽犯罪を犯したために3回、降格になった。その内の一つはティーアーン（お茶用にお湯を入れておく金属製容器）の紛失が理由であった。作戦の回顧録で、彼は次のように書いた。

士気を大いに高める推進力となったのは、寄せ集め大隊に話をしに来たたくましい男であった。……その姿を忘れられない。スリム子爵は、今まで見た中で最も力を兼ね備えた人で、特に明白な理由は無いが、当惑をさせられるほど強い個性があった。……登場の仕方を知っていたというよりは、彼は多分意図することなく、自然にできたのだった。ファンファーレはなく、発表もなく、ただステージを歩くだけだった。……訓戒はなく、熱烈な決まり文句もなく、冗談や自意識過剰な兵舎でのスラングもなかった。……彼は思慮深い、打ち解けた会話で、形式張らずに私たちに話していた。私たちはそのあらゆる言葉を信じたし、それはすべて実現した。……彼は、兵卒の気持ちで、将軍の頭脳を持っていた。……彼は私たちのレベルで考え、起きていることを知っていた。それによって彼の全ての戦列に断固たる確信が生まれ、第14軍に圧倒的な自信を与えた。彼は、約束した事は確実に実行した。

この説明は、スリム子爵の才能の豊かさと洞察の深さを示している。彼は人がどう感じるか常に考え、後に、「誰でも、自分と自分の仕事を重要だと感じたい。私はその極めて人間的な欲望を刺激した」と書いている。彼が兵士との直接のコミュニケーションに努めたおかげで、「彼らは直接、勝利に加わっていることを感じた。……その成功と名誉は、全員のものとして彼らの手の中にあった」。

テスコのビジネスは巨大で、何十万人ものスタッフと何千人ものマネージャーがいる。スリム子爵の作戦は、兵士、飛行士、整備士、運転手、コックなど共通のゴールに到達するため様々な軍務を果たしている何千人もの男女にかかっていた。同様に私も、顧客のロイヤルティを獲得するために、商品の補充、マーケティング、店舗のクリーニングなど全ての業務を遂行している何千もの人々に依存している。精巧な広告、最高の商品、最もスマートな店舗はいつでも作れる。しかし店にお客様がみえたときに、接客する者がいなければ皆の力は活かせない。ちょっとした手助けによって心地よい感動を覚える、そうした経験がブランドを特別なものにし、ブランドと顧客の間のロイヤルティを築く。

我々には大きな計画と高い目標があった。そして全員で取り組まなければ成功しないことを知っていた。航海に嵐が付き物であることも分かっていたが、それでも精神的には全員に船の上にいてもらいたいと思っていた。チームに会いに行くことは、ゴール到達を支える価値観を皆で共有するということだ。私はタウン・ミーティングと名づけた場で、スタッフにメッセージを届けることにした。

我々は、小売業の基盤とも言えるストア・マネージャーから始めた。その当時およそ3000人のストア・マネージャーがいたため、約200のグループに分け、彼らに会うため出かけていった。雰囲気を親密で堅苦しくないものにした。スタッフは10人がけのテーブルに座り、私はその中央に立った。プレゼンテーションは意図的に短くし、ほとんどの時間は質疑応答のために残しておいた。どんなに話す人が素晴らしくとも話が長ければ人々を黙らせてしまう。最初はそうでなくても、一回そういうことがあれば、コミュニケーションはずっとそんな感じになってしまう。一方的な講義をするのではない。会話をするのだ。「講義」と思わせてしまったらイベントは失敗し、参加者と私の関係はむしろ悪化してしまう。スタッフからの質問には真剣に回答しなければならなかった。我々がスタッフの意見や彼らがしていることを重視していることを知ってもらわなければならなかった。そう感じてもらわなければならなかった。

ミーティングは、もう一つの目的を果たした。私を直接目で見て、私という人物を見定めてもらうということだ。さまざまなメディアを通じて私の情報を得る前に、できる限り多くの人に会おうと考えていた。メディアにはあまり出ないように努めていたせいで、一部のジャーナリストには不評だった。スリム子爵の部隊には広報部門がなかった。「賢い指揮官は、マスコミや太鼓持ちが彼のことをいろいろ言う前に、自分の部隊が彼のことを理解しているようにする。それは後で必ず役に立つ」。

最初のタウン・ミーティングは大変疲れた。マネージャーたちの興味津々で何か問いたげな視線は、私を値踏みし、ちょっとした癖や言葉尻をとらえてその意味を読みとろうとしていた。自分がカリスマ的な話し方ができないのは気にならなかったが、私自身の性格が影響して、会議で皆が私に打ち解けてくれないのではないかと心配した。何千人ものマネージャーがついていきたいと思ってくれなければ、私に希望はないだろう。私は現場で、正直であること以外の道はないことを学んだ。タウン・ミーティングは、私が信用に値する人物かどうかを判断させる最高の方法であった。スリム子爵は、話す上で重要なことは2つあると書いている。「最初に、あなたが何について話しているかわかっていること。次に、あなた自身がそれを重要だと考えていること」だ。幸いにも私は両方とも実行することができた。

我々はマネージャーたちに、自分のスタッフにもこのタウン・ミーティングについてと、そこで我々が何をしようとしていたのか伝えるように頼んだ。何を話すかは各自の判断だ。一般的には、何千人ものスタッフの波長を合わせるのは不可能と思われがちで、通常、本社主導の内部コミュニケーションでは無駄な書類の山をチームに配布しようとする。しかしそれは、こういった活動の全ての目的を達成不能にしてしまう。我々のチームでは、我々が何を成し遂げようとしているかを自分自身の言葉で言い表すことが求められた。「彼ら自身の計画」でなければならないのだ。これは成功だった。テスコの誰と話しても、どんな役職にあっても、スタッフは常にテスコの大きな計画を知っており、その計画の一部であると感じているとコメントした。タウン・ミーティングはまるで、テスコというキャンバスに色を塗っているようだった。

タウン・ミーティングによって、本部と店舗のマネージャーの間だけではなく、店舗内でのコミュニケーションも改善された。マネージャーたちはタウン・ミーティングが役に立つことが分かっていたため、自分の部下と話すため時間を使う心構えができていた。これは対面コミュニケーションとリーダーシップを目に見える形で示す習慣を広めるのに有効だった。毎日、店舗や倉庫、オフィスなどでマネージャーたちは、チームリーダーに業務について直接説明し、次にチームリーダーたちは自分のチームに説明する。たった5分間しか必要とせず、立ったままでできるので、我々はこれを『チーム5ミーティング』と呼んだ。その5分間はさまざまなものをもたらした。メンバーは社内や店舗で何が起きているか、自分の役割は何なのかを理解した。瞬時にコミュニケーションが取れる時代でも、電子メールを1通送るためにマネージャーは5分以上を費やす。

ビジネスが大きくなるにつれ、バーミンガムからバンコク、ブダペストなどでタウン・ミーティングが開催された。国の文化に応じて個性が出て、異なる様相を呈した。アジア諸国では、尊敬、礼儀、敬意が重んじられるため、イギリス人が想定していたような気楽なスタイルを実現するのは難しかった。そこで、我々の現地のチームが、スタッフが会議でくつろげるように進め方を工夫した。

私はCEOとしての14年間の終わりまでに、タウン・ミーティングで全てのマネージャーと直接会った。合計すると1万人におよぶ。彼らの多くは、我々が開催した最初の会議に出席し、最終的にはまるで一緒に旅行していたように感じられた。私たちは業績の浮き沈み、失敗、興奮、リスク、前進のための試みなど全てを覚えていた。これは、我々に帰属意識とオーナーシップを与えてくれた。特別な何かを成し遂げようとするとき、それがたとえどんな仕事であっても、みんなのハードワークが助けになった。そして人々の貢献に対する感覚も豊かになっていった。一つの会議で共有された野望は、数年後にはただビジネス上の大きな成果としてだけではなく、顧客の生活の中で現実のものとなった。『テスコ・エクスプレス』でも、アジア進出でも、スタッフたちは自分たちの仕事に誇りを持っていた。「私はそこにいた、私はその活動の一部だった」と。

自分の価値観で行動する

テスコの企業としての価値観の1つは、「私たちが受けたいと思う接客をしよう」である。他人を尊重するという規範は、比較的シンプルであり、あらゆる文化や宗教においても何らかの形で日々見ることができる。基本的なよいマナー、みんなを同等に扱うこと、批判するのと同じくらい称賛すること、教えるのと同じくらい聞くこと。これらは人々の信頼と価値観、アイデア、問題、成功のすべてが共有される、働く場所を作り出す。

他の価値観と同様に、「私たちが受けたいと思う接客をしよう」という価値観は、単に他人に対する振る舞いのみに影響を与えるわけではない。ビジネスにおけるどのような価値観でも、意思決定を検討する前に、まず評価が必要であり、その評価に応じてビジネスを進めていかなければならない。チームは、リーダーが自ら説いていることを実行しているのを見てはじめて、耳を傾け態度を改める。これは言うのは簡単だが、実際に行うのは難しいことだ。特に競争上の重要な決定を下すとき、価値観と対立するものが出てくる。マネージャーは、強い意志を持っていても、財務面やその他のプレッシャーには弱く、自分自身を見失うときもある。よくできた財務指標はたくさんあり、長期的な意思決定を助けてくれるが、文化的な価値観に基づく指標はわずかしかない。より広い視点で、明確な価値観に基づいて下される財務的な判断は、通常、長期であるほど目に見える良い結果につながるものである。

企業の年金制度のゆっくりとした、だが確かな、悲劇的な終焉は、私にとって明白なことだった。年金、その言葉は、退屈と眠気を呼び起こすものである。35歳未満の人にとっては、退職はまだ先のことである。年金などは遠い将来の話だ。退職の時期に近づいている人の場合、年金は重要な問題である。仕事を始めたばかりなのか、退職パーティーに近づいているかどうかには関係ない。社会が高齢者をどのように扱うかで社会の価値観を判断できるのと同様、退職の後の生活をどのように支援するかによって企業の価値観を判断することができる。

テスコが本当に、「私たちが受けたいと思う接客をしよう」ということを切望するならば、我々の年金制度は、スタッフが考える公平な「扱い」に合致していなければならなかった。だが我々の年金制度も2000年までには深刻な問題に直面した。我々の年金制度は1970年代に確立され、最終月の給与体系に基づいて給付額が決まる。年金受給者は、テスコ退職時の給料に対する一定割合で年金を受け取る。多くのイギリスの企業と同様、好景気における投資収益と相対的に低いスタッフの分担金により、単に高い給付額というだけではなく、それは理想的な貯蓄方法であった。

スタッフは負担金を拠出し、テスコも資金を拠出して基金を管理した。このようなスキームはイギリスでの典型となり、スタッフにとって「私たちが受けたいと思う接客（扱い）をしよう」の基本的なものとなった。

だが、このスキームの成功は、結果として崩壊につながった。多くの年金制度には、負債以上に資産の余剰があった。歴代の政府はそれゆえに、年金の減税を制限したがっており、年金制度が保有することのできる資産の余剰額に規制をかけた。これは、余剰を制限するために拠出金を減らすことが、より税効率を高めることを意味した。

そして、1990年代半ば、年金制度がその普及の頂点を迎えた時期、企業と加入者が年金制度への拠出を止め、いくつかの難問が出始めた。平均寿命が延び、保険数理士の見積額よりも多くの給付金の支払いが必要になった。テスコの年金制度が始まった1970年代には、加入者の退職後の平均寿命は11年だったが、いまやそれは20年以上になっている。低いインフレ率は年金制度の負債、つまり今後の年金支払い額が積み立て額を上回ることを意味した。これは、株式市場がほぼ10年にわたって平均を下回り、年金基金の投資収益を下落させたことと同時に発生した。政府によって税制が改正され、税効率が一層下がったことも追い打ちをかけた。また、いくつかの年金を巡るスキャンダルにより、政府は人々の年金を保護するための多くの法律を導入した。それは、年金を提供するために今まで以上にコストが掛かるようにしてしまった。これらの施策のいずれもが、年金制度における重要な課題を提示した。全てのことを考え合わせると、企業の福利厚生としての年金制度の持続可能性に疑問が生じてきた。

私がやるべきだと考えていたこと、必要だと思ったことは、長期の貯蓄についての議論であった。確定給付企業年金制度は、かつてと違って誉め称えられることはない。一部の企業は、確定給付制度を閉鎖し、確定拠出制度への入れ替えまたは制度の廃止を発表した。そのような企業はすぐに大勢になった。確定拠出制度は、通常は経験豊富な投資家と管理者を有する企業から、一般的には投資をほとんど経験したことのない、年金を管理したことのない個人に責任を移す。もし年金を払い込んでいる個人によって拠出金が管理されるならば、アドバイザー報酬は、不確かな収益の30パーセントから

50パーセントを食い尽くしてしまう場合がある。この種の制度への変更の1つの帰結は、年金の価値の下落であった。もう一つは従業員ロイヤルティの低下であった。彼らが働く会社が、もはや彼らの退職を気にかけていないと感じるようになるからだ。

イギリス最大の民間雇用主であるテスコは、他社と同様にこれらの問題の影響を受けた。我々のアドバイザーは、我々も他社に倣うべきだと言ったが、役員会は同意しなかった。

私たちはその代わり、我々の確定給付制度の仕組みを、従業員の最終給料に基づくものから、従業員の在職中に得た給料に基づくものに修正することに決めた。制度加入者は、依然として退職時に確定給付を持っているが、雇用主の負担するコストは予想可能で、場合によってはわずかに安くなった。

我々は他の企業の多くとは異なる道を選んだ。すべてのスタッフは、テスコの年金制度に自動的に加入するため、大多数のスタッフがメンバーであった。それゆえ私たちの年金は、数人の上層部の経営幹部の特権ではなく、皆が元金と金利を所有しているものであった。さらに我々の役員会には、テスコで成長し、明らかにプロパーとわかる社歴の長い役員と、ディレクターが在籍していた。彼らは全員、テスコの年金給付は、相対的に低い給料のスタッフでも会社の成功を共有することができる長期的な給付の1つであると考えていた。従って役員会は常に、年金は従業員のロイヤルティに報いて、従業員の高いモラルとコミットメントに役立つ、より広い文化の一部として認識していた。それらは全て、テスコ・ブランドの成功に極めて重要なものであった。

我々は、確定給付制度から確定拠出制度への転換が、我々の価値観に軋轢を生むと感じた。それは経営者からスタッフへの、あまりにも大きな責任の転化であった。そして、多くの人々は企業制度の外で、長期間の貯蓄をほとんど経験していなかった。私たちは、今の場所に留まるのではなく、変化する必要があるということを知っていた。そこで我々はその問題を、他のビジネス上の問題と同様に、正面から取り組めば管理することができると信じ、重要なこととして取り組んだ。

我々は、従業員とこの難問を共有した。年金を支給するためのコストの年次報告書を配布し、従業員に増加した受給分を確認するよう頼んだ。一部の管理職は、彼らの受給分以上に拠出していたが、それは会社が最善を尽くしていることを知っており、また拠出することが他の選択肢よりよいと思えたからである。

様々な問題や他の多くの年金の解散は、ある意味では我々を助けてくれた。以前は当たり前と思われていた年金について、従業員はその価値を正しく理解し、我々と同じように難問をなんとか乗り越えようと決意してくれたからだ。良い年金制度の運営は、従来にも増して人材採用における競争優位をもたらしたが、それ以上に、テスコの価値観とは何であるかを明確に示すことになった。他社を真似ることが容易だとしても、テスコは自らの道を進むということである。

年金の管理は効率よく行われ、実際にかかる時間とコストは下がっていった。我々は、優秀な人材を雇用して年金を管理し、極めて高い給付金と、業界内でも最少の管理コストで、独自の制度を運営した。我々は一般の株への投資も続けた。一部、リスクはあるが、高い配当金を得ることができる。ビジネスとは、リスクを取ることである。そして年金制度は、もう一つのビジネス・リスクである。ゼロ・リスク資産に投資することによってリスクを取り除くことは、直観に反する。リスク回避型の年金基金は最大のリスクの全てが現実化することで、崩壊に追い込まれた。

テスコは今日、イギリスの民間部門でのオープン確定給付制度の加入者において20パーセント以上の責任を負っているが、これは民間労働人口のおよそ1パーセントを雇用する企業としては注目に値する比率である。定年退職するテスコのスタッフは、確定拠出制度に同じほどの掛け金を支払ったよりも2・5倍大きい年金を受け取ることができる。我々が別の道を選んでいたら、スタッフの目を見て、「私たちは自分たちの価値観に基づいて行動している」と言うことができただろうか。難しい決定ではあった。コストは短期的には数億ポンドにも達したが、正しい行為であった。

異なる文化、共有される価値

我々の価値観がテスコの文化をどのように変化させたか。物語はまだ途中である。価値観は、顧客と我々との関係を変えた。ハーミッシュ・プリングルとウィリアム・ゴードンは、著書『ブランド・マナーズ』で、その関係を読み解いてみせた。取引には4つの異なる局面があると言う。結果について、「思っていたより良い」という理性的な経験。次いでどう感じるか、「再びそうしたいかどうか」という感情的な経験。そして、なぜそれが正しいのか、「私にとってメリットがあるかどうか」という政治的な経験。最後に、どこへ、どこまで到達できるのか、「個人的にはずっと幸せだし、世界も良くなっているみたいだ」という精神的な経験。(※1)

強力なブランドはこれらの各局面で、顧客に訴える価値観を持つ。それらの価値観は、ブランドについての顧客の経験とともに生きていなければならない。我々の価値観は、我々の仕事のやり方において、我々の組織運営の仕方において、純粋にシンプルに「テスコ」である必要があった。価値観に同意するだけでなく、何万人ものスタッフとともにそれを生きる必要があった。そうすることで、顧客がテスコ・ブランドに触れるたびに、その経験は理性においても感情においてもプラスの反応を引き起こした。

人々にあるやり方で振る舞うよう奨励することは、彼らが自信を持って主体的に行動できるよう、もっと自由と権限を与えて欲しいという願望との間で摩擦を引き起こす。成功する組織はそれについてどうバランスを取るか分かっている。そういった組織は、何が重要かということに焦点をあて、スタッフの間や顧客との関係で、何が望ましく何が許容できない行動なのか、明確な要求水準を設定する。顧客と接するときに、スタッフは自分の判断で行動する自由を与えられているため、顧客の要求にすばやく応じることができる。そして経営層は、トレーニングと能力開発を通し、チームがうまくやり遂げられるよう支援する。

これは、テスコの店頭では何を意味したのか？　それは、「どんな小さなことでもお手伝い」という言葉に要約された。私はいつもそれを、お客様に私達の価値観について語るやり方として捉えていた。「誰より一生懸命にお客様のために努力する」という社内の価値観は、「どんな小さなことでもお手伝い」という考えを通して説明できる。つまり、テスコは価格から品質、そして革新に至るまで、買い物をしやすくするための小さな、しかし重要な取り組みを数多く行っているのである。これらの小さなことは、理性のレベルだけでなく感情のレベルでも顧客に重要な関係がある。買い物が「し易い」というのは、ただ時間が節約できることだけではない。それは、少ない手間と苦労、そして嫌な思いをしなくてすむことだからだ。

「どんな小さなことでもお手伝い」がより広く知られるようになると、「誰より一生懸命にお客様のために努力する」という核となる価値観が、我々の従業員の間でより強固なものになった。我々の価値観についてのシンプルな表現が、ほとんどの状況下における行動と決定の道しるべとなったので、長々しいルールや規則は必要なかった。ハンガリーのマネージャーは、業態を変えるべきかどうか、新しいシャンプーのブランドを仕入れるかどうかを尋ねるため、本部に電話する必要はない。顧客が求めるものであれば、そうすればいいのだ。欲しいと言われたものは、入手しなければならない。韓国のスタッフが同僚に失礼な口のきき方をしていたら、マネージャーはその間違いについての説明に時間をかけなくてもよい。価値観が全てを語っているからだ。

価値観はビジネスを一体にした。それは普遍的だった。信条や人種にかかわらず、人々は価値観に同意した。価値観は普遍的ではあるが、マネージャーが一方的にスタッフに押し付けられるものではない。文化的な相違を無視してもうまくいかない。企業の文化と価値観を、世界のある地域から別の地域に移植するのは、決して簡単なことではない。たとえ成功した事業であっても、多くの企業は決して国内市場での強みを、世界の他の地域でそのまま活かせるわけではない。事業の国際展開を計画しているときにはわからないが、実際に開始すれば文化的な相違が非常に重要であるとすぐにわかる。何千人ものスタッフが販売する商品とサービスは、顧客の経験、嗜好、価値観、そして現地の文化と背景によって変わってくる。

市場や業界の中でも、食品小売業は間違いなく、地域性と文化に最も敏感でなければならない。「人は食べるもので形づくられる」。好みや文化、生まれ育ちはいろいろな点で、何をどのように調理し、どのように食べているのかということに反映されている。家族のための日曜の昼食、電子レンジでの一人用の軽食、ぜいたくな晩餐会など、食品小売業は現地の好みによって変わってくる。これが、食品小売分野での多国籍企業が少ししか存在しないことの理由かもしれない。カルフール、メトロ、アホールド、アルディ、リドルとシュヴァルツ、日本のジャスコ（現在のイオン）、デルヘイズ、カジノ、ウォルマート、コストコ、そしてもちろんテスコ。これらは、複数の国で継続して努力してきた数少ない会社である。

テスコは、国際化において他社よりも遅れていた。カルフールが1970年代からフランス国外で事業展開していたが、テスコは1990年代中頃まで、2つの海外事業しか試みておらず、それはいずれも失敗していた。一つは1980年代のアイルランド進出。もう一つは小規模なフランスでのビジネスであったが1997年に売却した。

イギリスのGDPは世界のたった3パーセントしかない。その市場での成功がいかに偉大でも、世界の他の地域で起きていることを無視するならば、世界のリーディング・カンパニーになることは決してできない。そこで私はCEOになったとき、もう一度、国際的な小売企業を目指すしかないと考えた。我々が後発組であることを踏まえ、1996年、強力な地元の小売企業がまだ生まれておらず、今後の成長が期待できる国のリストを作成した。目の前に2つのグループが浮かび上がった。一つは、消費市場として急速に浮上していた中央ヨーロッパの旧共産主義国である。もう一つは、製造業の輸出によって成長するとともに、いまや消費市場ともなりつつあった「アジアの虎」と呼ばれる国々である。我々は韓国、タイ、マレーシア、そして台湾に注目した。中国、インド、日本などの大国はずっと後になってから考えることにした。

我々が着目した市場の中では、韓国が最も大きかった。自国以外での経験が極めて浅いイギリスのスーパーマーケットが韓国に投資してどうなるかは、おそらく誰もが注目する文化移転の試みであった。韓国には長く、誇り高い歴史がある。日本と中国という大国に挟まれ、たびたび苦しめられてきた韓国は、その独立と特徴を維持するため闘い、時として孤立することもあった。その近代史は注目に値する。朝鮮戦争の後、北朝鮮と分断され、韓国は荒廃したまま、飢えに苦しんでいた。ある推計では、世界第2の最貧国であった。その後、国を挙げてのほとんど超人的な努力によって、韓国経済は同族企業による輸出製造業によって再生した。これは隣の日本の経済成長パターンの後を追うものであった。

1990年代半ば過ぎまでに韓国は、自由と民主主義が定着した先進国であったが、西側諸国ではあまり知られていなかった。消費市場が急速に拡大していたが、海外からの直接投資はわずかであった。ネスレやユニリーバといった、非常に経験豊かな多国籍企業でさえ、目立った存在ではなかった。

多国籍企業と競うことができるようになるまで国内企業を保護するため、海外からの投資には公式、非公式の障壁が存在した。まれにそうした障壁が除かれたときでも、外国人投資家は国内の激しい競争と、海外からの侵入者に対して国内企業を支持する強い社会規範に遭遇した。韓国は参入しにくい国であり、どこか他の国を探すべきだと私たちは何度もアドバイスを受けた。

1997年のアジア金融危機で、特に韓国はひどく打撃を受けた。韓国の大きな財閥企業はあまりに事業を拡大しすぎ、多くの債務があったため、IMFに頼らなければならず、こうした措置はひどい国家的な恥辱だと受け取られた。事業を拡大しすぎた企業は政府から、自社にとって中核となる市場に集中し、野心を抱きすぎた分野については手放すよう命じられた。外国人投資家は、売りに出された事業を買うよう奨励された。

これらの中で最大の韓国企業は、おそらくサムスンであった。同社は、繊維、建設、電子機器、自動車、銀行などあらゆる事業を展開していた。同社は、韓国の新しい消費者が成長したことで、近代小売業を戦略的な成長分野として正しく認識しており、ゼロから小売業をつくることに決めた。兆しはよかった。韓国の人々は20年足らずで漁村を世界最大の造船所に変えた。サムスンの野望はそのまま実行された。彼らは、世界中を回って才能豊かな人材を探し、アメリカ、ヨーロッパ、そして日本から最高の人材を集めた。そして、彼らは高級百貨店とホームプラスと呼ぶハイパーマーケットを開発した。1997年に金融危機が襲った際、各業態でそれぞれ1店舗開店していた。彼らは、エレクトロニクスと建設、金融に集中することができるよう、まだ未熟な小売事業については外国のパートナーを密かに探し始めた。

サムスンの小売事業の責任者であるS・H・リー氏が、世界最高の小売業者のいずれが適切なパートナーであるかを考えたとき、そのリストにセインズベリーは入っていたが、テスコは入っていなかった。我々はそれを聞いて彼に接近し、他社がためらっている韓国進出のリスクをとる用意ができていることを明確に示した。そして、さまざまな議論の末、テスコはサムスンのパートナーとして選ばれ、サムスンの韓国での小売事業の80パーセントを買収した。それは、難しい局面で最高のチャンスが巡ってくるということだけではなく、困難な時期に生まれた友情は、すでにお互いが信頼し合っていることを示しており、長続きするものであることを証明していた。

テスコは80パーセントの株式を保有していたが、この事業はジョイント・ベンチャーのままであった。サムスンが事業に継続的に関与することが、極めて重要だったのだ。私たちは、合弁事業について経験が浅く、しかも韓国では経験がなかった。多くの経験豊かな人たちが、自社だけで事業を行うというアイデアは筋が悪く、何年も運営がうまくいかない可能性があるとアドバイスしてくれたのは当然だった。やがてそれは全くの間違いだとわかるのだが、ジョイント・ベンチャーから始めたのは正解だった。なぜなら、慣れ親しんだ西欧のビジネス文化を押しつけるこれまでのようなやり方ではなく、韓国のビジネス文化とうまく折り合いながらやっていくことができたからだ。我々は高学歴の専門家をジョイント・ベンチャーに採用し、どうすれば成功できるかを学んだ。

我々が学んだものは、シンプルだった。信用に応えること。パートナーを尊敬すること。共通の目的に合意すること。お互いが貢献できる強みを認識し、それをジョイント・ベンチャーに持ち寄ること。これらのうち、信頼が最も重要だった。西欧の企業は、よく知らない人や場所をあまり信用しない傾向がある。一番の良い例がアジアであり、この傾向がアジアにおいては関係悪化の原因となる。なぜなら、アジアでは信頼という美徳がとても尊重され、常に最大限のやり取りが行われているからだ。尊敬もまた非常に重んじられ、聞いたり学んだりする際には謙遜が求められる。

韓国の経営陣は我々の信頼と尊敬によく応えてくれた。彼らは、韓国の近代小売業の模範となるような世界基準の小売企業を創り上げようとしていた。我々がなすべきは、それに同意し、彼らを支持し、支援することだった。我々はいつも、管理するというよりはコーチを務めた。途中、避けられない衝突もあった。例えば、我々が彼らの新しいＩＴシステムを我々のものと入れ替えたとき、彼らの誇りと名声を吹き飛ばしてしまった。しかし、彼らが新しいシステムを改善することを認めると、彼らはグループへの貢献を実感し、信頼は回復した。

我々が採用した韓国人のゼネラル・マネージャーの多くは、西欧の小売業が採用できるよりも高い能力を持つ人材だった。しかし彼らは、経験豊かな小売事業者ではなかったので、我々は顧客調査を使い、消費者にもっと注目することを勧めた。『クラブカード』を早くから開始し、顧客データを提供することで商品やサービスを改善し、我々独自のＰＢブランドを立ち上げることができた。優れた小売業の業務プロセスを導入することで、生産性は上がった。供給拠点と店舗を結び、スケールメリットを実現するため、集中物流システムを構築した。

韓国人によって設計された店舗形態は、ハイパーマーケットとフードコート、そしてインショップ（その多くはブティックである）からなり、3～4層で屋上または地下駐車場を備えた小規模なショッピングセンターであった。こうした狭い敷地で垂直方向に伸びた建物デザインは、山が多く利用可能な土地が限られる韓国の事情を反映したものだった。韓国では人口の半数以上が高密度な大都市圏の高層マンションに住んでいる（首都ソウルは、韓国全体の人口の半分以上の2500万人が暮らし、世界で2番目に大きい大都市圏である。ソウル市は全国の陸地面積のわずか0・6パーセントしかないが、そこで韓国のＧＤＰの21パーセントを生み出す）。

このよく考えられた店舗形態は、売場の通路を真っ直ぐにし、商品の陳列方法をより強力なものにし、店舗の出店場所をより詳しく調査した以外には、ほとんど変更を加えなかった。また、密集した高層ビルの多い商圏に理想的で、人気のある『テスコ・エクスプレス』というコンビニエンス業態を導入した。最後に、舞台裏のオペレーションを動かしているグローバル・システムのプラットフォームを構築することに着手した。

こうした変化のどれも容易ではなく、また強要することはできなかった。だが、テスコの価値観、特に「私たちが受けたいと思う接客をしよう」が、私たちを導いた。私たちは情報を共有し、チームとして働き、教えることと同じくらい耳を傾けなければならなかった。現地のチームにリーダーシップと権限を渡した以上、自分の意見によって彼らを萎縮させるようなリスクを冒すことはできない。その代わり、実行しなければならないと思われる変更はどれも、物事を改善するということを示さなければならない。

徐々に信頼が高まり、誇り高き韓国チームはテスコが小売業において役立つスキルを持ち、特にシステムや調達面でアドバイスや指導ができるということを分かってくれた。彼らは、我々が提供したものはなんでも採用し、改善した。ただ、特定のテーマや問題に対する我々のアプローチが彼らのそれよりも適切であり、そして我々のソリューションは世界でもっとも優れているということは、彼ら自身がそう結論づけるよう常に注意を払った。もちろん、本社がいつも正しいわけではないし、イギリスが必ずしも最高だということではない。各部門や専門チームは、自分たちのやり方が世界レベルであることを示さなければならず、そうでなければ、それを採用してもらうのに苦労することもあった。親子関係を発展させるのではなく、韓国人は次第にテスコと彼らの関係を兄弟関係のようだと表現するようになった。

我々も人生に対する取り組み方などを、大いに韓国の人々から学んだ。平たく言えば、テスコのイギリスの経営陣は、純粋にそしてシンプルに、常に人々を顧客として尊敬した。結局、我々の核となる価値観は「誰よりも一生懸命にお客様のために努力する」ということである。ただし、韓国人は人々を顧客と市民の両方として見ていた。個人と共同体が分かちがたく結びついているのだ。この姿勢は、韓国を再建するための共同体としてのとてつもない苦労からもたらされたものであり、そこで個人は共同体の要求に包含されざるをえなかったのだ。

我々の店舗においては、顧客はまた市民であるという考え方が表れている。ホームプラス・ショッピングセンターではどこでも、3層のショッピング・フロアの上にもう一つ階がある。そこはカルチャー・センターと名付けられた地域の教育センターであり、ホームプラスが建設し、整備し、運営しているものである。

ホームプラスの店舗が開店すると、地元の人たちはカルチャー・センターの会員になるよう招待される。何千人もの人たちが、英語、コンピューター、バレー、絵画、子育て、クラフトワークなどの大人向け、子供向けのプログラムに参加する。代表的な店舗で、3ヵ月毎に合計400のクラスがあり、1万人が参加している。2011年までには、韓国中に110のセンターができた。

ホームプラスは、顧客であり、市民であり、地域社会のメンバーでもある人たちに役に立つという役割を担った。我々の韓国人の同僚にこの活動を行うビジネス上の根拠を尋ねると、彼らは黙ってしまった。それはただそうしたのであり、人間性から発した自然な行動だったのだ。

我々は、ホームプラスのカルチャー・センターと同じことを、イギリスやアメリカで行うのは難しいと考えている。韓国の人たちは、学歴と自己研鑽への飽くなき欲求がある。平均的な家計支出のおよそ15パーセントは、教育に費やされる。ほぼ食品への支出と同じである。韓国では学歴競争がとても激しく、政府は各家庭に対して教育をそれほど深刻にとらえず、教育への支出を減らすように要請しているほどである。

これは、労働力の構成にも部分的な関連がある。高度に発達し、洗練された民主主義社会であるが、韓国はまだ一部では保守的である。その一例が、職場での女性の地位である。結婚すると、女性は仕事を辞めるよう期待されている。この習慣は徐々に変化しているが、女性の多くには時間があり、自分と自分の子供たちの学習環境を求めている。

とはいえ、ホームプラスに表れている価値観が、韓国特有のものでないことは分かっていた。個人主義的な西欧でも、人々はテスコが地域社会に貢献しているのか、個々の消費者のために何をしているのかを知りたがっていた。それゆえ我々は、全ての戦略とビジネスを展開する方法を根本から変更した。その時点まで、我々が目標を定め、それに向かって進むための仕掛けである『ステアリング・ホイール』は、顧客、オペレーション、自社スタッフ、財務という4つのセグメントだけであった。そこに我々は、5つ目のセグメントとして地域社会を追加し、より広く地域社会に貢献するためにはどうすればいいのかという戦略的な計画が生まれた。我々はそれをビジネスの中心に据え、他のビジネス領域と同じように厳格な規律と指標を地域社会への貢献に適用することにした。持続可能性、教育、食事と健康、地域社会への支援に我々は高い優先順位を付け、国ごとに異なる点があったとしても、世界中のテスコに共通のテーマとしたのだった。

韓国のホームプラス事業は、急速に力を付けた。たった2店舗から、450店舗以上に拡大した。その結果、市場シェアが着実に上昇した。ホームプラスは現在、韓国で2番目に大きなハイパーマーケットである。そして、2012年現在、トップになるためのチャレンジを続けている。この成長は、文化的な移植が特に小売業においては容易ではないことを教えているが、それと同時にその重要性についても雄弁に物語っている。海外で投資するとき、自社の価値観を投入しなければならない。それは自社のビジネスの本質であり、自国に置いてくるわけにはいかない。しかし、自社の価値観を適用することは注意深くかつ慎重に行わなければならない。つまり、地域の伝統を反映した文化をその周囲に築きあげるのだ。何よりも大事なのは、自社の企業文化が十分にオープンなものであり、新しい国々や文化の経験を吸収して有機的に発展し、またそれらによってより強固なものとなりつつも、自社の価値観としてしっかり揺るぎないものであることだ。

価値観によって組織を変える

価値観は、あらゆる企業のコミュニケーションにおいて、壁紙の一部のようになっている。高い報酬を支払ったコンサルタントが考案し、後は経営陣に「貼りつけておくよう」言い残していったようなものだ。こんなやり方をしている組織は、価値観が成功に不可欠であることが理解できない。価値観がなければ、企業には魂がこもらず、羅針盤がない。明確な価値観があれば、良い行動の枠組みができ、規律の感覚が生まれ、人々が自信と安心を感じられる環境が整えられる。

これは、民間企業だけではなく、公共部門にもあてはまる。公共部門こそ、価値観が染み込んでいる。何千もの公務員は使命感を持ち、天職と感じている。しかしながら、こうした献身的なプロフェッショナルたちの価値観が、彼らが働いている組織を動かしているという感じがほとんどしない。あまりにもしばしば、大きな官僚機構が上からの目標とか命令、指令によってこうした価値観を窒息させている。

教育を考えてみよう。学校は企業と同様に通常、試験結果とか無断欠席、大学への進学率など数値化が可能なパフォーマンスで判断される。数字そのものは、その基礎にある価値観や校風など個人的な経験を通してしか判断できないものを示すわけではない。しかし、うまくいくようになった学校を見れば、そうではない学校と比べて、価値観を見直すことが成功をもたらしていることが分かるだろう。

モスボーン・アカデミーは、ロンドンで最も貧困な地域の1つ、ハクニーにある公立学校である。同校の歴史は新しく、国中で最も悪い場所に建った学校とたびたび言われている。そこに通う子供たちの多くは、貧困家庭の生まれで、ほとんどは少数民族出身であり、両親の大部分は英語が第一言語ではない。学校の周辺はギャングや強盗、麻薬などと隣り合わせの厳しい環境だ。こうしたことにもかかわらず、モスボーン校は輝かしい進学実績をあげ、イギリスで最高ランクの大学にたびたび合格者を出している。

前校長であるマイケル・ウィルショー卿は明らかに素晴らしい精神の持ち主であり、卿自身が素晴らしい恩師に恵まれていたのだと思う。しかし、この学校で際立っているのは、明確な価値観と規律である。生徒はそれぞれの授業の初めに、目的意識と行動規範を合わせたある文言を復唱している。「願わくは、探究心と穏やかな気性、そして傾聴を忘れることなく、この授業と他の全ての授業において、自分自身の本当の潜在能力を発揮することができますように」。問題行動があった生徒は放課後、1時間の居残りをさせられる。重大な非行は、土曜日の朝3時間の居残りの罰が与えられる。すべての生徒は学生服とまっすぐなネクタイの着用が義務付けられている。髪があまりに短かかったり長すぎたり、あるいは間違った種類の靴を履いていると、生徒は家に帰される。先生はみな「サー」または「ミス」を付けて呼ばれ、先生が教室に入るときはクラス全員が立ち上がる。

規律は、権威ではなく他者に対する敬意を表すものである。規律は、学生が安全に落ち着いて学ぶことのできる環境をつくる。「当校の子供たちには、崩壊し混乱した家庭環境の者が少なくありません」とマイケル卿は言う。「私たちは彼らの生活を、もっときちんとしたものにしなければなりません。規律が曖昧な学校は結局、何が許されることなのかが教員によってばらばらになり、大きな混乱に陥ります」。

話は最初に戻る。明確な価値観は、仕事においてであろうと学校においてであろうと、私たちにきちんとした規範の構造を与える。私たちはどこに立っていて、同僚、クラスメート、顧客から何を期待されているかが分かる。それが信頼を育て、ものごとを実行しやすい安定した環境をつくる。

※1　*Brand Manners*, Hamish Pringle and William Gordon, John Wiley & Sons Ltd (2001), pp.3 and 36

第5章

行動

意欲だけでは、決して十分ではない。
効果的に実行されないならば、
計画は無意味である。

「物事を成し遂げることは、なぜそれほど難しいのか？」と、政治家はたびたび不平を言う。演説をして、選挙に勝ち、政策文書を発表することはいずれも似たようなものだ。しかし甘い言葉を現実に変えるのは全く別のことである。企業のマネージャーは、演説はしないだろうし、選挙に立候補もしないだろう。しかし、政治家と共通するストレスを抱えている。

「この取り組みの開始は1ヵ月前に決めたはずなのに、なぜ何も進んでいないんだ？」

何かを実行するときや変更を決定するとき、不快な議論と論争が起きる。何かを実行するのは容易ではない。

混沌と混乱の叫び声が渦巻く組織は、いずれ病んでしまう。明確な目的と戦略を見失い、何かしら活動をしてさえいれば進展していると勘違いをする恐れがある。やみくもに「何かをしている」人々の出現がその「症状」だ。最悪なのは、核となる目標を勘違いして決定を下してしまうことだ。また、ときには「船頭が多い」組織も見られる。誰もが責任者だが、その誰もが運営に関わっていない。さらに、経営者が、製品やサービスをつくるプロセスとシステムの構築に夢中になっている場合もある。そのような経営者の下では、顧客に価値を届けるといった、全社の核となる目標は、置き去りにされる。優れた商品やサービスが優れた企業を生み出すことは滅多にない。優れた企業が優れた商品とサービスを生み出すということを忘れてはいけない。

意欲だけでは決して十分ではない。計画は、効果的に実行できなければ何の意味もない。1920年代、ハーバート・オースチン（オースチンモーター社の創設者）は、自動車製造工程で組立ラインをつくり、ヘンリー・フォード（フォード・モーターの創設者）のアプローチを模倣しようとした。問題は、オースチンの労働者が製造した車体の数による「出来高」で給料を支払われていたということであった。生産ラインが稼働する速度がどうであれ、労働者はできるだけ多くの車を完成することに集中した。

オースチンモーター社の労働者はこう回想している。

組立ラインでは、それぞれの工程を完了する時間は十分にあった。いつも通りの時間をかけて組み立てていたら、1週間に2ポンドしか稼げない。より多く稼ぎたいなら、とにかくどんどん速くしなければならなかった。そこで組立ラインの稼働スピードを1・25倍から1・5倍にした。それで週3ポンドに増えた。私たちは、慣れるとまた速度を2倍に上げた。2倍に上げたときは皆、もうここまでだ、これ以上は速くできない、と言ったが、車体を持ち上げ、組立ラインより速く車を移動させて、せっせと働いた。で、結局2・5倍の速さにまでなり、週に5ポンドを稼いだ。これは当時としては高給だった。

計画はよいが、実現方法は劣悪だ。

私は、ウォルマートの創設者、サム・ウォルトンの言葉に共感する。「私には常に現場魂とでもいうべきものがあった。ものごとが順調に進むように、さらに向上するように、そして最高の結果が出るようにしたいという気持だ」。計画の実行に終始、注意を払うなら、サービスの質は向上する。そしてその実行を成功させるための重要なポイントがある。「明確な決定」「シンプルなプロセス」「役割の定義」「強力なシステム」、そして「規律」の5つだ。

言葉を行動に変えること

私はいつも決定がどのように下されたかを非常に重視し、またひとたび決定が下されたら、メンバーはその決定を尊重して行動するよう促した。組織が50人だろうと50万人だろうと、決定が下された後で誰かが「その決定には同意できない」と言おうものなら、混乱が起きる。構造化された意思決定の方法と、規律に基づく実行が非常に重要である。これは、単によい経営ということではない。組織に対する信用にかかわる。実際に働く人々の生活に影響を及ぼす決定が下されるとき、ほとんどの人はその場にはいない。彼らはその決定が、正当で、公平で、筋の通ったプロセスで下されており、彼らの関心が反映されているということを知っておく必要がある。また、彼らに何が期待されているのかをわかっている必要がある。不明瞭な意思決定の犠牲者はすぐに士気を失う。決定がどのように下されたかを知らなければ、彼らはその決定に従うことができない。

決定のため激しい論争になるかもしれないが、良い決定のためには単刀直入な意見が必要である。まず、事実を集め、議論中の問題を調べる。次に、計画を実行に移すために欠かせない責任のある人々を集め、討議する。これにはいくつか目的がある。その人々は、価値ある貢献をするかもしれない。意見を聞くことで決定を尊重するようになるかもしれない。「私はそれに同意しないかもしれないが、少なくとも発言する機会はあった」と思えば、その実行にコミットする気になる。また、意見を聞くことで、何も実行に移されない場合にどうなるかが分かる。しかし、どこかの時点で、マネージャーは「十分だ」と言って議論を止め、「これを実行する」と決めなければならない。

決定は正式に、公然と、そして、明瞭になされなければならない。多くの人が出席していながら、何を決定したのかもわからないまま終わる会議もあるが、決定はその後、組織全体に一貫して伝えられる必要がある。進捗確認のプロセスも必要だ。これは人々に、責任感と、ゴール達成が報いられるという認識を植え付ける。

この時点でチームメンバーは、計画またはプロジェクトを実行する際に、必然的に間違いが起こる可能性があるということを知っておく必要がある。リーダーは、間違いが起きたらプロジェクトを中断し、その間違いから得た教訓を全員で確認し合ってから再開するということを明確にするべきだ。そこには、メンバー同士が非難し合ったり、責任をなすりつけ合ったりするようなことはない。そのようなことがあれば、人々は自発性を失い、新しいアイデアが生まれる機会が潰れてしまう。

決定は下した。とすれば次は、実行の手順、つまりプロセスを書き出す必要がある。プロセスに対する認識を共有しておかなければ、マネージャーとそのチームメンバーは、自分たちが何を求められているか、共通認識を持つことができない可能性がある。すべきことを理解していると誤解する恐れすらある。気が付いたときには、実際のプロジェクトには全く無関係なタスクをやっているという結果にもなりかねない。

プロセスを明確にするという基本的な規律は、多くの組織には無縁と思われるかもしれない。「わかりきったこと」と見なされ、「もっと重要である」と勘違いされている事柄に押し退けられてしまう。これが官僚組織となると事態はより悪化する。人々はそれぞれ、特定の責任と専門領域を持ち、最初から最後まで一貫したプロセスを一人でつくりあげることができない。官僚組織にいる人々には全体像が見えていない。にもかかわらずそれを認めず、自分の影響力が失われるのを恐れる。

プロセスを書き出すことで、この難しい問題を解決できる。ゴールにたどり着くために実行すべきシンプルなプロセスに焦点を当てることができる。「どの部門、どのチームが必要なのか?」とたずねる方法では、プロセスはシンプルにはならない。たとえば、1ケースの牛乳を棚に陳列し、利用客に手に取ってもらって買い物かごに入れてもらう。これだけでもIT、配送、店舗オペレーションが必然的に関係してくる。しかし、「ITがどう関係するのか?」を考えると、プロセスは複雑になる。このように考えてしまうと、牛乳ケースを乳業会社からレジへ運ぶのはどの部門か、あるいはどの部門がこの運搬に関係しないかという切り分けが課題になってしまう。最終仕向地までの牛乳ケースの配送の過程を、実務的なステップをたどってしっかりと探り出すのはよいことである。そうすれば、誰がその配送の各パートに対して責任があるかを明確にすることができる。

つまり細部が大切なのだ。サミュエル・スマイルズがミケランジェロについて詳しく述べている話によれば、ミケランジェロもこの点に同意するはずだ。ミケランジェロは自分のアトリエを訪問した客に、その客の前回の訪問以降に自分が彫像にどう手を加えたかについて説明した。「私は、この部分を修正し、ここを磨いた。この目鼻だちを柔らかな印象に変え、こちらの筋肉は浮き上がらせた。この唇をこう表現し、四肢をエネルギッシュにした」。訪問客は、「だがその変更は、些細なことでしょう?」とミケランジェロに言った。「そうかもしれない」と、彫刻家ミケランジェロは答え、こう続けた。「しかし、些細なことを修正することによって完璧なものが形作られるのです。そして、完璧なものは些細なことではない」。細かいことは確かに、リーダーとマネージャーを立ち止まらせる場合がある。ことわざにもあるように「木を見て森を見ず」となる。しかしリーダーは、プロセスを立案するときに、設計するシステム全体の森、木、枝、さらに小枝までを把握する責任者を必ず置き、常に全体が掌握されるようにしておく必要がある。

細部まで完璧な計画を立てる必要はない。新しいプロセスの作成を開始するときに完璧を目指すと、大きな目標ほどいつまでも日の目を見ない。試行錯誤が起きることは想定しておくべきだ。最初から一度に余計なことまでやりすぎるのは避けたい。パイプに水を流し入れる動作を想像してみよう。流し入れる水の量が多すぎればこぼれてしまうし、少なすぎると時間がかかってしまう。同じことがプロセスにも言える。チームの力を最大限引き出しながら、ミスの誘発を最小限に抑える。そうしないと、チームが自信を失って事業の成功に希望が持てなくなってしまう。

プロセスを書きとめたら、速やかに、どのような役割が必要になるかを定義しなければならない。この人は正確には何を担当するのか？　プロセスでは他の人とどのように連携しなければならないか？　具体的にはどのような仕事内容で、どのような役割か？　これをやっておかないと、人々が的はずれなタスクに時間を使ってしまったり、逆に、「いま忙しいから、それはできない」と言われてしまう可能性がある。

毎年、何百万ポンドと数千時間が、職務設計、作業測定、職務評価に浪費されており、組織が実際に日々行うべきことが放置されている。マネージャーは、誰が何をしているかを記述したスマートな「組織図」に注意を払っているが、実際には、特定の役割を明確にする努力をしておらず、他の人が実行しているタスクが実はその人の職務記述書とあまり関係のないことに気づいていない。これでは、彼らの仕事が会社全体の進展にどう影響し、適合するか、全く理解できないという結果に終わってしまう。彼らはすぐに退屈し、面白そうに見える別の仕事を探し、それに応じて自分の役割を微妙に変化させる。これでは組織の構造とその士気が蝕まれてしまう。

そのような組織は気づかぬうちに、あるタスクから別のタスクに「人的資源」をむやみに動かす。マネージャーがスタッフの解雇を決断できず、かといって、そのスタッフの「私の仕事は彼の仕事よりも重要か？」「私は彼よりも重要か？」というような不安や不満を払しょくすることもできないからだ。

悪者になりたくないばかりに正直な会話を避けてしまう。誰にとっても何も良いことがない。人々が仕事で力を発揮していると感じるためには、どのように会社の発展に寄与しているのか、わかっている必要がある。

世界中の組織は、このような「貧弱な経営」という罪を犯している。特にイギリス企業はそうだ。

イギリス人は、他の人々に率直でいることが苦手だ。彼らは文章を「残念である」、あるいは、「誠に申し訳ないですが」で始めるのは好きだが、私は賛成できない。私は正直さと率直さが成果をあげると考えており、人々に対して常に率直でいようとした。テスコでも私は、人に対して遠回しな言い方をするのは避け、彼らの役割についてシンプルな話し方をし、できる限り率直にスタッフのストレスに取り組もうとした。

「あなたが、フレッドの仕事が好きなことは知っているが、あなたの仕事は別にある。そのうちフレッドの仕事をすることになるかもしれないが、今日は、あなたは自分の仕事をしてください。フレッドの仕事をする前に、いくつかのことを学ぶ必要があるが、これもそのうちの1つだ。繰り返しの多い退屈な仕事かもしれないが、ゴールに到達するにはこれをやり遂げることが重要だ」

この率直さを会社全体に確実に行き渡らせるために、私は人事部門を再構築して役員会から外し、テスコのオペレーション部門に統合した。一部の人は、人事部門の役割を変えることによって、人財の重要性が下がると言ったが、その逆だ。人々を管理することは、一つの部門に任すには重要度が高すぎる。人事は企業の真髄であり、これは我々マネージャーの責任である。リーダーであるマネージャーは、人事部門にスタッフの管理を任せるべきではない。人事部門は極めて重要である。さらにこの変更は、経営者が人を抽象的な構造の観点で見ているのではなく、遂行する仕事と、果たす役割で考えていることを明示した。

人々に、その役割の明確な意味と、それが企業のゴールにどのように関係するのかを示すことで権限を委譲できる。そうすれば誰でも、自分たちが責任を持つのはどの部分なのか、それをどう達成すればよいのかを理解する。権限を委譲していけば、会社はより活発になり、階層を減らすことができる。これはあたり前のように思われるが、このように動いている組織がほとんどないのは驚くべきことだ。

多くの階層がある中央集権的な大企業では、どんな命令を下しても意気は上がらず、情報や行動についての許可申請が蒸し返される。この伝統的な構造は、銀行から公益事業まであらゆる業種で見られるが、多くの弱点があり皆苦しんでいる。

第一に、顧客（市民）と直接接する、現場の人々の自発性や責任感を奪い去る。彼らは特定の問題に携わった経験を持ち、解決法を知っているかもしれない。にもかかわらず、それを実行に移す権限を与えられていない。代わりに、問題に直接関わったことのないより高いポジションの人々に責任が任されている。

この場合、上層部が賞賛を得る一方、現場は成功したことの実感または失敗の非難の意味を知ることすらできない。これ以上の間違いはない。フレデリック・ライクヘルドが指摘したように、「価値創造を続けるには、お互い自立した個人と、自分たちの生産性の向上による恩恵を共有している小さなチームを基礎とするのが上手なやり方の一つだ」。(※1)すべてを支配しようとする巨大な官僚組織において、成功体験を実感するのは不可能である。

経営層が気ままに振る舞う組織でのもう一つの問題は、人材の配分をゆがめたキャリア構造を創り出してしまうことである。尊大な肩書きと本社でのポジションは、人々に価値があるという錯覚を与えるかもしれない。しかしそれは、優秀な人材を、企業が顧客と接する場である業務の現場から離れたオフィスに押し込んでしまう。さらに、戦略を立案している聡明な人々が働く豪華な本社は、派閥と政治的な抗争の巣になり、毎週決まって買い物をしてくれている母親や、手術が必要な患者など、我々の顧客への注力を弱める結果となる。経営幹部は内向きになり、自分自身の心配事と、彼らの周りの人間が何を気にしているかに集中してしまう。

テスコでは、私とレジ・アシスタントの間では、たった6つの経営階層しかなかった。これは役員会から離れ、価値が創造される場所である店舗の売場の正確な状況把握に役に立った。我々は、中間管理職が上層の経営者と店舗との間の障害になるのを避けた。役員はほとんどの時間を店舗で過ごした。我々は、中間管理職によって金メッキが施された檻の中で窮地に陥ることに抵抗した。

テスコの本部には、金メッキ以外の全てがあった。ニュー・テスコ・ハウスは、1970年代に建てられた。「ニュー」と呼ぶのは少々気恥ずかしい。中部ロンドンからおよそ20マイル離れたチェスナットの工業地域にある。私はそこで、その場所で働く何人もの人の手綱を、極めて堅く引き締め続けた。小さな本社には集中力が必要だ。チームは、優先順位の低い問題に関わっている時間はない。

テスコは大きくなったが、経営の新しい階層をつくるよりはむしろ私は、機能部門の数を削減して、オペレーションと総括経営管理の責任の幅を広げた。私は度々、なぜ事務管理部門で、店舗または倉庫ではない新しい役割や、新しい職務が生み出されるのかについて疑問を呈した。特に肩書きに「プランナー」とあるものには異議を唱えた。職務記述書に「プランニング」という言葉を含むものは、実行することに注力していないことだ。その代わりに私は、難しい問題や課題を、小さなステップ、小さなタスク、小さなチームに分けるように促し、既存の人員によってそれを実施できるかどうか確認した。私は人々に全て白紙の状態から考え始めるよう要請し、さらに、別の方法が取れないかを定期的に確認するよう求めた。職務や機能が少なければ少ないほど、人々が足を引っ張り合うこともなくなるという発想に基づいてである。

規模の拡大は、より多くの資源を必要とし、専門化を進行させ、より複雑さを増大させる。例えば、テスコの衣料品の品揃えの拡大にともなって、我々は何百人ものファッション、デザイン、仕入れ、販売計画の専門家を採用しなければならなかったが、我々はこれをできる限り抑えた。商業的に完全に正当化されない限り、つまりニーズを満たす人材がいない場合を除き、組織では多くの人を不用意に雇用してはならない。

人々には自分自身で決定し、自発性を持つことを推奨した。誰かが本部に問い合わせてきたときは、私はそれを差出人に送り返す。そして、彼らが最もよいと判断したことを実行に移すよう、差出人に提案する。

私の経験では、構造が複雑だと、解決よりもむしろ難しい問題が起きてしまう。最高なものはシンプルで、無駄がなく、最前線の人々を管理するのではなくサポートするよう設計されている。これで確実に、明確でシンプルなプロセスを、迅速かつ効果的に実行に移すことができる。プロセスが機能すれば、皆が大きな満足を得る。在庫が十分にあり、賑わいがあり、活気に満ち溢れている店舗を歩き回ったとき、私は店舗スタッフの満足感と誇りを感じることができた。プロセスに注意が払われなければ、すぐに間違いが起こり始め、結果として欲求不満が出てくるということも私は知っている。配送が遅れて商品が届かなかったためにトイレタリー用品の棚が満たされなかった場合のことを考えてみよう。スタッフがなすべきことを明確に理解できていれば、そのプロセス上の失敗は避けられたであろう。

愛の鞭

規律と言う言葉は、厳しく、冷酷で、薄情であるように見られがちだ。規律は我々の自由が奪われることを意味し、ほとんどの人はそれを嫌う。しかし、社会全体と同様に、どんな組織においても規律は重要である。規律と秩序の認識がなければ混乱が起こり、プロセスは実施されないか、その進行が遅れる。人々は他の人の仕事をやり始めるか、または何もしないかどちらかになる。少しずつ野放しになり組織は腐敗し始める。強い性格の人は自分の都合を他人に押しつけ始める。共有されていた目標と価値観は、派閥の権力争いへと変化する。組織がバラバラになればその機能は失われ、人は貢献しなくなる。優秀な人々は去り、失敗が増えて、組織は衰退の悪循環に陥る。

軍隊の指導者は誰よりも規律が重要なことを身をもって理解している。スリム子爵は規律について次のように簡潔に説いている。

真の規律は、誰かが他の人に向かって命令を叫んでいることではない。それは独裁であって規律ではない。自由で知的な男女によって受け入れられる、自発的行為をともなう筋の通った規律は、それとは別のものである。……軍隊においてさえ、それは単に命令を与えることではない。兵士の規律には、やみくもな服従よりも多くの意味がある。人を信頼することは、第二次世界大戦で考案された目新しい技術ではない。

次いでスリム子爵は、全ての男女が事業の究極の目的を知っていることの重要性について述べた。「産業の規律の本質とは、それが何のための仕事であるかを知っていることであり、知っていることを愛することである」。

掛け声がどんなに力強くても、遅刻をし、仕事の半分をやり残し、反抗するスタッフは出てくる。マネージャーはそのようなスタッフと戦わなければならない。そのようなスタッフは、スリムが絶賛する「自発的行為をともなう筋の通った規律」を避ける。そこで問題は、どうやって彼らに対応するかである。

「そもそもここから始めることはなかっただろう」と、私の中のアイルランド人が言う。これは、小さな失敗が大きくなる前に、その失敗から逃げ出す文化が広がり始める前の初期の段階で対処する、という意味である。これを言葉にするのはたやすく、実行するのは難しいが、それは一見すると取るに足らないように見える細かいことや習慣的な失敗から始まる。「効率的な雰囲気」は、見せかけで作り出せるものではない。汚い床、ごみの詰まったごみ箱、散らかった倉庫。組織がどんなに効率的であると主張したとしても、そのような環境は人々を効率的にはしない。再び、サミュエル・スマイルズの価値ある言葉を紹介しよう。

注意力、適用力、正確さ、方法論、時間厳守、素早さは、いかなる種類のビジネスの効率的な処理のためにも必要とされる重要な性質である。これらは、小さな問題であるように見えるかもしれないが、人間の喜び、幸福と有効性にとって必須のものである。それらは小さなことである。しかし、人生は比較的つまらない物から成り立つものである。人生は小さな行為の繰り返しであり、それが人間の性格を形づくるだけでなく、国の特徴をも決定するのである。

粗悪なプロセス、または怠慢に直面したときには、顔を合わせて、彼らが何をしたかを聞き、問題を理解してもらうよう、話し合うことが一番良い。私が後で説明するように、叫び声、悪口、暴力は完全に逆効果である。そしてそれは、リーダーの弱さの表れである。

何かが間違っていると不安になったとき、それは通常、行動すべきときである。決断には不快な会話が必要なため、行動しない理由を見つけようとし始めるが、時間をおけばおくほど問題は大きくなる。シンプルな介入や不快な会話によって解決できたかもしれなかったことでも、時間をおけば、そのスタッフの懲戒、配置転換、または解雇によって対処しなければならなくなってくる。

このような状況での指針はシンプルである。公平で、合理的で、正当であるという決定を望むならば、価値観にこだわらなければならない。その決定、例えば部門を再編成する、誰かを解雇するなどの行動に出れば、手厳しい人だという評判が立つかもしれない。それでもその評判が、真実に対する絶え間ない関心に基づいており、信じる価値観に従って行動することを人々が理解しているならば、マネージャーにとっては悪いものではない。あなたの誠実さはさらに確かなものになるだろう。

これは、マネージャーがどれくらい厳しくなければならないかという疑問をもたらす。『君主論』でマキャヴェッリは、ロレンツォ2世、デ・メディチにこう忠告した。「君主は、もしいずれかを選ばなければならないのならば、愛されるよりも恐れられる方が遙かに良い。しかも、嫌われることは避けなければならない」。

恐れられることと嫌われないことは、とても相性が良い。君主は支配する財産、市民、そして市民の婦女に手を出すことを控えるなら、嫌われることを避けることができる。どうしても誰かの処刑を執行する必要があるとしても、それを行う適切な根拠と明らかな理由がある時に限るべきだ。

15世紀のフィレンツェ共和国と21世紀のテスコは、それほど共通してはいない。テスコは「誰かの処刑を執行する」ことはないし、CEOは「婦女」は言うまでもなく、従業員の「財産」に手を出すことはできない。ともあれ、「恐怖」を用いて現代の組織を運営するという考え方には賛同できない。CEOがTV番組で人々に向かって何かを叫んでいる姿を見るが、「恐怖」はアイデアを窒息させて、遺恨を産む。「恐怖」ではプロセスは動かず、仕事の完遂を保証するものでもない。「恐怖」は結果として、正しいことよりもむしろ、マネージャーを喜ばせる間違った決定を招く。

恐れられると同時に愛される。それは「愛の鞭」とでも呼べるかもしれない。マキャヴェッリが言うように、相手にとって厳しい行動には「適切な根拠と明らかな理由」がなければならない。「お前はクビだ！」とスタッフを怒鳴ることはめったにないだろうが、厳しい表情で相手の行為を承諾できないことを言い渡すことは必要だ。

どんなマネージャーでもよく直面する頭の痛い問題の一つは、スタッフが特別な理由なしに、何日も仕事に現れないことである。２０００年代初期、私は店舗を訪問して回って、それまで見たことがなかった「何か」に気づき始めた。欠勤が徐々に増えていた。調べてみると、それはテスコだけの問題ではなかった。テスコではまだ、公共サービスと比較すれば欠勤は低いレベルだった。詳しく調べてみると、このようなパターンの行動は新たに導入された雇用法の重要な変更によるものだった。法改正前は、病欠をした場合はまず医者に行き、給料の支払いを受けるために診断書をもらう必要があった。だが法改正により、最大3日までは診断書がなくても自分自身で「病気」と判断できるようになった。診断書がなくとも給料が支払われるようになったのだ。

欠勤は、これまで4パーセントを超えることはなかったが、すぐに最大7パーセント近くまで上昇した。一部の店舗と倉庫では10パーセント近くまで達した。これは、スタッフの一部が毎年1ヵ月以上休んでいることと同じだ。世界で最も忙しい場所の一つであるはずのテスコの店舗と倉庫にスタッフの一人が出勤しなければ、顧客はレジでより長く待つことになり、棚は空になり始める。全ての店舗の運営をおびやかすこともあるのだ。問題がとても速く、大きくなっていたので、我々は危険なスパイラルに陥ることを覚悟した。出勤してきたスタッフは、同僚の休みの影響で大変なプレッシャーを受けた。そして、同僚が「雇用法の改正のおかげで休んでいた」ので、出勤しているスタッフたちも、「疾病休暇を取得しない」ことに疑問を感じ始めた。「疾病休暇を取得する」ことが、まるで流行のようにメディアで取り上げられた。私は耳を疑った。飲み過ぎた次の日に「疾病休暇を取得しない」のは時代遅れだというのだ。

賃金が支払われるのは仕事上の契約であり、人々は職務を全うすることでその契約の責任を果たさなければならないと私は育てられた。法律の抜け穴を使って病気を主張することは、スタッフに対する雇用主の信頼の乱用である。私と同世代の人々は、仕事があることを当然と思っていない。失業が何を意味するかをわかっていた。私が1970年代の終わりに仕事をし始めたとき、イギリスでは製造業の仕事がなかった。失業者はおよそ300万人にまで容赦なく増えていった。幸運にも仕事に就くことのできた人々はその仕事を大事にした。

1990年代初期、求人市場は改善し始めた。サービス業が急増し、すぐに経済の5分の4を占めるようになった。今世紀の初めには労働者不足が起きた。よい傾向だが、同時に一部の人は、仕事を持つことの価値を評価しなくなった。あまりに多くの仕事があったため、たとえ職を失っても、すぐに他の仕事を得ることができた。仕事に対する飽き飽きとした態度が、大衆文化にしみ込んだとしても不思議ではない。

この流行は、我々のビジネスを徐々に蝕み始めていた。我々は慎重に行動しなければならなかった。スタッフの大多数は何も間違ったことをしていない。厳しい行為と受け取られれば、会社と、その成功を支えた多くのスタッフとの信頼関係が崩れる。信頼は、経営者が職場を良い環境に保ち、満足な場所にする責任を果たすことで生まれるものなのだ。

仕事から期待できるものを考えたとき、人々は、通常、合理的である。私の経験において、人々は4つのものを求める。興味深い役割、敬意のこもった待遇、一体化するチャンス、そしてサポートしてくれる上司。我々は高い賃金と恩恵を提供するとともに、これらを提供する方法を確立した。欠勤率が高かった店舗に対しては、人事管理と新人募集面に関する支援を行った。特に夜間スタッフに関しては、より多くの管理上の支援を提供した。それでも十分だったとは言えず、我々は、問題についてスタッフと話し合った。答えがほしいときのいつも通りの行動だ。

このコミュニケーション上のシンプルな行動は、難問解決の錠を開けた。スタッフは我々に多くの実務的なアドバイスをくれた。彼らもまた常習的欠勤の率が高いことをよく思っていなかった。欠勤はスタッフに直接の影響を及ぼす。欠勤したスタッフの不足分を埋めるのは彼らだ。本当の病気が理由ではない欠勤の横行を食い止める策を講じることで合意できた。彼らの生活に触れてみると、彼らもストレスを感じていた。仕事が忙しすぎるため、家族の面倒を見ることも私用をこなすこともできない。こうなると、官僚的で柔軟性に欠ける「自分で解決しろ」といった対応では問題を解決できない。我々の支援が必要だ。我々はスタッフのシフトを別の時間帯に変更し、問題を抱えている人をケアすることに決めた。都合に合わせて仕事を休んだ場合は、都合の良い別の時間帯にその埋め合わせをしてもらった。我々は、多くのスタッフに適合するよう勤務形態の恒久的な変更を行った。

我々はこうして「計画的な欠勤」の仕組みを運用し始めた。その仕組みによってスタッフは、特定の日に休むことを事前にマネージャーに連絡した。これで、スタッフの休暇に事前に対応できる。我々はスタッフに、休んだ日にはマネージャーに電話をかけ、何が問題であったか説明するよう求めた。我々は人々が職場に復帰したときには、欠勤の理由を理解できるよう、常に面談を行った。我々は理由不明の欠勤を、本物の病気と混同しないように注意した。さらに長期の病気の人に対して支援を行った。長い間欠勤している人々に連絡し、可能な支援を行ったのだ。回復して勤務が可能になれば、仕事に戻し、希望があればパートタイムで働いてもらった。長い間仕事から離れていると、人は自信を失い、仕事に戻りづらくなる。このときの連絡とサポートは本当に役に立った。要するに、理由があって仕事から離れる人々の支援は決して惜しまない。それをスタッフに伝えたかった。簡単ではなかったが、全員に公平な取り決めを考え出すためのマネージャーの努力は、スタッフの信頼を得た。システムを誤用した少数派もあったが、厳格に対処することで、他のスタッフからの支援を得られた。この仕組みは、出勤の責任を果たさずに仕事を放棄してしまうスタッフを罰することを意味した。

このアプローチは、「愛の鞭」と呼ばれた。一生懸命に働きたいと思う人々と、責任を果たそうとする人々を手助けした。しかし、そうでない人々には、厳しく接した。スタッフが、我々の行いが適正で、理にかなっていると感じるように、また類似する状況下では彼ら自身が我々と同じ判断を下せるように、我々は土台を作った。人に対して「自分が受けたいと思う扱い」をすることによって、我々はチームを強化した。

戦略の実行

プロセス、役割、規律――これらは、大胆で革命的なアイデアを一日も早く見たいと思っている人を苛立たせる。アイデアが一杯あって世界を変えることに夢中なあまり、ゴールを達成するために必要なさまざまなことがらを無視してしまう。理解できる欠点ではあるが、欠点でしかない。テスコでは、偉大な新しいアイデアを持ったり、主要な取り組みを開始したいときはいつでも、何をしたいかだけではなく、どのようにそれを実行するつもりか、我々は理論的に検証した。そして、最も独創的に首尾よく遂行された最高の事例は、今日、世界最大のオンライン食品事業である『テスコ.com』の立ち上げであろう。

1995年にさかのぼるが、『テスコ.com』は通常とは異なる方法でスタートした。この時代は、まさしくインターネット時代の幕開けだった。インターネット・バブルが大きくなってはじける前、Google、iTunes、フェイスブックやツイッターなどが世に出る前、インターネットが消費者に多くを提供し始める前のことである。私は、「スマート・ストア」展示会に招待されたが、これはアンダーセン・コンサルティング（現在のアクセンチュア）によって企画された「フューチャー・ストア」に特化したものだった。

招待されたものの私は、極めて忙しかったたし、この種の展示から得るものが多くないことが分かっていたため、行きたいとは思わなかった。だがアンダーセンに知り合いがいて、展示会場も近いことから、ティム・メイソンを誘って立ち寄った。アンダーセンの功績か、展示はよくできており、我々は、人々の将来の生活予測に基づいたプレゼンテーションをいくつか見て回った。中には将来の小売業界を取り上げたものもあったが、他の小売業者と同様、我々は昨日の売上高や明日の売上予測のことで頭がいっぱいだった。長期とは来月のことで、超長期とはクリスマスのことであり、それより先はどうでもよかった。

最終展示は、家庭のキッチンの実物大模型だった。キッチン・カウンターの上には、コンピューターがあった。1995年当時、一般家庭のわずか25パーセントにしか家庭用コンピューターがなかったため、この展示は非現実的に思えた。しかも、展示されていたコンピューターは、大きくて扱いにくかった。「このコンピューターはなんのためにここにあるのですか？」と私は尋ねた。するとコンサルタントはこう答えたのだ。

「未来の主婦は、コンピューターを使って台所から食材を注文するんです」

このとき他の小売業者はみな笑いころげて、彼らが生きているうちにそんなことは決して起こらない理由を次々と並べた。どのようにして注文を伝えるのか（電子メールは日常的な言葉でさえなかった）？　注文商品はどうやってわかるのか？　注文商品がわかったとして小売業者はそれをどう処理するのか？　小売業者は必要とされる商品をどう揃えるのか？　どう届けるのか？　平均的な家族の食品は100ポンド程度の重さがあり、切手を貼って郵送することはできない。生鮮食品の中にはパンのように、食べ頃の時間がわずか2～3時間しかない商品もある。大昔から裕福な人は買い物をする人を雇うことができたが、それは「一般」の人々には不可能だ。たとえ、すべての問題をクリアでき、技術的に可能になったとしても、コストは途方もなく高いだろう。

私とティムも反論に参加した。しかし、出口に向かって歩き始め、混雑から離れたとき、我々は振り返って同時に言った。

「もしそうだとしても、実現できたら最高じゃないか！　お客様もきっと気に入る」

それは半分冗談であった。しかし、アイデアの種は根を下ろした。その晩、他の小売業者は、ホームショッピング・サービス業は決して生まれないと確信して帰宅しただろう。皆はそれが不可能だと断定した。だが、それから1年もしないうちに『テスコ.com』はオープンした。

アイデアは我々にとって抵抗しがたいほど魅力的だった。目新しさと利便性。この革新的な事業が顧客に喜ばれるだろうと我々は確信した。我々には、障害を全て克服して収益性の高いビジネスを構築する以外の選択肢はなかった。我々には特別な洞察も、特定の技術的なスキルもなかった。ただ、独自のメンタリティーを持っていた。テスコは、顧客の生活をより容易にするために存在する。つまり我々は自分たちを、コンピューターによってもたらされる社会的な革新とは関係のない、それを脅威と見なして逆らう小売企業ではなかった。この新しい技術に見通しがあるならば、わずかであっても人々の生活の時間を節約する革新であり、我々は大いに興味がわいた。

多くの小売業者はインターネットを怖れ、その怖れをインターネットが普及しないという希望的観測の下に隠していたのだろう。この技術革新が彼らのビジネス・モデルを旧式にするかもしれない。それを恐れて、その可能性を調査しなかった。全てのCEOの安眠を妨げる悪夢だ。ホームショッピング・サービスが既存の店舗の顧客を食い尽くすという議論は確かに多く存在した。

我々も多少は心配したが、それでも前進することに決めた。スタートにあたり、我々は、言われている懸念が推測であり、事実ではないということを知っていた。実際に何かするならば、我々は自分たちでそれを発見する。そして、この新しい世界での最初のムーヴメントを起こせる。ここでも我々は顧客を信頼した。インターネットが顧客を別の世界に導くのであれば、我々はそれを阻むのか？たいへんなチャレンジと会社の変革が待っているとしても、我々は起こっていることを受け入れ、顧客についていかなければならない。

このチャレンジは確かに大きかった。インターネット・サービスをつくることは、ゼロから新しいプロセスを構築することを意味した。在庫を揃え、顧客にインターネットを通じて商品を買うチャンスを与え、注文された商品を届ける。

次に我々はどのようにして始めるかを決めなければならなかった。大きな計画を立案しなければならないのか？　まずはアイデアを試験的な形で行うのか？　私は素早く行動を起こすと決めていたため、役員会での承認を必要としない小さな規模からスタートした。

我々は、自分たちで開発するシンプルなプロセスから始めることに決めた。これは、まったく新しい領域であった。この領域を探検することは興奮を覚える経験であり、誰にでも巡ってくるチャンスではない。我々は小売業のまったく新しい形を作り上げようとしていた。我々は多くのことを変えなければいけなかったが、プロセスを柔軟でシンプルにし続けるなら、その変更は速やかかつ容易にできるだろう。また我々が既に持っている資産を活用することが理にかなっている。テスコは既に有名だったので、我々は既存の顧客と、少しのコストで引きつけることができる顧客から始めた。

店舗は顧客の住む地域に近く、また顧客からの注文に応じて棚から商品を取る場所として悪くはなかった。何よりスタッフが経験豊富だった。彼らは商品、顧客について多くを知っており、簡単にトレーニングができた。実際には、我々がスタッフからトレーニングを受けているようなものだった。スタッフは、我々が何に挑戦しようとしているかを知ると、常識と経験を活かして問題の無数の改善策と解決策を考えついた。

我々は、精力的な店長であったゲイリー・サージェントをリーダーとした小さなチームを作り、既存の店舗インフラ、システム、スタッフを使って、eコマース・サービスを創り上げた。極めてシンプルなプロセスであった。我々はコンピューターで商品のリストを作成し、利用客は電話、ファックスまたはコンピューターで注文を送ることができた。注文はいくつかのトライアル店舗に送られ、棚から商品が取り出され、配送車に積まれて、配送された。そこには、偉大な発明はなかった、しかし我々は前進していた。我々はサービスを持っており、運営していた。何より重要だったのは、プロセスを開始できたことだ。我々は、この事業の収益を増やすために行うべき全てを学び始めていた。ビジネスを始めるにあたって重要なのは、後に損益分岐点に到達できるかどうかということである。

我々の経験は、我々自身に希望を与えた。『クラブカード』のおかげで、我々には、この新しいビジネスの新しい需要がどの程度で、またどの程度が店舗を利用していた人々なのかを確認することができた。このビジネスの66パーセントが、新しい顧客か、既存の顧客の新しい需要と判明した。全店へ展開すれば、この新しいビジネスは十分に利益を上げられるはずだった。

我々のこうしたアプローチとプロセスの知恵は、すぐに脅かされることになった。インターネットの可能性は、世界中の想像力に火をつけた。爆発的な人気に市場が沸き立ち、ドットコム・ブームが起きた。会社を設立し、それを「.com」と呼べば、その会社の価値は、魔法のように2倍になり、3倍になり、上がり続けると思われた。ウェブヴァン（Webvan）はそのような新興企業だった。そのアイデアはゼロからホームショッピングを再構築することであった。彼らの全てのプロセスは、店舗を一つも持たないコンセプトに基づいてつくられた。店舗の代わりに、利用客の注文は専用の倉庫に直接転送され、自動的に商品が揃えられ、配送される。すべては、この新しいビジネスを行うために特別に設計されることになっていた。面白いことに、スマート・ストアを企画したアンダーセン・コンサルティングのブレインであるジョージ・シャヒーンは、ウェブヴァンのCEOになるために、同社を去った。インターネット関連企業にまつわる狂乱期で、ウェブヴァンは株式公開により、3億7500万ドルを集めた。そして取引1日目の終わりに、その事業は60億ドルと評価された。それは当時のテスコの全企業価値のおよそ35パーセントに相当する。彼らは、サンフランシスコ・エリアだけで、たった5ヵ月の間活動したが、サービス契約をしたのはわずか1万人だった。彼らはこのように、資金を新しい事業の基盤に投資することができた。そして、商店街の食品雑貨小売業を時代遅れにするのだと投資家に話した。

評判の高い投資銀行が裏書きしたウェブヴァンの目論見書を読んで、私は懐疑的だった。私には彼らの主張が理解できなかった。しかしながら、この「新しい小売業」は、多くの人々の想像力を捕えた。たとえ我々のプロセスの方がよりシンプルで、我々の顧客基盤がウェブヴァンのものより強いものであっても、テスコの投資家は我々の方法に懐疑的だった。eコマースについて話したときはいつでも、我々が間違った方法でそれを運営しており、決して上手くいかない、ウェブヴァンの方がよほど良いと言われた。我々が多くの進展を成し遂げる一方でウェブヴァンが多額の資金を失っても、一般的な評価は同じままだった。ウェブヴァンは全てを賭けていたかもしれないが、我々が賭けていたのはほんの余力分だけだった。

論争はまもなく決着した。ウェブヴァンは破綻した。また、ウェブヴァンのアプローチを模倣したセインズベリーは、事業を断念せざるを得なかった。既存の顧客基盤なしで、ゼロから食品流通を作り直すことは、あまりに高価であることがわかった。相対的に利益率の低い小売業界において、ウェブヴァンのビジネス・モデルは、これまで想像されたような競争相手キラーとは思えなかった。先行投資のコストはあまりに大きく、投資の回収率はあまりにも低かった。

ウェブヴァンの失敗は、我々にかけがえのないレッスンとなった。新しい事業を始めるとき、決定的に重要な目標であり、なおかつ成功の基盤となるのは、顧客を獲得することである。完璧なプロセスは必要ではない。完璧を求めることはきりがなく、はじめから完璧を求める企業は、全てを賭けることになる。自分たちが構築できるシンプルなプロセスを作ってから、それを仕上げていく方がよほど良い。

『テスコ.com』を開始して2年もすると、うまく行き始めた。インターネットの普及にともなって、注文方法から電話とファックスを外した。需要がどれくらい変化するか見当がつかなかったが、あっという間に、我々の楽観的な予測を追い抜いた。顧客は、新しいサービスによって提供される便利さに喜んでいたが、一方でサービスでのミスに信じられないほど寛大だった。生卵の注文にイースターエッグ、マッシュルームの注文にマッシュルーム・スープのクリーム、ドッグフードの注文にキャットフードなど、実際多くのミスがあった。我々は事業開始初期の産みの苦しみを解決するために、長くはないが顧客が時間を与えてくれるということを知った。ただ、今日は顧客のための素晴らしく革新的な事業であったことでも、明日には「通常のサービス」と考えられてしまう。我々はプロセスを洗練していかなければならない。それは、単純な計算であった。各々のステップが100パーセント信頼できるならば、チェーンとして5つのステップの後でもまだ100パーセントの信頼性を持つ。しかしもし、正確性がわずかに低い98パーセントの場合は、その不確かさが各ステップで拡大されてしまう。5ステップの後、信頼性は88パーセントまで下がる。プロセスはあっという間に劣化するのだ。

テスコ.comが確立されたことで、我々は「一般通念」というものが間違っていることを理解した。最初は誰もが、典型的な利用客は経済的に余裕があるが、時間的に忙しいプロフェッショナルな職業の人だと想定していた。しかし実際の利用客の基盤は、これよりもかなり幅広かった。『テスコ.com』は、すべての所得階層に利用された。特に家から出られない人々に魅力的であることがわかった。例えば、老人、短期的・長期的に病気に罹っている人々、乳幼児を持つ母親。他にも新しいタイプの買物行動があった。初老の両親と離れて暮らす子供たちが両親に配達してもらう商品を注文したり、子供の保育所や小さなホテルのような中小企業がサービスを使ったりもした。人々は、2回目の買い物を終える頃にはオンラインのプロセスに熟達した。従来の店では、店舗と家との往復を含め、最大2時間かかっていた買い物が、一週間分の量であっても5分しかかからない。店舗には4万点の食品の在庫があるが、人々が選んで買うのは1年で300〜500程度の商品であることが『クラブカード』のデータから明らかになっている。顧客が自分の買い物を「お気に入り」リストに入れておけば、注文に要する時間を大幅に短縮することもできた。配達料5ポンドを節約するため、より多くの注文をする傾向があった。「コスト」に車の使用と買い物に要した時間を含めれば、この配送料は決して高くない。

世間のもう一つの常識は、顧客は小売業者が生鮮食品を届けることを信頼せずに、生鮮食品ではなく、おむつ、洗剤、歯みがきその他などを買うためにサービスを利用するということであった。だが、顧客は果物や野菜、販売期限がある商品を買う前に、それを調べるだろうか？　これは誤りだ。オンライン・ショッピング・バスケットの中身は、従来の店内で手に入るものと類似していた。我々の顧客はスタッフの商品選定を十分に信用してくれた。ウェブ上で生鮮食品を売るという、特別なチャレンジのために、利用客に代わって生鮮食料品を選ぶ専門スタッフをトレーニングして、既存のプロセスを改めた。例えば、パンを焼く時間と、『テスコ.com』で受けた注文の品を揃える時間を連携させなければならなかったが、それによって利用客にできる限り新鮮な商品を届けることができた。

最初の数年は、いわゆる業務上の学習期間となり、大きいプロジェクトを小さな第一歩から始めたことが活きた。利用客がウェブ上でどのように振る舞うかについて獲得した情報を即座に活用し、意図的にゆるく設計したプロセスを手直ししていった。行動のパターンがより確実に予測できるようになったため、徐々にそれを引き締め、安定したシステムに変えた。

また『テスコ.com』は、既存のビジネスについて多くのことを教えてくれた。データは、どの注文がどの店のどの棚から、いつ取り出されたか教えてくれた。我々は、コンピューターで計算した理論的な在庫指標と比較した商品の本当の在庫をリアルタイムで知る、世界で最初の小売企業となった。このデータは簡単に読み込めるものではなかった。我々は多くの努力を発注システムとロジスティックスに費やした。その結果、業界で最も洗練されているとみなされるものとなった（イギリスの店舗は、アメリカの店舗より最高で4倍忙しいため、そうである必要があった）。我々のコンピューター・システムは、在庫は98パーセントの正確性であると算出していた。それは、店舗の需要に対して満足ゆくものだった。しかし、『テスコ.com』が大きくなり、我々は本当の在庫の有効率がおよそ92パーセントだとわかった。

この発見にショックを受けて、我々はサプライチェーン、倉庫、発注と補充発注システムを完全に作り直した。これには数年掛かった。しかしその完成時には、店舗の4万以上の商品の実際の在庫有効率は、本当に98パーセントになった。これはまた、仕事のプロセスを見直し、明確な役割に基づいてスタッフをトレーニングし、ワークフローを反映するシンプルなコンピューター・システムを構築することについて、多くのことを教えてくれた。信頼性の高いデータを利用すれば、商品を棚に正確に、正しい時刻に補充することができる。つまり、世界有数の補充発注システムを構築することができるのだ。

これは全ての店舗で、商品を補充することをより容易にした。また生鮮食品がより早く届けられるので、我々の棚の商品はより新鮮であることを意味した。その商品を利用客が家に持って帰っても、より長く保存可能になった。さらに良いことには、我々のコンピューターはいまやあらゆる店の、あらゆる棚の、あらゆる商品の正確なロケーションを図示することができた。そして、オンライン注文のために商品を店舗の棚から取り出す我々のチームの作業時間を短くした。我々はこれを「アプリ」にした。このアプリを使えば、顧客も店舗で商品の場所を正確に知ることができる。

それ以外にも、いくつかの偉大な、ビジネス上の思いがけない成果があった。『テスコ.com』は、さながら人材育成学校であった。若い幹部のキャロリン・ブラッドリー、ケン・トール、ジョン・ブロウェット、ローラ・ウェード・ゲリーは、実際のオペレーションを経験した。強力なプロセスを構築する重要性を目の当たりにし、率先してイノベーションを生み出した。皆その後、テスコだけでなく他の企業で大きな仕事をした。

多くの新しい役割が設けられた。宅配ドライバー、店内の注文品取り出し係、注文指令係などのスタッフはみな大きな責任を負った。何人かは利用客の家を訪れ、それぞれがテスコの親善大使となった。彼らが顧客のロイヤルティを創ることも壊すこともできることを意味した。

最後に我々は、オンライン顧客だけに商品を提供する店舗を徐々に作り始めた。レジも駐車場もないこの店舗は、ウェブヴァンが持っていたものに似ている。この店舗は、完全な流通システムをつくるというよりも、顧客の獲得に注力した。確立した顧客基盤のおかげで、これらのテスコ店舗も、すぐに黒字化した。

今日、『テスコ.com』は世界最大のオンラインの食品小売企業である。収益性が高く、韓国、チェコとアイルランドなどに急速に拡大し、成長している。設立の17年後には、売上高はおよそ30億ポンドになった。直近3ヵ月間でネットの食品ショッピングサイトを使ったイギリス家庭は、イギリス全体のほぼ14パーセントに相当する350万世帯に上る。これはテスコがリードした革命によってもたらされたものである。

『テスコ.com』の物語は、小さなチームの人々がアイデアを出し、それを現実に変える決定をし、実行のためのシンプルなシステムとプロセスを構築すると、何が起きるかを示している。それは一人の人間が製図板の上で、完璧な新しい流通システムを構築するという話ではなく、継続的な変化と改善の物語である。とりわけそれは、たとえ小さく始めて、ゆっくりと成長していったとしても、プロセスに焦点を当てることが極めて重要なことを示している。

それをしない方法

『テスコ.com』の経験が示すように、シンプルなアイデアを現実に変えることは、ビジョンの明確さ、シンプルなプロセス、明確な役割、そして失敗から学ぶ意欲を必要とする。どの組織も、運営の仕方を変えようとして、高くつく過ちを犯す。成功する組織は、自分自身の誤りから学ぶ。失敗から学ばないことは、民間部門においては全面的な失敗につながり、株主にとってはその資金が無駄になるのではないかと危惧しなければならなくなる。その会社は破産し、やってはいけない事例研究として、ビジネスの教科書に付け加えられるだろう。たとえば大手銀行や政府が資金援助している業界など、「大きくてつぶせない」企業や公共部門の多くには、そのような市場原理は存在しない。政府組織において、たびたび起こる最悪のものは、官僚または政治家のグループからの問い合わせ、一部の不快なマスコミ報道、大臣の辞任、そんなところであろう。お金は清算され、政府は存続する。不公平に見えるかもしれないが、公共機関が陥りがちな、貧しいアイデアを不適切な方法で実行する最も印象的な事例である。

イギリスには、無駄な支出に関する、失敗したプロジェクトのおびただしい事例がある。その一つに、２００４年にコミュニティ・地方自治省により開始された、FiReControl がある。これは、46の地方にある火災と救急のコントロール・ルーム機能を、国家のコンピューター・システムを活用して、ネットワークで結ばれた9つの地方専用コントロール・センターに置き換え、国の災害対応能力、効率とテクノロジーを改善することが目的であった。プロジェクト完了までの当初の見通しは、1億２０００万ポンドであった。一連の遅れと複雑化の後に、プロジェクトは当初の目的のいずれも達成できないまま２０１０年12月に打ち切られた。納税者の負担は少なく見積もって4億６９００万ポンド。プロジェクトを完了するコストは、当初の見通しの5倍以上の6億３５００万ポンドであると担当省は見積もった。

プロジェクトのディレクターは議会委員会に「後から考えると、プロジェクトを始めなかったならば、それがおそらく最高の措置であっただろう」と述べた。数百万人の納税者は間違いなく、「まったくその通りだ」と叫ぶだろう。後になってから他人の行為を批判することは容易である。プロジェクトの途中では、後知恵の恩恵は決して受けられない。またビジネス・パーソンは公共部門を批判するときは注意が必要だ。民間部門とは異なる優先順位、動機と責任がある。例えば火災コントロール・センターには、ビジネスでは滅多に直面しない種類の非常事態に対処する、極めて重要で極めて特別な役割がある。

それでも、FiReControl の失敗についてのレポートを読んだとき、それが新しいシステムの創造と開発における、最もよいアプローチを今までにないやり方で示していると思わずにはいられなかった。FiReControl プロジェクトのあらゆるステージにおいて正反対のことをするならば、理想的なアプローチにかなり迫るだろう。

変化を要求するどんなプロジェクトでも、乗り出すときは問題が何であるかわかっている必要がある。FiReControl の場合、最初、46のセンターは独立していた。センター間でのコミュニケーションはできなかった。それは理論的な問題であるが、しかし実際的な問題でもある証拠があった。言い換えると、それぞれのセンターは、どの程度頻繁にコミュニケーションをとる必要があったのだろうか？　解決されるべき問題があったとしても、初めからこの計画は過剰であった。たった１４００台の制御卓しかないのだ。すべてが間違った方向に進む前でさえ、制御卓同士で互いに話せるように、1制御卓につきおよそ8万５０００ポンドを費やす予定だった。それだけでも、非常ベル（ジョークのつもりではない）を鳴らすべきだった。

おそらくプロジェクトそのものが誤って導かれていた。それを考慮に入れなくても、導入の仕方に問題があった。オペレーター（実際に仕事をするマネージャーとスタッフ）に、彼らがたずさわるプロセスを書きとめるよう指示する必要があった。物事が間違った方に行くようなら、その問題の原因を見つけて、それを切り離して修正できる。どんな連鎖反応があるか識別することもできる。また既存のプロセスのどんな変更でも、人々の役割に変化があるかどうかを確認する必要がある。結局、彼らは点の上でしか動いていない。彼らが役割を理解しないならば、何も働かない。

FiReControlプロジェクトでは、スタッフが既に何をしていたかを理解しようとする試みはなく、また、新しい役割の準備をしようとする試みも全くなかった。46のセンターの全てで完全に異なる方法がとられていた。しかしそれを明確にし、新たな効率のよいアプローチにするために、仕事のやり方を書き留めてはいなかった。明らかなのは、オペレーターがこのプロジェクトについて意見を全く求められていなかったことだ。

さらにこの問題を悪化させたのは、責任と説明の欠如であった。プロセスの管理者であるオペレーターは、責任があるにちがいない。彼らは専門家を連れてくる必要があっただろう。しかし、それは彼らの仕事であり、彼らのプロセスであり、彼らのシステムでなければならない。FiReControlプロジェクトに総合的な責任を持つ人はおらず、新しいシステムを導入することになっていた全ての火災コントローラの代わりに、外部の専門家とコンサルタントに対する多大な信頼があった。

FiReControlは、「新しいチャレンジ」であったとして非難された。あらゆるリーダーは、自分の組織がユニークであると思いたい。構築中の新しいシステムは画期的であり、そのため専門家を招く必要がある。組織が異なり、これまで経験したことのないチャレンジだと思いたいかもしれない。実際には、本当に新しい問題を見つけることはまれであり、全て新しいシステムを必要とするような問題を見つけることは、さらにまれである。ほとんどの問題は、通常ビジネス界の他の誰かが、既に直面したものである。それゆえに、システムの問題に対するほとんどのソリューションは「既製品」のはずであり、通常は必要に応じて調整できる。そうでなければ「専門家」を頼ればよい。しかしそれによって、責任が移行するわけではない。プロセス・オーナーは、常に責任を負わなければならない。

経営チームが対応しなければならないことの中には、もともと前例のないケースもあるだろう。例えば彼らは、組織に競争上の優位性を与える専用のシステムを保有したいと思うかもしれない。しかし実際にはこれはめずらしいことだ。すべてをオーダーメイドで作ることを望む社内のITチームに、注意をしなければいけない。マネージャーは、彼らが変わるのではなく、システムが変わることを望み、コンサルタントは標準的な「既製品」の導入ではなく、あつらえの、複雑なソリューションを勧めて報酬を稼ぐ。

組織が何か初めてのことをしなければならないときは、変更を段階的に反映し、小さなステップから始めるようにすることである。そうすることで、必然的に冒してしまうような間違いが、公共であっても民間であっても、組織全体を壊してしまうのを防ぐことができる。コストが高ければ高いほど、必要とされる注意は大きい。これまで実施したことがなかった1億2000万ポンドのプロジェクトに乗り出す組織は、厳重な注意を払いながら進まなければならない。

テスコはたびたび危険を冒して新しい領域へ飛び込んだ。しかし、常に用心深く一歩ずつ踏み出してきた。特に複雑な新しいシステムを開発するときは、進捗と性能を測ることができる明確なマイルストーンを設定し、プロジェクトを小さなサイズに分解し、いつまでに、いくらで、何を達成すべきかを明らかに示してきた。それが重要であると学んだからだ。マイルストーンは、そのためにある。失敗を恐れて、日付や目標を外れ、マイルストーンを無視する誘惑にかられることもある。何かがうまくいかないときには、失敗の原因が判明するまではプロジェクトを進行させてはならない。中断するべきだ。FiReControlプロジェクトがそうだったように、価格を提示してから2年もしないうちにまたやってきて、何も進んでいないのに費用が3倍になったなどと言う人は、自分自身が何をしているか理解できてはいない。それを許してはならない。

新しいシステムの導入というのは、新しいシステムを開発することと同様に重要であり、新しいプロセスを設計するのと同じくらいの準備を必要とする。コミュニケーションは重要である。自分に期待されていることとそうでないことを正確にわかっている必要がある。我々は、システムの導入に関しては決して成功しているとはいえないので、FiReControlプロジェクトを非難できない。

私は、FiReControlの失敗の一部始終を知っているわけではない。非難するよりもむしろ、政府とこのプロジェクトに関わった多くの人が、法外に高くついたこの失敗から少しでも多くのことを学んだと思いたい。自戒の意味もある。期限に間に合わなかったシステム。大幅な予算オーバーのプロジェクト。私自身、同じようなことをいくつか経験した。プロジェクトが失敗するとき、ほとんどの場合は、新しいシステムの要件を考え抜こうとはせず、また明確なプロセスを書きとめていない。そして、私も確かにその罪を犯した。

FiReControlプロジェクトの悲劇は、失敗のコストであった。4億6900万ポンドは回収不能になったが、この額はテスコが世界中で費やす、1年間のIT費用よりも高い。さらに悲しいことに、NHS患者の医療記録をコンピューター化しようとして失敗した計画のコストはさらに高い。当初62億ポンドの見積だったが、9年後、そのプロジェクトがキャンセルされたときには127億ポンドになっていた。

退屈な細かいことが大きな成長を生む

イギリスの文化において、きちんと機能するプロセス、役割とシステムを設計することが、魅力的であると考えられることはほとんどない。イギリスは考える人々の国である。「実行」することは、小汚くて、洗練されておらず、退屈であるように見られている。これは、裏を返せば、決定されたことを成功に実現に導く十分な人材がいないということになる。これを認識している企業は、計り知れない利益を得ている。テスコがその中の1社であることは誇りだ。

適切に実行できる企業は速く成長する。プロセスの規模を拡大することができる。ひとたびプロセスが定められれば、より速く、より確実に、そして、より安く、一部または全体を実行するためのITシステムをつくることができるだろう。無駄を最小限に抑え、失敗を招く可能性とボトルネックを取り除くことによってパフォーマンスを劇的に改善し、利益を得ることができる。プロセスの拠点は1つの国でも複数の国にまたがってもよい。例えば、テスコは北アメリカには、事務処理部門や管理部門を置いていない。フレッシュ&イージーの店舗は、インドにある標準的なITプラットホーム上のプロセスを使って運営されている。

プロセスはまた、1つの国から次の国へコピーすることができるし、改善することも可能だ。これは、いろいろな土地で同じ商品を売るということを意味してはいない。全く逆である。円滑に機能する標準的なプロセスの利点は、世界中で異なる商品を、どこででも効率的に販売できるということである。

20~30年前にフォードは、世界中で同一の「ワールドカー」を開発しようとした。しかしながら、その構成部品は全てそれぞれの地域で製造したため、見た目は同じだったが、できあがったものは完全にその土地固有のものだった。フォードは時間とともに理解したが、フォルクスワーゲンはそれを見事に実行した。世界中で異なるように見える車を製造するために、共通のプラットホームを構築するということである。車自体は地域固有の市場の需要と文化に合わせて設計される。しかしそのボンネットの下には、共通の構成部品がある。見えない部分はどんどん共通にしながら、人が気にする部分はローカルにするのだ。

同じことが小売業にも当てはまる。トイザらスのような世界初のグローバル小売企業は、ブランド、業態、品揃えなどを世界中で統一しようとした。だが彼らはすぐに、すべての小売業は、現地の顧客に合うように変化する必要があると気づいた。テスコにはシンプルな原則がある。「ローカルだが、グローバル」である。我々は、その土地に合わせて、全く異なるように見えるローカル店舗を作るが、それをグローバルのオペレーティング・システムの上で運営する。我々の共通プラットホームは、十分に最適化されており、『テスコ・イン・ア・ボックス』と呼ばれている。これらは中核となる作業プロセスだが、顧客からは見えない、いわば会社の隠されたシステムとして作り込まれ、例えば、発注、財務、補充発注、マーチャンダイジング、顧客データ処理などにグループ横断的に活用されている。

これらのシステムは、現地のマネージャーが、彼らの店舗で顧客に提供するものを、現地の嗜好に合うように、手直しすることが可能である。その一方で、テスコのグローバル・オペレーションとして、規模の経済性のメリットを得られる。あらゆるタイプの良いプロセスは、全世界で適用されなければならない。それが実現すると、生産性が高まることで利益を得ることができる。このような計り知れない恩恵は、とても重要である。チームが一体となって効率的かつ効果的に機能すれば、メンバーは達成感を味わい、仕事に対する士気は上がる。マネージャーにとっては、非効率性と遅れに嫌気がさした人々をなだめる代わりに先を見据え、問題になる前に間違いを発見し、新しいチャンスに焦点を当てる時間ができる。良いプロセスとシステムは、満足ゆく仕事と新しいことへのチャレンジを可能にする。

あらためて述べるが、これは新しい考えではない。サミュエル・スマイルズはこう述べている。「時間を有効に使うということは、時間を作るための一番良い方法だ。仕事に追いかけられるのではなく、先手を打って仕事を片付けることができる。逆に、時間の使い方を間違えると、いつも何かに追いまくられ、混乱し、何もかもうまくいかなくなる。自転車操業のような人生となり、最後に『破滅』が待っている」。

残念ながら、彼のこの言葉に注意を払っている人は多くはない。プロセス、仕事上の役割、システム、規律。どれも魅力的とはいえない。しかしそれら全ては、活動を成功させ、自由と成長の可能性を作り出すために極めて重要である。成長はそれ自体がチャレンジだ。それは私に、バランスを保つ必要性を気づかせてくれる。

※1　*The Loyalty Effect*, Frederick F. Reichheld, Harvard Business School Press (paperback edition 2001), p.136

第6章
バランス

バランスの取れた組織は、
全員が一緒に前へ進む。
官僚主義の魔力がはびこることなく、
正しい方向に舵が取られる。

効果的に行動するために必要なのは、各人が自分の仕事が何であるかわかっていることだけではない。ゴールを達成するためには、全く違った部門やグループが一緒に活動することも、また必須である。大きな決定をどのように確実に行動につなげていくのか？　行動は多くのタスクによって構成されている。そのうちのいくつかは極めて小さく、毎日数千もの人が担当している。どのようにしてチームをつくり、それを結びつけ、ひとつの組織として一体化するのか？　経営者やマネージャーはどのように舵をとり、組織をゴールに導けばいいのか？

例としてスリム子爵のアプローチを取り上げたい。個々の兵士の忠誠心を奮い起こし、唯一の目的である敵の殲滅に集中するように組織化する一方で、彼は陸軍と空軍の軍務への忠誠心と「サイロ思考」（「問題があるということを知っているが、それは他の誰かが解決すべき問題だ」）をたたき壊し、あたかも一つの兵器のように鍛え上げた。第14軍がイラワジ川を横断するにあたって、道をつくった工兵、道を利用したトラック運転手、トラックを整備した整備兵たちが一体のチームとしてスムーズに動くことの重要性について、スリム子爵はこう述べている。「彼らは軍団と完全に一体だった。チームにとって極めて重要な役割を担っており、また彼ら自身もそう感じていた。彼らは戦闘員としての誇りと忍耐を備えていた。軍団の一員であったからだ」。

大きな組織の課題は、一体となって動くような仲間意識をつくることだけではない。全ての人とチームが、それぞれの役割を果たし、それがぴったりと合うことである。それは自発性と革新を促すフレームワークである。それは人々に、自らの行為に対する責任を持たせる。そして何よりも、ある組織の優先度が他と衝突しないよう、それぞれの進捗状況を測ってコントロールする。これが、官僚主義の魔力がはびこることなく、正しい方向に舵をとっているバランスのとれた組織である。

「官僚主義」とは、相手への悪口としては最悪の侮辱の1つである。行動が遅く、感受性が鈍く、規則に固執する。官僚的な組織に所属する人間にとって、仕事とはすぐに混乱をきたし、孤立し、動揺を隠せない経験となりうるものである。彼らにとって組織は役に立つよりむしろ自分たちを管理するものであり、がんじがらめにされていると感じる。個人が組織全体の目的と方向性を感覚的に理解することは難しい。彼らの世界は閉じられ、見えるものや影響を及ぼす範囲が限定されるようになる。

自分の世界が手の届く範囲に縮小していくと、人々は組織にとってもっと高く、より広範なゴールから遠ざかる。自分自身の利益を懸命に守り、他人の負担を気にしなくなる。個々の部門は徐々に、無意識のうちに、彼らが動きたいように、都合がよいように、目標を解釈し直す。時間とともに業績指標から縁遠くなるため、組織全体の業績を明確に理解することや、組織の各部分をコーディネートすることが難しくなる。彼らがそこにいたかいないかにかかわらず、彼らがどのようにして、どんな違いを生み出すのか、ますますわからなくなってくる。彼らは、他の部門を信頼しなくなる。パラノイアにも似た不安感が募ってきて、人々をイノベーションの実践やイニシアティブの発揮、自分の知っていることに基づいて正しい行動を取ることから遠ざける。

会議においては、席についている全員が、議題についての見解が全く異なることに気づく。彼らは組織から乖離し、業績を測るための独自のシステムまで開発し、彼らなりの現実さえもつくり出してしまう。そして、組織は本格的な困難に直面する。断片化し、不安定で、前に進むことができなくなるのだ。

CEOになるまでに私は、官僚主義の危険性を充分見てきており、テスコが会社を一体化させる手段を必要としていると考えていた。大きな決断を小さな活動に繋げ、我々のゴールに素早く到達するために、指導部が全ての組織を導けるようにすることが必要である。成長を担うのは、私や役員会のディレクター、または本部にいて指示を出している者ではない。我々は戦略を立案し、事業のゴールを設定することはできた。しかし、国中の、そして世界中の我々のチームが、目標達成のために最善と考える行動をとってくれると信じられなければならない。経営者は森に集中しなくてはならない。世界中の我々のチームが、木を育てるのだ。これは、彼らが行動に責任を持ち、警戒するばかりではなく何か新しいことを試す文化を創り出すことを意味した。我々は彼らを解放しなければならない。起こりうる過ちを受け入れ、現場で下される決定を細かい点まで管理しようとしてはいけない。

CEOになったころ、私はロバート・カプランとデイビッド・ノートンの書いた『バランス・スコアカード』を読んだ。彼らは、テスコを含む多くのビジネスにおいて、コストの削減、品質とレスポンス・タイムなどの進捗が評価されていたことを認識していた。問題は、これらの指標が既存のプロセスの成果を測っており、戦略的な目標の進捗を反映していないことだった。従来の分析は、例えば革新性、顧客のロイヤルティ、スタッフのスキルなど無形資産を明らかにすることはできなかった。もっと悪いことに、短期的な目標を掲げて活動する企業は、その目標を達成するかもしれないが、長い目で見れば破綻する。例えば、価格を上げたり、サービスの質を下げることはできる。それによって短期的に利益は押し上げられるが、長い目で見れば顧客ロイヤルティを台無しにする。そのような会社は、「本当に戦略的なプロセスを認識していない。戦略的なプロセスは、組織が成功するために特に上手く実行されなければならないものである」。[※1]言い換えると、活動と戦略のバランスが崩れるのだ。

そこでカプランとノートンは、バランス・スコアカードを開発した。彼らのことばでは、「短期と長期の目的の間、財務と非財務指標の間、遅延指標と先行指標の間、そして外部と内部の業務指標の間で、提供されるバランス」を反映したものだった。言い換えれば、スコアカードは、過去の活動と将来の業績を動かす指標を測定する。それだけでなくバランス・スコアカードの目的は、「ビジネス戦略を明瞭に表現して、ビジネス戦略を伝達し、共通のゴールを達成するために個人、組織、部門横断的な活動を同調させる手助けをする」。その結果として全員が、何をするのか、なぜするのか、それがどのように残りのビジネスと調和するか知る。

今日、バランス・スコアカードは、多くのビジネスにおいておなじみの専門用語であるが、1997年当時は、多分私がクリケットについて話していると思われただろう。しかし、私はこのアイデアが気に入った。そして、経営コンサルタントのビル・ゴードンに、それがどのようにテスコに適用できるか検討するよう依頼した。私はすべてのチームに、彼らの担当するビジネスを操縦するためのツールを与えたかった。しかし同時に、全てのチームが連携していることを確認し、事業がバランスの取れた状態で前進できることを求めた。

彼は私の指示に従い、『ステアリング・ホイール』を持ってきた。『ステアリング・ホイール』は、4つのパーツに分けられていた。顧客、オペレーション、スタッフ、そして財務。後にコミュニティーを追加した。これらには、我々のスタッフ、顧客、そして株主が改善を望む声を反映した、いくつかのコミットメントが付いていた。それらの内いくつかは、どんなビジネスにでも共通である、「売上を伸ばす」とか「スタッフの欠勤を最小限に保つ」などである。他は小売業に特有の、スタッフまたは顧客といった、売場にいる人達に関連したものである。「売場通路がすっきりと片付いている」「欲しいものを買うことができる」「レジの列に並ばなくてもよい」などだ。

年度ごとの目標は、セグメント各に設定された。この目標は12ヵ月ごとに変更し、期中に測定し、毎週報告される。進展を評価するために、年4回エグゼクティブ・コミッティーがレビューをする。シンプルな交通信号型の絵図を用いて、店舗、またはチームが目標の達成に向けて順調に進んでいるか（青信号）、期待を下回っているか（赤信号）を示すようにした。

それを見た最初の瞬間から、私はこのシンプルなツールの力を理解した。カプランとノートンが約束した通り、このツールは我々のビジョンと戦略をはっきりさせるのに役立った。コミュニケーションをとり、戦略と目標を結びつける。計画を立案し、明確な目標を設定する。そして、売場からのフィードバックと学んだことをもとに改善する。『ステアリング・ホイール』を作る活動は、単なる大雑把な戦略的見解ではなく、実地で意味を持つものを提示するよう経営陣に促した。我々は縄張り争いやサイロ思考によって、経営を放棄することはなかった。その代り、『ステアリング・ホイール』は、さらに日々ビジネスを運営するための新しい規律と合意をもたらした。

とりわけ『ステアリング・ホイール』は、実用的でシンプルだった。大部分のマネジメント・ツールは、従業員に無視される。そして、企業レポートの中に埋もれるか、食堂の暗い隅の掲示板にピンで留められる。ツールは会社に役立つことはなく、使用する頻度は自動車の操作マニュアル以下になる。しかし、我々の『ステアリング・ホイール』は、ビジネスのありとあらゆる領域で、すべての部門で、すべての店舗で適用できる。ホイールの各セグメントでは、およそ4~5つの活動のパフォーマンスを測定したので、各ホイールが備える指標はたった20ほどだけである。しかし、それを掘り下げると、それぞれの指標は、最終的には各個人や各店舗、さらに店舗の中のチームの目標にまでリンクし、詳細な情報を得ることができた。

この方法で、簡潔に要約された大きな目標が、何千人ものスタッフの日々の仕事に直接リンクされた。全てのチームは、どこで働いていても、自分の店舗やオペレーションがどれほどうまく実行されているか、一日で見ることができる。明確で、透明性があり、説明可能な形で、そして何よりも、バランスを保ちながらである。ビジネスのあらゆる領域には、目指すべき目標がある。しかし、それはオペレーションの他の部分を弱めたり、不安定にさせるようなものであってはいけない。

何よりも『ステアリング・ホイール』は、我々がバランスを取りながら変化することに役に立った。成功する小売業は、よく新しいトレンドや需要を、「ファッショナブル」と呼ばれる前に見つける。確かに、最も成功する小売業は、ファッションを作り、トレンドの波に乗る。再び、カプランとノートンから引用すると、それは会社に「現在のオペレーションを効率よく一貫性を保ちながら、素早く運営していくことよりも、将来の財務パフォーマンスにとってもっと重要な、複数年に渡る製品開発プロセスを成功裏に管理する能力や全く新しいカテゴリーの顧客を掴む能力の開発を可能にする」。『ステアリング・ホイール』は、いくつかは何年もかかるが、店舗を設計する新しい方法、商品の新しい品揃えをつくること、店舗に補充する新しい方法など、全ての事業にまたがる多くの異なるプロセスを巻き込むような変化をうながす手助けをしてくれる。

このツールは、我々の店舗が成長するにつれて、店舗を管理する唯一の方法となった。それは、「グローバルであるが、ローカルである」という我々の格言を守り、ロンドンのイーストエンドの露店商として世に出たテスコの伝統を守った。私はチェスナットの本社には留まらず、ポーランドや韓国の店舗のために『ステアリング・ホイール』を作り、現場のチームに渡した。世界中の全ての店舗に、現地の経営チームが現地の文化と習慣を反映した『ステアリング・ホイール』がある。テスコのビジネスに携わっている人は誰でも、どこで働いていても、彼らのチームが何を成し遂げるべきか、正確にわかっている。世界中で、我々は業績のための同じ指標を使用するが、地元の市場に合わせて異なる目標を立てる。たとえば、我々は至る所でレジ待ちの行列の長さを計ったが、それぞれの市場でどれくらい店舗が忙しいかに応じて、少しずつ異なる目標を立てている。

またこのレベル分けした責任分担によって進捗を測り、会社全体から個々の店舗まで、我々の戦略が機能しているかどうかをチェックする手段を得ることができた。さらに良いことには、我々はマネージャーが時々直面する難問を特定し、それを解消することができた。例えば、商品の在庫状況の改善やコストの低減などの目的が達成されたにもかかわらず、店舗当たりの売上高の増加目標が実現できなかった場合などだ。

ビジネス上の物事を測ることは、比較的容易だと思うだろう。ある意味ではそうである。多くのビジネスは、何度も何度も繰り返される活動から成る。実際、誰もがそう望んでいるだろう。できるだけ多くの信頼できるプロセスを構築するなら、結果はより予想しやすくなる。そのようなものすべては、測定に適している。現在はデータ収集とその分析に高いコストは不要で、財務分野と同様、標準的な測定方法がある。

それでも、繰り返し計測することは、組織では問題を引き起こす。ある結果に到達するため目標を達成しても、望む結果を得られないことがかなり頻繁にある。例えば、レジで列を作って待っている人々の数が、レジ・サービスの速度に対する満足感を測る良い方法であると思うかもしれない。それゆえに目標は、レジで待っている人々の数を減らすことに設定される。レジで待っている人が減ったとしても、レジでのサービスへの満足度は向上しない。なぜなのか？　顧客にとって重要なことは、列の長さでなく、列に並んでから会計が終わるまでの時間だからである。

また、対立する2つの指標を立てることもある。たとえば、買い物客の待ち行列の数を減らすことと、レジにより多くの情報（利用客の年齢やクーポンを持っているかなどの情報）を入力させることなどだ。これは、プロセスのスピード低下を招いてしまった。

目標を立てようとするとき、どんな組織でも遭遇する問題がある。イングランドの国民健康保険サービスには、「業績目標」を臨床ケアに適用した失敗例がある。例えば保健省は、救急活動のパフォーマンス指標として、患者の臨床結果ではなく、対応のスピードを長年用いていた。この目標の結果についての公式レポートによると、「最も重傷の患者を対象とする、8分という目標は、世界で最も困難なものの1つである」ことが明らかになった。しかしながら、患者の予後についての直接的な指標なしで適用することは、業績の測定と管理に対する救急の信頼をゆがめた。つまり、目標を達成するために必要以上に多くの車両を送る慣行を生み、待機車両を減らしてしまった。また目標は、意図するより広い患者グループに適用された。もう一つの例は、規制の世界にある。地方議会が計画の適用に同意または拒絶するのにあまりに長く時間が掛かることへの不満に対して、政府は地方議会が決断をするまでの制限時間を設けた。その結果、地方議会は確実に目標を達成するために、ほとんどの案件の適用を拒絶するようになった。

さらに、何が指標なのかわからない場合がある。私の義理の父であるハーバート・ブランクがこれを経験した。彼は、ホテル、レストラン、病院、その他の施設に業務用の洗濯機を販売していた。当時、彼らの競争上の優位性は、個別の洗濯物がクリーニング店で決して行方不明にならないように工夫した見えないマーキングシステムであった。ハーバートは世界中で洗濯機を販売し、1960年代初期にソビエト連邦でのトレードフェアに展示した。ハーバートのブースには、ほかならぬニキータ・フルシチョフ（共産党の第一書記）が訪問した。フルシチョフはソ連がアメリカを科学技術において追い抜くことができると思っていたので、革新的な技術に目を光らせていた。

彼はハーバートのマシンに引きつけられて、「モロトフの下着をきれいにすることができるならば、それは本当に注目に値する発明である」と言った。ある種の厳しい発言であったが、ソビエト連邦に必要なテクノロジーという意味である。

義理の父は喜んだ。あとはただ誰が購入を認可するかを見つければよかった。彼は、役人階層の中の誰に職務権限があるかについて勉強した。だが、役人を探し出したものの、その人はそれを認可することができなかった。ハーバートは彼の部下、そして彼のボスに当たってみたが問題は解決しなかった。1ヵ月間、政府当局のシステムから探すことに費やしたのち、彼は友人から、異なる階層に目を向けるようアドバイスを受けた。「彼らのうちで、最も多く黒海のリゾートを訪問している人をつきとめるといい。その人が最も大きな力をもつ人だ」。

そこでハーバートは、黒海での休暇取得状況を調査して、最も多くそこに行った役人と当局の階層との間には、相関関係がほとんどないことを発見した。とうとう彼は、最も多く休暇に出かけた人を探しあて、ソビエト連邦での洗濯機の販売を認可してもらった。このことから、ソビエト連邦の力の基準は、明確なものでないとわかったのだ。

テスコでは、常に最も信頼できる指標は（簡単に確かめられない場合もあったが）、顧客が何を欲しがっているかであった。トラブルを引き起こす可能性があったのは、マネージャーが容易に導入できると判断した指標だった。それは通常、別のプロセスの副産物として生ずるようなものだったが、そのようなものは顧客が何を求めているかを反映してはいなかった。良い例はコンピューター化された在庫元帳という、あまり見込みはないのに仰々しい分野である。つまり、商品が入手可能かどうかの記録である。提示することが簡単で、正確な内部指標であるコンピューターによる在庫元帳は、商品が店にあるかどうかを直ちに示す。残念なことにその仕組みは、商品が実際に店頭の棚に陳列をされているか、それともバックルームに置いたままなのかは、教えてはくれない。我々が一晩中、店舗での品出しをスピードアップしようと試みたとき、これを理解した。公式の記録によると品出しの状況は上々だった。しかし我々はチームに対して、仕事をするのに十分な時間を与えていなかったという事実を考慮に入れていなかった。商品は確かに店舗のどこかにあったが、それを必要としていた人の手に取ってもらうことはできなかった。顧客から見れば、品切れになっていたからである。

我々が学んだ教訓は、他と相反するような指標や相関関係のないような指標を思いつくことを避け、顧客の満足度を測る幅広い指標を創り出す必要があるということだった。たとえば入手可能性を確実にするという点で、我々の指標は、「欲しいものを買うことができる」という言葉に顧客が同意するかどうかだった。これにより、我々は小売業における共通の誤りを避けることができた。つまり、可能な限り幅広い品揃えを用意しようとするあまり、棚はぎゅうぎゅう詰めで、しかも鍵となるブランドの在庫状況はおざなりという誤りだ。バランスをきちんととることによって、顧客が「私は欲しいものを買える」という言葉にどのように反応するかが分かってくる。何より、我々の指標によれば、品揃えと在庫状況の完全な組合せは、各々の買い物客によって異なることが明らかとなっている。

我々は、顧客満足度の他の分野においても、同じようにシンプルな指標を使った。もし顧客が「店舗の通路はすっきりと片付いている」という言葉に同意した場合、それは単に段ボール箱が通路をふさいではいなかったというだけではなく、シンプルな店舗設計で利用しやすいということであった。同様に、「価格は申し分ない」ことは、価格と価格マーケティングへの唯一の信頼できる指針であった。「私は列に並ばない」は、レジと店内で待つことすべてに当てはまった。「スタッフは素晴らしい」は、明確にあらゆる形のサービスについて語っている。我々は、より正確な指標をたくさん開発した。しかし、顧客の経験についての主要な見解に対する我々のパフォーマンスは、唯一の本当に重要なものであった。そして、我々のビジネスに携わる全員が、価格からサービスまで、顧客が求めている買い物の経験を理解していた。

地に足をつける

バランスの取れた組織は、幹部の足が地についているものである。彼らは自分の野望に我を忘れることなく、計画と取り組みを機能させるためには実務的でなければならないことを常に念頭に置いている。そして彼らは、現場の近くに居ることにこだわる。私はテスコのことを、グローバル・ビジネスの体を持ちながらも、ジャック・コーエンが創業した慎ましい心を持った会社だと考えている。このような会社のバランスをとるには、努力が必要だった。

とりわけある活動は、我々が組織のバランスを取ることに役に立った。それは部門の間で大きくなったサイロを分解し、誰もが、個々人の独自の観点からだけではなく、テスコが全体としてどのように見えて、どのように運営されているかを見ることができる様にした。各人がどこにフィットするのか、彼らが貢献することでどのような違いが生まれるのか、彼らの決断や行動が他の部門にどのような影響を与えるのかについて、より良い感覚を皆が獲得することを確実にした。それは各人に、自分たちの貢献と指標とのバランス、社内の他部門の貢献と指標とのバランスを取ることを可能にした。何よりもそれは、彼ら自身を評価し、管理する方法の小さな調整が、組織内の他部門の成果により素晴らしい貢献をすることができることを学ぶ力を与えた。この不思議な手段は、『ツイスト』（TWIST）と呼ばれた。Tesco Week In Store Together（店舗で一緒にいるテスコ週間）の略だ。極めて強力なアイデアであるが、呼び名は今ひとつであることを私は認める。

私が、官僚主義の問題と取り組んだことから『ツイスト』は生まれた。たとえ幹部がテスコの売場で多くの時間を過ごしていたとしても（私は1週間につきおよそ2日間を店と倉庫で過ごしていた）、我々が他の組織と同じ問題で苦しんでいることを認識していた。思い込みか現実かは別にして、人々は自分の机に縛り付けられ、たくさんの作業によって身動きが取れない。私も、せいぜい1店舗当たり2～3時間程度、時にはそれよりも短い時間しかいない訪問者であった。その束の間の訪問では、50万人の従業員がレジの勤務、棚への商品の補充、倉庫での勤務など、毎日毎日実行している仕事を、実際にやっているわけではなかった。私も、経営幹部の同僚たちも、現場の我々のチームがどんなチャレンジに直面しているか、あるいは新しい取り組みが実際にはどのように結果を出しているのかを、短い訪問の中で、本当に理解することはできなかった。ビジネスの現実を理解するためには、経営幹部のみならずすべての管理者は、最前線にいることにもっと多くの時間を割かなければならなかった。

そこで、私は自分にチャレンジを課した。店舗で種々の仕事をしている一般のアシスタントとして毎年1週間、店舗で働くことにした。レジ、棚への商品補充、バックルーム、価格設定、顧客からの問合せ対応、お客様カウンターでの仕事、その他何でもだ。そして私は、店長を含む3000人以上の経営幹部に、私がこの先1年の間にもう一度「ツイストする」前に、彼らもそれを始めて欲しいと言った。それは、我々間のシンプルな約束であった。私がそれを実行するならば、彼らもそうするだろう。そして、実際に彼らは実行した。

私は店舗（ハートフォードシャーのロイストンの大きなスーパーストア）を選んで、金曜日にマネージャーに電話を掛け、月曜日に新しいスタッフを一人送ると彼に話した。私は彼に、これから起こることを心配して時間を無駄にして欲しくなかったし（もっとも彼には週末があったことは確かだが）、善意で私を守るような準備を店でする時間を与えたくなかったので、そのスタッフが私であることは伝えなかった。

私はその週、その年のどんな他の週より多くのことを学んだ。例えば、たとえ24時間営業のビジネスであるとしても、以前はテスコでの24時間についてほとんど知識がなかった。今なら十分知っている。一晩中、棚に商品を完全に補充するという、本当に激しい仕事から、サービスデスクでの顧客からの無数の複雑な問い合わせに対応するために必要な知識まで、スタッフがしている仕事に感謝した。またそれは一方で、私が一部の業務でどれくらい駄目かということについて知るチャンスを与えてくれた。私は、特にレジ仕事では遅かった。私は一人の忍耐強い顧客の言葉を覚えている。「あなたはとても優秀というわけではないけれど、とても熱心だから、きっとテスコで成功すると思うわ」。

週末までには、自分たちのビジネスが基本的に健全だったとわかったので、私は自信がわいてきた。また見たり訪問したりするだけではなく、それを体験した上でしか分からないようなことから、間違った方に向かっている点をたくさん学んだ。私は本部に持って帰るアイデアをたくさん見つけた。しかしそれは、この活動の最終的な成果ではなかった。本当に重要だったことは、私の後に『ツイスト』をする、3000人のマネージャーであった。彼らが直に得た経験は（彼らの1年の『ツイスト』の合計は、一人のスタッフが売場でおおよそ60年を過ごす時間に相当する）、会社全体にとっても思いがけない出来事であった。マネージャーは、それが彼ら自身の仕事の見方を変えてしまうことを発見した。彼らは、自身の行動と決断が、他の人に与える影響を考慮することの重要性を理解した。売場での毎日を経験することによって、彼らは、全体として会社にどのようにして適合するかについて理解した。スタッフのユニフォームをデザインすることや、商品計画、またはスタッフの勤務スケジュールを立てることのような、専門家にとっては小さな決定であっても、何百、何千もの人達の仕事の仕方を実際に変えうるのである。地理的に離れた場所にあるオフィスに座っている時はそれを理解することは難しいが、直接それを目撃したら、理解するだろう。こうして、『ツイスト』に行った人はみな、自分自身の行った決断の影響を見ることができ、より高い自尊心を持つようになったのである。

いろいろな『チーム・ツイスツ』が開発された。特定の部門（例えば、ベーカリー、衣類）に関係があった人を巻き込んで行ったケースでは、全員で一緒に働くので、間違っていたことを発見したら何でもすぐ直すことができた。たとえば、見積もっていたほどすみやかに棚に商品を満たすことができないことをディレクターが発見したとき、店舗の果物と野菜の部門に割り当てられるスタッフの人数を変更した。エグゼクティブ・コミッティーでさえも、一週間、店舗で時間を費やした（あえて、売上高が上昇したか、下降したかは言わないが）。全般的に見て、売場から物事を見る視点をマネージャーに持たせることによって、ビジネスでバランスをとる力を得た。

短期対長期

「すべての軍事計画において最も大切なのは、タイミングである。素晴らしい計画にもかかわらず間が悪い、あまりにも早い、またはあまりにも遅い作戦開始などは、良くて困った事態に、最悪では災難になる」と、スリム子爵は書いた。これはビジネスでも同様に真実である。バランスの取れたビジネスは、単に一体となって進むだけではない。正しい時に、正しいペースで進む。何人かの人は、特に今日のような動きの速い世界では、個々人が考え抜いた決断というより、出来事や他人の行動にコントロールされていると思うかもしれない。これを受け入れることとは、自分が置かれた状況や競争がもたらすもの、あるいは世界経済の変動に支配されるということだ。そう、他人の行動は、企業が競争し、組織が活動する世界を形成している。しかし良いリーダーと良いビジネス・パーソンは、イニシアティブをとるためにチャンスをかぎ分け、いつ、どのようにして実行するべきかを決める。こういうことは意図的に、そして熟考の後に実施される。正しいタイミングで行うことは、うまくビジネスのバランスをとるために大切な一部である。では、どのようにするのか？

悲しいことに、それには普遍的な真理はないが、２つ重要なことがある。まず自分自身で決定をすること、そしてそうする時間を決めることだ。実行するという決定は、外部の事象や要求によって左右されてはいけない。雑音は消さなければいけない。「何もしないことは選択肢ではない」と、度々マネージャーは聞かされる。バランスを保ち、新しい事業へ猪突猛進することを避けるためには、何もしないことの方が良い場合がある。直面するチャレンジが明確でない場合がある。あるいは、解決策が見つからないかもしれない。自分がより明確に情況を把握した時、問題の解決策をきちんと実行するには、長い時間がかかることが明らかになるかもしれない。私が学んだ最も重要なレッスンはそれであった。チャレンジが大きいほど、決断も大きい。そのため、成功できるようになるまでは待つこと。そして、全ての組織を動かすことができるようになってから動くことが、とても大切である。

テスコでは、可能な場合にはゆっくりと、用心深くスタートをするので、回避不能な過ちは少なかった。現場で十分な経験をした後に、投資を増やそうとする。時には、かなり大規模な賭けを特定の国や事業領域で行うが、常に忍耐強い気持ちを持っている。テスコは、新しい国に参入するときには、正しい参入方法と適切な参入タイミングを理解するために、ほぼ3年を調査に費やす。我々が銀行事業に参入した際には、銀行事業の基盤を我々の顧客の周りに作るには、1世代の時間が掛かることは明らかであった。より速く進めることは、必要以上に大きなリスクを取ることを意味するので、我々は長く待つ用意ができていた（早く銀行業務を構築しなければならないと考えた組織のほとんどは、2007年から2008年にかけての金融危機でトラブルに陥った。時間が、あまりにもたくさんのリスクを取るようにプレッシャーをかけたのだ）。

大部分のマネージャーが下す大部分の決断は、これほど規模が大きいものではない。それゆえに一般論としては、十分な情報と洞察に基づいており、大きなリスクを伴わないのであれば、素早い決断をすることは良い慣行である。先駆者になれば、競合の不意をつくことができ、注目を浴び、自分が革新者で、流行を追いかけるのではなく仕掛ける人である、という良い評判を得ることができる。先駆者になれば、新しい分野に自分が参入したことを発表することができる。数年前、我々は『on lead we lead』（鉛において我々がリードする）というキャンペーンで、ガソリンから鉛分を除去した先駆者となった。このキャンペーンは、我々のガソリン小売事業の市場シェアを増やすのに役に立った。同様に、全てのレジでイギリスの全国宝くじ販売端末を設置した時、全てのレジで携帯電話のプリペイド料金のチャージを可能にした時など、初めての革新を行うことで、新しい分野での市場シェアを劇的に増やした。これらのことは、「速度が殺す」（訳注：交通安全標語）という考えに合致する。最初に動いて、競争相手のバランスを崩すのだ。

もっとも、この先駆者になるという競争は、異なる目的を隠す場合がある。短期的なニーズに合わせるために何らかの行動に走るのだ。1週間や1ヵ月間乗り切る、予算を達成する、昨年対比を超える。これらのことは経営者を、衝動と便宜主義に引き寄せ、会社のバランスを狂わせる。誰でも長期的に考え行動するつもりであるが、「まあ長期的に考えさせてください。しかし、今ではなく」と後回しにするようになる。

その次になっても、プレッシャーは依然として同じで、また別の短期的な解決策が選ばれる。ディスカウントによって顧客を自社に乗り換えさせる。コスト削減のためのサービス低下で資金を蓄える。やがてその会社は、そのような考え方の罠にはまる。長期とは、次々と下される一連の短期的な決定から成る。時間を節約する目的で下された素早い決断や素早い行動は、結局は何ヵ月、または何年もの浪費になる。優秀なマネージャーは、見えている遅れの結果がどうであれ、中止を決断する。そして十分な時間をかけて、根本的な問題は何か、永久的な解決策のために必要とされる根本的な変更は何かを正しく理解する。

たとえ計画に沿って実行していると思い、計画を裏打ちするための証拠とデータがあったとしても、最初に動こうとすると、時には早すぎることがある。１９９０年に我々は、消費者が購買行動を変化させており、添加物が少なく、環境によりやさしい、より健康的な食品を探しているように感じた。我々は、無駄がなく（リーン）、混ぜ物もなく（クリーン）、そして環境にやさしい（グリーン）商品を開発した。20年後に市場を見てみれば、これはトレンドを創り出す、先見の明がある動きであったように見えるかもしれない。リーン、クリーン、そしてグリーンなことは全て、生活者の行動の大きな原動力である。しかしながら我々は10年以上早かった。我々が見つけたものは、本当のトレンドであったが、１９９０年代初期の不況に耐えるほどにはまだ、十分に確立していなかった。

バランスの取れた組織は、脊髄反射的なやり方ではなく、滑らかに決定を行う。マネージャー達は、時間は経営の一つの側面であるということを理解している。彼らは、どのようにだけでなく、いつ実行するべきか、選択できることを知っている。短期的に下す必要がある決定と、より長い熟考を必要とするものを区別している。我々の『ステアリング・ホイール』は、即座に導入する準備ができているプロジェクトと、次の年に準備し、実行する予定のプロジェクトの両方を、常に含んでいた。

もちろん多くの組織は、絶えず短期的に成果を上げるプレッシャーを受けているので、長期目標を立てることはちょっとした贅沢のように見えるかもしれない。例えば株式公開企業は、多くの異なる利害集団を考慮しなければならない。従業員、株主、政治家、そしてメディアまで、その多くは即座に目に見える成功を期待しており、それが定期的に達成されることがとても重要である。テスコの場合、多くのファンド・マネージャーは会社の株式が特定の基準に照らし、どの程度の利益を生みだすかに興味を持っているだけである。もし会社が戦略的な行動を起こすなら、重要なのは株価が当日に上昇するのか、下降するのかということである（もちろんこれには、投資会社のバークシャー・ハサウェイのような例外もある）。私は14年間テスコのＣＥＯであったが、その間、働いていた皆の努力のおかげで、テスコの事業はうまくいき、株価はそれを反映した。それは、私がそうしたように長い間所有する良い株式であり、いくつかのファンドは利益を得た。それでも、テスコの全ての株式はその間に8回、売買されたことになる（その回転率は、市場の標準よりは低い。平均的な会社の発行済株式は8ヵ月毎に売り買いされる）。

それでも、長期的視点は最も重要である。長期的な考え方がビジネスにとっていかに重要かということを実感するためには、民間の最良の同族会社を見るだけで良い。また、バランスの取れた組織ならどれでも同様である。結局、これらの会社は、資本調達が限定されていることや、事業継承の問題、リーダーをより小さな人材プールから登用しなければいけないことなど、明らかに不利な点があるにもかかわらず　明らかに公開会社よりも上手く経営され、継続的な経済的リターンが高い傾向がある。

同族会社は、長期の計画と短期のニーズとのバランスをとることができる。長期のための計画は、家族のＤＮＡの中に明確に存在している。彼らは、年間の決算サイクルではなく、世代で考える。計画は、ゴールを達成するために必要な時間軸に基づく。株式市場を喜ばせるために必要な、人工的な時間軸ではない。ウェストミンスター公爵（イングランドきっての資産家の一人）は、征服王ウィリアムが１０６６年のノルマン征服後に、厄介なウェールズ人を征服させるため、公爵の祖先をチェスターまで送った時、彼の同族会社が始まったことをかつて私に話してくれた。彼らはそれ以来ずっと、事業をしている。他の人が、特定の景気循環が難しいこととの不満を言うと、彼は穏やかに、彼の会社は最後のものを含めるとおよそ２００の不況と50の戦争を乗り切ったと指摘した。

機関投資家がうるさくつきまとうことがないので、これらの会社は、収益の成長を四半期毎に発表しなければいけないプレッシャーはない。彼らはすみやかに競争を行い、長期的なポジションを守るために、収益の成長を延期することができる。競争やテクノロジーが何回変化しても、もう一度そのビジネス・モデルを再構築する用意ができている、敏捷で成長の早い中国の同族会社がその例だ。

同族会社が株式市場で公開されても、依然として業績は優れている。オーナーのビジネスでの経験は、会社にとって何が本当に重要であるか、自信に満ちたバランスの取れた決断をもたらす。同族会社は、株式会社のガバナンスの良い慣行を見習い、次の世代がファミリー企業の外でたくさんのビジネス経験を積んで、新しいアイデアを持ち込むことを確実にするために一生懸命に働く。それに加え、同族会社は、たとえ流行遅れになろうとも、経営を導く一連の原則を守り続けていることが多い。この目標の明確さとその一貫した適用は、長い期間を通じて価値が生じ増大することを可能にする。これらの全てのものは、保証とまでは言えなくても、ビジネスでの優れた業績のための前提条件である。そして、彼らは全員、バランスの意識を備えている。

私はテスコにて、数多くの家族所有ビジネスと出会い、直接、良いビジネスを創り上げるオーナーシップの特性をたくさん見てきた。ある企業は特に、素晴らしい価値がある。タタである。

テスコは、インドで誰が我々の計画した投資案件の最高のパートナーになるかを決めることに長い時間を費やした。今日にも残るチャレンジである2つの要因が、物事を難しくした。1番目に、インドでは小売業への外資の直接投資は許されておらず、卸売り、ロジスティックス、その他セクターでの間接投資しかできない。第2には、インドは疑う余地なく近い将来、とても大きな消費市場になる。しかし、まだそうなってはいない。国のサイズは、直面するチャレンジのサイズと一致する。それゆえにテスコは、忍耐強くしている必要があった。そして同じ様に感じるパートナーを必要とした。

我々が選んだパートナーはタタ・グループであった。正確には、その小売子会社のトレントである。インドで最も尊敬されているか、あるいは最も尊敬されているうちの1社であるタタは、100年以上の歴史がある。関係事業はＩＴ、鉄鋼、自動車、消費財にまで及ぶが、依然として家族により経営されている。トレント・リテールは、ノエル・タタによって経営され、グループ全体はラタン・タタによって率いられていた。ラタンとノエルは、個人的にも魅力的で、経験豊かで、寛大なビジネス・パートナーであり、強固な信頼のもとに関係を構築できる人物である。それに加えて我々は、タタには極めて高い、倫理とプロフェッショナルの規範があることを理解している。彼らの優秀なチームは、タイミングについての我々の考えに同意した。すばやく、戦術上ではせっかちでさえあるが、戦略上では長期的で忍耐強く、堅実な基礎の上で我々は成長することを確認した。まだテスコにとってインドでのビジネスは始まったばかりであるが、タタと共に運営している小売業態のスター・バザールは、急速に大きくなっている。

タタを知り、彼らがフォード自動車からジャガー・ランド・ローバーを買収するのを見て、私は彼らに魅了された。両方とも傑出した会社であるが、フォードとタタには、極めて異なる哲学がある。フォードは多分自動車の世界では、最も有名な名前だろう。自動車を運転することを誰でも可能にし、世界の自動車製造の先駆者となった。一方、タタ・モーターズには、モータリングを開発途上国で入手可能にする会社となってもらいたいと切に願っている。ただ、モータリングの普及について、フォードと同格になるにはまだ時間がかかるだろう。

興味をそそる疑問は、タタが自分たちにはでき、フォードにはできないと思っていることは何かということである。答えは、タタのオーナーシップを反映した、異なる経営と文化のスタイルにあるように見える。フォードは理路整然とした、プロセス指向的で目的志向、階層社会といった、グローバルな企業にありがちな資本集約的ビジネスである。タタは、もっと多くの情熱を求める。ラタン・タタの父は、インドで最初のジャガーＸＫ１２０を１台所有した。そして、ラタンは車が大好きで、また、美しいデザインを愛している。タタは冷静な企業管理のベールの下に、このビジネスを所有することの熱意を隠そうとはしなかった。彼らは高級ブランドが感動を必要とすると信じている。そして誰が、所有者よりもそれを上手く提供することができるだろうか？　実際、彼らは、主観的な信念も、客観的な分析も、インスピレーションも方法論も、起業家的な経営者も、階層構造も持っている。彼らは経営者が大胆であることを奨励し、新しいモデルのために、投資案件に対して素早く何十億もの現金を用立て、支援した。

我々はテスコで、この種類の情熱と長期視点のアプローチを維持しようとした。そして、我々の上層部の性格がこれに役立った。既に説明したとおり、テスコの経営陣は、以前はとても家族的であった。私が役員に任命される頃には、創業家は去っていた。しかし長期的な視点で考え、そして実行した事業への帰属意識はまだはっきりと残っていた。我々は、両方の種類のオーナーシップの最高のところを得ようとした。公開会社の優れたガバナンスと透明性を、ファミリー企業の長期的な展望とブレンドした。我々のほとんどは、テスコで自分たちの全てのキャリアを費やした。私のエグゼクティブ・コミッティーのメンバーは、テスコで20年以上勤務し、長年活躍してきた人達だった。我々は戦略、我々のスタッフ、そして会社に完全にコミットしていた。そして、その献身の意識は、テスコ・ファミリーというべき意識を育んだ。我々は、一部の投資家から受けた短期的なプレッシャーと、会社としての長期の目標とのバランスをとることができた。

「長期」という言葉は、我々が下した多くの決断を繋げる糸のようなものであった。例えば、新しい国で事業を始めることは、店舗ネットワークをつくるために10年掛かり、そしておそらく、主だった消費者ブランドとなるには、さらにもう10年はかかる。我々は10カ国以上に出店した。我々の店舗について考えてみよう。不動産に投資することは、30年先を見る長期的な決定である。我々は、不動産の70パーセント以上を自ら建設し、所有している。何よりも我々は、一連の明確な価値観に従って会社を運営しようとすることを決してやめようとはせず、核となる目的を決して見失わなかった。顧客の生涯価値を得るために、価値を創り出す。生涯にわたるロイヤルティを築き上げるために、長期的な展望を持つ必要がある。そしてそれは、バランスの取れた経営から得られる。

『リアルタイム』『バランス・スコアカード』『ステアリング・ホイール』、複数年にわたる商品開発。これらは、会社の専門用語である。シンプルに言い換えると、我々がビジネス全般で戦略を実行し、あらゆるレベルで戦略が機能しているかチェックし、成長の次のステージに移ることにテスコの成長はかかっている。そのために我々は、ただ一緒に働くだけではなく、バランスの取れたアプローチを必要とした。そして、我々には他にも必要なものがあった。それは我々がビジネスを行う方法への、シンプルなアプローチである。

※1　*The Balanced Scorecard,* Robert S. Kaplan and David P. Norton, Harvard Business Review Press (1996), p.8

第7章

シンプル

行動の素早い
急成長している企業に
変化を求めるのは難しい。
しかし、解決策は至ってシンプルである。
ものごとを「シンプル」にすることだ。
そうすれば、
スパゲティのように絡みあった人生の
問題さえも切り開くことができる。

世界は日々複雑になってきている。組織は大きく成長し、技術はより強力になり、企業、国、人の絡みあうネットワークはより複雑になっている。発展途上の国々ではデジタル革命と相まって「メガシティー」が増えており、過密した環境の下、人々はこれまでになく多忙な生活を送っている。気候の変動、企業のITシステム、仕事と家庭生活のバランス。国家として、企業として、あるいは一個人として我々が直面している課題は、とめどなく複雑さを増し続ける。

しかしそれは、膨大な情報を受け取り、多忙な生活の中でさまざまな選択を迫られる人々が招いたものではない。ニューヨーク・タイムズの平日版には、17世紀の英国に生きた平均的な人が一生涯で入手するよりも多くの情報が含まれているという。1950年代にはたった2000点の商品しか販売していなかった英国の一般的なスーパーマーケットは、いまや4万点もの商品を取り揃えている。

ではそれで、我々の生活が本当に便利になったと言えるのだろうか。組織、特に政府や行政機関では、その規模が拡大するにつれて官僚の業務や手続きも煩雑になる。国民保険サービス（訳注：National Health Service, NHS ——英国の国営医療サービス事業）はわずか50年でヨーロッパ最大の雇用主となった。1999年から2009年の間に職員の総数は30パーセント増加。それに対し、管理職数の増加率は84パーセントにも上っている。さかのぼれば、帝国や領地が築かれるにつれ、官僚は自分たちの領土と専門知識を必死に守るために、ノウハウを惜しげもなく使ってきた。だから、変化することやシンプルにすることがより一層難しくなる。英国では9つの政府機関がその予算の50パーセントを超える額を、外郭機関または権限委譲機関を通じて費やしている。ある公式報告書によると、コストを削減する必要があっても、そういった政府機関では長期的な変更は順調には行われない。原因の一つは、コストとリスクに対する理解のギャップだ。今日でも我々が見る限り、政府機関は新しい、より低コストのオペレーティング・モデルをまだ構築できていない。

政府が大きくなったので、文書業務とそこから吐き出される文書も膨大になった。2万1000以上の規則と法令文書が、現在イギリスの法令集に記載されている。1998年から導入された規制がビジネスに与える累積コストは、ほぼ900億ポンドになると推測されている。税金はもう一つの例である。イギリスの税法は、1997年から2009年の間に、法令文書の長さが2倍の1万1520ページになった。

一方、変化のスピードは、マイクロチップのおかげで加速度的に速くなりそうである。「ムーアの法則」に従い、集積回路に安価に載せることができるトランジスタの数は、ほぼ2年毎に2倍になる。これは、多くのデジタル電子デバイス、例えば演算速度とコンピューターのメモリの能力に、直接的な影響を及ぼす。そしてそれは、ほとんど指数関数的な勢いで成長している。

もし「世界を止めろ！　私はもういやだ！」と叫びたくなったら、私は同情する。時間を費やすことが増える一方で、個々人はより簡単な、よりシンプルな生活を送りたいと思っている。それを叶える会社や政府は成功するだろうし、そうしない人々は失敗するだろう。お役所主義の長々とした意思決定プロセスは、会社の利益を貪り、政治家への票を減らす。やるべきことは、新しい需要に合わせ、新しいテクノロジーに挑戦し、そのインパクトに対応するよう変化すること、それも早く変化することである。どんな動きの速い、成長の速い組織でも、変化を成し遂げるのは容易ではない。私の解決策は、とてもシンプルである。それは、物事をシンプルにすることだ。

シンプルな目標は、人々がすべきことに焦点を当てる。シンプルな提案は、人々が理解するのが容易である。シンプルな行動は、少ない時間で学べ、少ない時間で実行でき、少ないコストしか要しない。シンプルなシステムは、より少ない時間で確立できる。変更することが簡単で、毎日それを用いて働く人々にとって実際により満足できるものである。

シンプルさは、スパゲティのように絡み合った人生の問題を断ち切るナイフである。問題に対する最も強力なアイデアと解決策は、信じられないほどシンプルである。本当に影響力のあるリーダーはこれを理解している。彼らは、単純さが力であるということを知っている。「自由、平等、友愛」「我思う、故に我有り」「能力に応じてより、必要に応じて」「代表なくして課税なし」。これらは、複雑なアイデアを要約するシンプルな考えである。これらを蒸留し純化することには時間と労力を要したが、その結果、強力な、そして時には破壊的な力となった。

しかしながら、シンプルさは、人々が難色を示すものである。その理由の一つは、「シンプルな」ものは「単純すぎる」ものと混同されることである。我々の文化は、人生を複雑に理解することが知性の証であると思い込む傾向がある。我々は、直面する恐ろしく複雑なチャレンジに対する答えを、長々しい言葉、専門用語、そして洗練された言い方を使う人々に期待する。

また、シンプルさは安易なものと混同されることもある。しかし、シンプルな思想は、作り上げるのが容易ではない。エドワード・デ・ボノ（シンプルさに関する魅力的な本の著者）は、「単純さは容易ではない」と言った。マーク・トウェインは、かつて出版者から電報を受け取った。

「2ペイジノ タンペンヲ フツカデ ホシイ」

それにトウェインはこう答えた。

「2ペイジノ タンペンハ フツカデ デキナイ 30ペイジナラ フツカデ デキル 2ペイジ ナラ 30ニチ ヒツヨウダ」

複雑な考えを、シンプルな英語で言い表そうとする時に、作家が感じる苦しみをトウェインの返事は表している。シンプルさは要求が多く、挑戦的で、時間が必要である。第二次世界大戦直後にアーネスト・ガワーズ卿は、イギリスの公務員のために、シンプルな英語を書く指針を纏めるように依頼された。

『The Complete Plain Words』(完全版 平易な言葉)は、より効果的にコミュニケーションをしたいマネージャーの必読書である。「文書は、アイデアを別の人に伝達するための手段である。書き手の仕事は、読み手に意味をたやすく、正確に伝えることである」とガワーズ卿は書いた。ガワーズ卿が観察した「専門用語や雑な文書」の欠点は、「それが学術的ではないということではなく、能率が悪いことである」。そして、読み手にとっては、何を言おうとしているのか、頭を悩ませなければいけないので、時間を浪費する。一方、書き手にとっては、その意味を説明するために再度書くことになる。一度で済んだ仕事が、二度やるはめになる。ガワーズ卿の「黄金律」は、「読み手に文章の意味を伝える言葉を選び、それを、そしてそれだけを使いなさい」ということだ。(※1)少なければ少ないほど良い。

しかしながら、物事をシンプルにすることは、人々を不安にさせる。単純さは、人々から不必要なプロセスをはぎ取ることを強いる。仕事を削減する、または少なくとも仕事のやり方を変えるようにとスタッフに(特に既得権者に)伝える不愉快な会話が必要になる。そしてシンプルさは、透明性と責任を持ち込む。一方、混沌と官僚的なプロセスは、非効率性、怠惰、業績低迷の隠れ場所をつくる。複雑なプロセスは、混乱する命令系統をそのまま残す。誰が何に対して責任があるかについて、誰もわからない。

シンプルさに対する関心の不足は、世界中で組織のプロセスが硬直することを許してしまった。このような「硬化症」が発生する順序は次の通りである。まず、プロセスの目的が、決して明確ではない。どんなステップをたどる必要があるのか、誰によって実行されるべきか(第5章で詳しく述べた)について、誰も記述しない。そのため、それぞれがゴールに到達するためにベストだと思うことを勝手にし始める。最初の原則である「我々は、何を成し遂げようとしているか？」を問うのではなく、物事を余計複雑にしてしまう。ややこしい表現で、既存のプロセスを書きとめて効率を改善しようとする。

何か新しいことを成し遂げる、または新しいチャレンジを克服しようとするとき、人々は通常、「我々は、何をやめることができるか？」、あるいは「システムをシンプルにしたまま、新しいゴールを達成するようにシステムを変えることができないか？」と聞くことよりも、むしろ新しいプロセスを追加してしまう。そのため全組織のミッションを支えることができる、極めてシンプルなアイデアが混乱してしまう。クリスマス・ツリーのように、お飾りと装飾がよりたくさん掛けられて、元のシンプルな形状を見ることができなくなる。

シンプルの実践

これらの意見を小売業者に適用してみれば、シンプルさがなぜそれほど重要かを理解できる。スーパーマーケットで、どれだけ多くの商品が売られているかを考えてみてほしい。ケチャップ、アイスクリーム、かみそりの替え刃、トマト、シャンプーなど、顧客が欲しいと思ったときに商品を全て、店舗が確実に在庫していることをロジスティックスは期待されている。それぞれの商品は、梱包され、配送され、開梱され、棚に並べられなければいけない。店舗の利用客について考えてみると、それぞれの顧客は異なる。全く同じものが入った買物かごはまずない。異なる好みと異なる買いもの予算を持った異なる人々を、どのようにして店舗は引きつけるのか？　そして、競争がある。競合他社は、同じ顧客の後を追いかけ、自社とは違う価格を商品につける。どのように競い、どのように自社を差別化するのか？　そして最後に、変化が必要である。例えばソーシャルメディアの出現などの長期的なトレンドだけではなく、短期的な流行や、突然の寒冷な気候の影響にも対応しなければならない。

CEOに任命された直後に私は、テスコがこれらのチャレンジに取り組むことは難しいと考えていた。テスコのシステムは、あまりにも複雑になっていた。シンプルな仕事は、新規に追加されたものと計画によって混乱していた。我々は同時に何百ものプロジェクトを実施していたので、決定を行動に変えることが難しいとわかっていた。それゆえ我々は、不必要なことを止めて、やるべきことにより多くの焦点とシンプルさを注ぐため、余分なものを刈り取る必要があることは明確だった。

ある程度は、この考えがテスコの血に流れていたので、シンプルさという新しい文化への私の願いをチームは熱心に聞いてくれた。ジャック・コーエンがロンドンのイーストエンド市場で露店を開いたとき、複雑なプロセスのために必要な時間や資源、場所などは持っていなかった。小規模であることとは、集中し、無駄を省き、シンプルにすることを強制した。この精神に則り、我々のプロセスを「より良く、よりシンプルで、より安い」ようにするという基本原理を作った。あらゆる変更、あらゆる革新は、このテストに合格しなければいけないこととした。例えば変更によって、利用客のためにより良い店舗にしなければならなかったが、しかし同時に、テスコのためにより安く、そして、働くスタッフにとってよりシンプルでなければならなかった。

顧客のために「お買いものをシンプルに」という取り組みにより、我々は建物と設備のデザインと売場レイアウトにある全ての無用な飾りを取り去った。2~3年以内に我々は、店舗の建設コストを1平方フィート当たり、230ポンドから150ポンドまでに削減し、顧客とスタッフに好かれる、良い店舗をつくった。建設資材と建築技術をシンプルにすることで、店舗を半分以下の時間とより少ない投資金額で建てられるようにした。標準化され、シンプル化された設備で、我々は二度節約することができた。この設備の大量の買い付けによって、そしてよりシンプルな仕様によって。また補充発注システムを単純化したことで、予備在庫が少なくなり、店舗スペースが節約された。

しかし、最も素晴らしい恩恵は、スタッフのプロセスを単純化することから生まれた。私の頭の片隅には、人々にやるように頼んでいたことが、本当にシンプルだったかどうかを調べる、シンプルなテストがあった。ABCテスト（覚えるためにもシンプルだ）は、「シンプルなことはAchievable（達成可能）で、Benefit（恩恵）をもたらし、そしてClear（明確さ）だ」というものだ。「達成可能」とは、スタッフが「この新しいプロセスを最初から正しくやることができる」と言えることである。彼らには、正しいスキルを備えており、要求されたことを実行するために必要なすべての資源が与えられていることである。「恩恵」とは、プロセスは目標を達成するのに役に立った、または何かの課題を解決したことである。「明確さ」とは、覚えることも、他人に説明することも簡単であることである。何をやることを求められているか理解するために、マニュアルを必要としないことである。

また、これは、シンプル化を習慣に変えるための手法であった。我々は、「シンプル」を価値観にまで高めることができた。そして、そのメリットがあった。もしシンプルさが大事にされ、賞賛され、組織の大事な目標とみなされるならば、組織の全員は、プロセスをシンプルにしたり問題に対するシンプルな解答を見つけたりしようと考え始めるだろう。しかしまた、デ・ボノ博士が賢明にも述べたことは、「価値観としてのシンプルさよりも、習慣としてのシンプルさの方がもっと重要である。これは、思考を使うときはいつでも、シンプルさが設計プロセスに自動的に組み込まれていることを意味する。価値観は無視することができる、しかし、習慣は無視することができない」。

一旦、新しいシンプルなプロセスが習慣になったならば、「それはとてもシンプルだ。なぜ、我々はとっくの昔にこれを考えなかったのか？」と思うだろう。その難問に対する答えは、まず間違いなく、「このプロセスをよりシンプルにすることができるか?」と、適切な人に聞こうとは誰も思わなかったということである。多くの会社は、システムをシンプル化するために戦略コンサルタントや役に立たない思想家を雇う。これらの専門家は、活動の現場から遙か遠くのオフィスに座って、大抵はプロセスについての現場経験はほとんどない。このような人達に頼るよりも、最前線でその仕事を毎日やっている人に、どのようにシンプル化するべきか尋ねることが、常にはるかに良い。テスコで働く人は今日みな、自分たちの仕事を、より簡単にする方法を提案するよう奨励される。もし彼らのアイデアが取り上げられて導入されたならば、その貢献の証として、バリュー賞が与えられる。これは、何千ものアイデアを生み出した。基本的な事例を見てみよう。

まず最初に、ミネラルウォーター。つい最近まで、ミネラルウォーターは、サプライヤーにて慎重にトラックで積み上げられ、店舗のバックルームで取り出され、売場にカートで運ばれ、棚に陳列された。ということは、「時は金なり」であるにもかかわらず、その商品は数回手に取って扱われており、労働集約的だった。

今では、サプライヤーは車輪の付いたパレットの上にそのままボトルを積みあげる。そして、そのままトラックに載せて、その後店舗で降ろし、売場に直行する。パレットが空になったら、店舗はそれをサプライヤーに送り返す。そして、サプライヤーはまたそれに積み上げる。信じられないほど当り前のことだと思うかもしれない。しかし、それを実現するために、全てのサプライチェーンを変える必要があった。パレットの上にボトルを載せ、パレットをトラックに載せられるようにするためには、工場のレイアウトを変え、そして、パレットに合うようにトラックの積載能力を変えなければいけなかった。

似たような考え方は、リンゴの取扱いにも適用された。我々は、レジでスキャンするためリンゴ用のバーコード表を持っていた。面倒だったのは、異なる種類のリンゴが異なるコードを持つということであった。そこで、我々のレジ・チームは、顧客がどんなタイプのリンゴを選んだかを理解するために、絵を使わなければならなかった。これは、時間が掛かった。その頃我々のチームの一人が、サプライヤーが小さな番号をリンゴに貼り付けていることに気がついた。異なる番号は異なる種類のリンゴを意味した。ではシンプルに、この番号を使って、我々のレジ・システムをプログラムすることができないのか？　とてもシンプルで、とても判りきったことだった。我々は、実施し、顧客の時間と我々のお金を節約した。

同様に、サンドイッチでも事例がある。我々が売るサンドイッチは、ラベルのデザインを損なわないように、バーコードを包装の裏に隠してあった。しかし、その商品が品質保持期限の終わりに近づいて値下げするときには、顧客のためラベルを前面に貼り、バーコードを修正するため裏面にもラベルを貼らなければいけなかった。これは、誰かが両面にシールを貼り、レジ・アシスタントが両面を見る必要があることを意味した。テスコは1日におよそ100万個のサンドイッチを販売するので、細かく包装を調べなければいけないような商品は、多くのスタッフの時間を浪費していた。それは顧客を更に長く待たせることを意味した。売場の誰かがこれに気がついて、包装の正面に価格とバーコードを一緒に貼るように提案した。節約額は50万ポンドだった。

もちろん新技術は、プロセスをシンプル化するのに役立つ。しかしそれは、正確にどんな結果を得たいか明確に知っている場合だけである。私がCEOだった間、テスコが生み出した節約額の大部分は、時間の節約によって生み出された。その金額は莫大だった。例えば、イギリスで2008年から2011年の間に、レジでのスキャン業務プロセスとシステムを改善することによって、週当たり1万8000時間を節約した。在庫を管理するために、売場に携帯用デバイスとコンピューターを採り入れることによって、週当たり3500時間を節約した。ガソリン販売のために「ポンプでのお支払い」サービスを導入することによって、週当たり2300時間を節約した。そして、セルフサービスのレジを導入することによって、週当たり2万1000時間を節約した。4つの取り組みの合計で4万時間以上、節約したことになる（もっともそれぞれは、少なからぬ初期投資を必要としたが）。しかしながら、棚にきちんとはめ込むことができる陳列トレイに商品を入れることによって節約した時間と比べると、これらの例は小さく見える。週当たり4万3000時間、別の言い方をすれば1年で223万6000時間。これらの事例の全ては、1つのプロセスを、よりシンプルにすることによるものだ。

そして、そこから質素なプラスチックトレイのアイデアが生まれた。それは、シンプルなアイデアがどのようにシステム（この例では、果物と野菜のサプライチェーン）全体を変えることができるかの事例の中で、最高のものの1つである。

毎日、農家が卸売市場に届け、青果商が毎日新たに仕入れ、店または露店で愛情を込めて陳列する。野菜と果物は、食品の買い物で人々が望む理想が詰まっている。新鮮、健康的、入手可能。しかしながら数十年の間、理想と現実の間には隔たりがあった。私は1960年代にリバプールで育ったが、地元の青果商で売っている果物と野菜は通常、高くて品質が劣っていた。歯ごたえがないレタス、数ヵ所傷のついたリンゴ、もちろんアボカドやエキゾチックな果物などはない。

その当時のサプライチェーンは、まったく「チェーン」ではなかった。消費者と農家は、繋がっていなかった。何を生産すべきかという明確な考えなしで、農民は、ただ自分たちが作れるものを生産し、市場に送り、最高の結果を期待した。彼らは何が売れるか、あるいは彼らが提供したものでいくらを受け取ることができるかわからなかった。彼らの生計は、豪華な食事か飢餓のどちらかであった。

農産物は、不足していて高価であるか、供給過剰で農家に収益を保証するにはあまりに安かったか、どちらかであった。どちらの例でも、商品の包装はお粗末で、品質も悪く、それでいて依然として相対的には高かった。

もう一つの論理的な帰結は、果物と野菜が、大部分の人の食事において、大きな役割を果たしていなかったということであった。私がテスコに入社したとき、バターの売上高は果物と野菜の全売上高に等しかった。今日、果物と野菜は、バターと比べると、多分40倍たくさん売れるだろう。果物と野菜の需要は年々上昇した。過去30年で減少した年は一度もなかった。市場を開拓することも同様である。インドは良い例だ。良質な状態で、なおかつ低コストで果物と野菜を提供できるサプライチェーンが構築されれば、すぐに需要は急上昇するだろう。

急成長は、すぐに我々のサプライチェーンと店舗に対する過大な負担になり始めた。忙しい店舗は今日、1週間に果物と野菜で30万ポンドの売上があるだろう。これは店舗売上高のおよそ10～15パーセントだが、物理的には届けられるケース数の30パーセントを優に占める。そのような店舗では、毎週4万ケース近くが届けられる必要があることを意味する。店舗の青果部門は、時には非常に狭い小さなエリアである。長さが100フィートで幅が40フィート以下の広さである。そのため繁忙日には、顧客が買い物をしている最中、スタッフはその場所に数千ケースを運び込む必要がある。

さらにまた、果物といくつかの野菜を異なるケースへ出し入れすることを農場で、梱包作業所で、倉庫で、そして店舗で行うと、時間が掛かかり、顧客の邪魔になるだけでなく、繊細な農産物にダメージを与える可能性があった。それは廃棄ロスを引き起こし、商品を保護するために、毎年10万トンの段ボール箱を必要とし、農産物が店舗に到着した瞬間に、その包装は廃棄されるのだ。

スタッフの一人が（誰だか不明だ）、シンプルな解決策を見つけ出した。収穫された瞬間から、傷みやすい果物と野菜を保護するのに十分強力で、なおかつ再利用可能なプラスチック・ケースを作るというアイデアだ。そこで我々は、特別にデザインしたカートの上へ載せることができる積み重ね可能なトレイを設計した。これは10個積み重ねて倉庫内を移動することができ、極めて重要だが、少しの労力で1人のスタッフ（チーム全員ではない）が売場にそのまま持って行ける。1回の配送のためにトレイを賃借するコストは、新しい段ボールのコストよりだいぶ安かったので、農家と運送業者はコストを節約した。そして驚きもしないが、彼らは我々がシステムを設計するのを助けてくれた。以前、業界が使っていた多数の異なる寸法のケース代わりに、箱は規格化された。農場で、梱包作業所で、倉庫で、トラックで、そして店舗で、すべての運搬機器を効率的に、この1種類のトレイを取り扱うことができる様に設計した。一旦トレイに梱包されたならば、顧客によって選ばれるまでは、再度商品が手で取り扱われる必要がなかった。無駄はカットされ、品質は改善された。

我々はこのシンプルなアイデアを採用し、サプライチェーンですぐにそれを適用した。例えばレタス農家は、農地で利用できる移動式梱包作業所を開発した。レタスを摘み取り、その場でトレイに梱包した。収穫と同じ日に我々の倉庫に向けて出荷し、その翌日には販売できた。一方、我々は、トレイ・システムに対応するために、店舗の陳列什器を再設計した。陳列什器は、トレイが単独で、またはボリュームに応じて積み重ねてはめ込むことができる、シンプルな金属フレームになった。これらのトレイにはバーコードが付けてあり、その移動を追跡し、確実に正しい店舗に送られるようにした。このシステムは、スタッフが途方もない販売数量の増加を、比較的簡単に取り扱うことができることを意味した。補充がとてもすばやくてシンプルにできるので、余分な店舗スペースはわずかしか必要でなかった。速度と数量にかかわらず、商品はより良く保護されており、これまでよりも新鮮であった。また、段ボール紙が数十万トン節約されたので、環境のためにも良かった。そして配送コストと農家の材料及び破損のコストを減らした。

「より良く、よりシンプルで、より安い」。お客様のために「より良い」とは、より安い価格、より良い入手可能性、より良い品質とより良い新鮮さである。スタッフのために「よりシンプルで」とは、一貫したシステム、より素早く、より簡単に取扱いができ、移動し、補充できることである。テスコとサプライヤーのために「より安く」とは、より少ない廃棄ロス、材料費の低減、配送コストの削減とより高い労働生産性である。システムは大成功で、イギリスの全てのスーパーマーケット・チェーンで手本とされ、経済的及び環境的なメリットをもたらした。テスコは、世界の他の地域に、それ持っていった。間違いなく、市場の露店で慎重に積み上げたオレンジのピラミッドを懐かしむ人はいる。確かに失われたものはあるが、このシンプルな考えのおかげで、ずっと多くのものが得られた。

シンプルなアイデア、大きい革新

シンプルさに重点的に取り組むことは、単にプロセスを改善できるだけではなく、ビジネスを上手に革新することを手助けする。大部分のビジネスでは、革新に苦労している。革新はもともと複雑でなければならないと決め込むからだ。革新に対する最も役に立たない決まり文句は「そんなにシンプルになる訳がない」というものである。そして彼らは、曲がりくねったあまりにも複雑な考えに落ち込み、それに気づきもしない。もし彼らがそれを理解しても、そのような複雑さは必然的なものであると考える。

自分の経験から私は、最良の革新は周りの世界を見わたし、シンプルに観察し、見たとおりのことからシンプルな結論を引き出すことでもたらされると思う。考えは、驚くほど独創的である必要はない。たいてい、それはただ新しい角度から事実を見ているか、違う種類の出来事を関連付けているか、すでに知られていることを新しい状況に適用しているかのどれかである。

偉大なエンジニアである、イザムバード・キングダム・ブルネルは、小さいフナクイムシからテムズ川の下でトンネルを掘る方法の発想の源を得た。

彼はその小さな生きものが、充分に武装した頭で、木を最初に一方向に、次に別の方向にアーチ門が完成するまで突き通し、そして、一種のニスで屋根と側面を塗るのを見ていた。大規模な工事にこのやり方を正確にコピーし、ブルネルは遮蔽材を造って、素晴らしい土木工事を完成させることができた。


ビジネスにおける最高の洞察の多くは、新しい流行を見つけることである。将来を想像するために、今、周りを見てみよう。たぶん、最終的な形ではないだろうが、ほとんど間違いなく5~10年後に社会を形づくるものが、すでに何らかの形で存在する。中国の台頭、デジタル情報、タレントショーの普及、高齢者の増加。これらのトレンドは、ほとんどが国家機密ではなく、見つけることは難しくない。成功した社会とビジネスは、単にそのような流行を識別するだけでなく、自ら新しいニーズとチャンスを持ちこみ、それを実行すべきことを理解している。

新しい経験的知識は、革新の中核となるシンプルなアイデアになりうる。多くの発展ステップを通して、そのアイデアを動かす目的の明快さを提供し、それを現実化する。そのシンプルさ無しでは、革新は簡単に躊躇し、確実性と明確な方向の欠如によって行き詰まってしまうだろう。『テスコ・エクスプレス』の開発は、その良い例である。

『テスコ・エクスプレス』は、コンビニエンス・ストアである。1996年に最初のエクスプレスが開店したが、過去20年間、テスコは町の商店街での小型店ビジネスから遠ざかっていたので、我々にとって予想外の開発であった。およそ１５００の「商店街」がイギリスにある。驚くことではないが、それは１９６０年代及び70年代に、テスコのビジネスが急速に大きくなっていったところである。スーパーマーケット業態がアメリカから輸入されたとき、イギリスの小売業者は明白な問題に直面した。スペースの不足である。大部分のイギリスの都市と町では、建物が互いに建て込んでいた。近隣の不動産を買い取って店舗を拡大することは難しく、なおかつコストが高くついた。

なぜ、大きな店舗へ向かわせる圧力があったのか？　小売業の規模の経済性は、獲得するのが難しい。大部分の人達は、サプライヤーから大量に商品を仕入れている小売業者が最も高い経済性を享受していると思い込んでいる。大量購買は確かに重要であるが、今は従来そう思われていたほど重要ではない。実際、最高の規模の経済性は、大きな店舗によってもたらされる。一つの屋根の下で、低価格でより広い商品の品揃えを提供することは、より多くの顧客を引きつける。これによりコストを下げることができ、その結果小売業者が売価を下げることを可能にし、さらに売上高が上がる。これにより大きな店舗を起点とした、大量購買で補強される好循環が回り始める。

小売業界では、店舗が大きい方が良いことが知られ始めたので、テスコはより大きい店舗を建てるための広い敷地を郊外に探すために町々の商店街を去った。大型店舗は、もっと広い商品の品揃えと、増大する自動車オーナーのための駐車場を用意することができた。しかしこれは、高くついた。大型店舗の買収と建設の資金を得るために、商店街にある店舗を安値で売り払わなければいけなかった。しかしやがて、必要に迫られて始めたこのやり方は、テスコの考え方の一部になった。我々は、大型店舗を作るために小型店を売却した。企業ブランドのイメージが改善されたので、この動きは補強された。小型店は、昔の落ち目の市場を代表していると思われていた。一方で大型店は、輝く新しい将来であった。イギリスや他国の多くの他の小売業者と同様に、我々は小型店に戻らなかった。大きいことは素晴らしかった。

エクスプレス業態の創造、戦略とそれに次ぐその考え方の完全な逆戻りは、革新の2つの共通の特性を表している。偶然と好奇心の旺盛さである。

我々がエクスプレス店舗を生む洞察を偶然見つけたのは、全く異なるキャッシュ&キャリー（現金問屋）業態を見ていた時だった。大部分の人々が定義するように、キャッシュ&キャリー業態は、他のビジネスへの卸売業者であり、明らかに「小売事業」ではない。確かに、大部分のキャッシュ&キャリーの店舗は通常、普通の買い物客に売ることはしない。しかしながら1995年に我々は、主なキャッシュ&キャリー企業がその立ち位置を、小売業の顧客も対象とするように微妙に変更していると聞き始めていた。言い換えると、彼らは我々の競合企業になりつつあった。そのためある朝、私は購買ディレクターであるジョン・ギルダースリーヴと、ロンドンのウェンブリースタジアムの近くのキャッシュ&キャリー店舗を訪問し、我々自身で、何が起きているのか見ることにした。

1つの観点からは、我々の視察はかなり無意味だった。我々はキャッシュ&キャリーが提供していたものに、どんな重要な変化も見ることができなかった。それは、通常通りに見えた。駐車場を歩きながら全てのことを忘れかけていた時に、店舗がとても忙しいことに気がついた。駐車場には、商店街の小さなコンビニエンス店向けとしか考えられない、製品や商品が入り交じってぎっしり詰まった小さな白いバンがたくさん駐まっていた。おそらく、キャッシュ&キャリーがとても忙しくしているのなら、小型店舗のビジネスが盛況であるにちがいない。これは難題であった。従来の小売業の発想では、コンビニエンス・ストア業態は終末期で減退しているというもので、市場データでも裏付けられていた。コンビニエンス・ストア業態の市場シェアは低く、さらに減少していた。業態についての話題の全ては、数千とまではいかないが、何百店もの店舗の閉鎖だった。

私はジョンに、キャッシュ&キャリー店舗とも商売しているサプライヤーに、どんな具合かこっそり聞いてくるように頼んだ。彼は、驚くべき知らせとともに戻って来た。我々のサプライヤーは、この分野で極めてうまくやっていた。苦労しているといった状態からはほど遠く、コンビニエンス・ストアは成功していた。

我々はこの小売セクターに注目し、自分たちの目で見始めていたものと市場データが伝えていたものとの明らかな矛盾の説明を探した。1990年代半ばのイギリスは、不況から脱出しはじめていた。人々は以前より豊かになったので、1980年代後半の特徴であったワン・ストップ・ショッピングという、「通常」の古い習慣に顧客が戻ると小売業界は決め込んでいた。消費者は仕事を持ち、少なからぬ可処分所得と車も持っていたし、新しく買うものがたくさんあった。さらにまた、我々の大型店は確かにうまくやっていた。すべてのしるしは、「生活は普通に」に戻ると示していた。

しかし明らかに、生活は「普通」に戻っていなかった。何か他のことが起きていた。それを発見するために、我々は知恵とアドバイスの最高の源に聞いた。それは顧客である。顧客は、経済は再び成長していたが、世の中は1980年代後期から劇的に変わったと話した。特に、彼らの生活はより忙しくなり、より複雑になっていた。そして、買い物をじっくり計画する時間は少なくなっていた。みんな、ある程度は影響を受けていたが、特に若い人、その中でも若い男性への影響が大きかった。1人が、2人の異なる消費者のように振る舞っていた。時には彼らのお気に入りの小売業者で1週間の買い物を計画し、1ペニーまで気にかける。また時に急いでいる場合には、近隣の店舗で、特に価格を気にかけずに買い物をする。彼らが利便性の目的で使った店舗をどう思うか、我々は顧客に尋ねた。「あんまり好きではない」というのが彼らの答えであった。しかし利便性（コンビニエンス）を求める気持ちは、他の検討事項以上であった。一般的な通念は、頻繁に実証されるように間違っていた。コンビニエンス・ストアには、未来があった。顧客には、いつも驚かされる。

これらの全てのことにより、私はシンプルな結論に至った。買い物客がテスコの大型店に来ないならば、テスコは彼らのところへ行かなければならない。我々は大型店を出店し、小型店を閉じることを行うのを止めなければならなかった。大型店は依然として素晴らしかった。しかし小型店も同じくらいに魅力的だ。このシンプルな考えは、大型店がもたらした規模の経済を、我々の新しい戦略に適応させ、小さな店舗で顧客に貢献する方法を見つける必要を意味した。コンビニエンス・ストアの貧弱な品揃えと高い価格は、テスコとしては許容できない。この市場に参入するつもりならば、規模の経済を逆にしなければいけない。大型店舗の提供する高い品質、幅広い品揃えと良いサービス、そして低い価格は、小型店舗のパッケージに転換しなければならなかった。

直面したチャレンジが、どれくらい大きいかを見極めるシンプルなやり方は、コンビニエンス・ストアを1つ作り、顧客が望んでいることに我々がどれくらい応えられるかを見てみることであった。顧客が我々の他の店舗で期待したすべてを、我々はもっと小さな店舗に詰め込まなければならないことは明白だった。これは我々に、我々が提供するものと運営するやり方を、最も飾りのない本質にまでそぎ落とすことを強制した。すべては、極めてシンプルにしなければならなかった。

我々自身で、簡単な指示書を作った。3000平方フィートのコンビニエンス・ストアを出店するために提供する商品は、3000種類以下にする。その品揃えは、顧客が我々の店で1週間の買い物全てをまかなえるようにする。言い換えるとそれは、牛乳やパンがなくなってしまったときに行く、日本的な「緊急避難的なコンビニエンス・ストア」ではなくて、むしろ小さな食品スーパーマーケットである。価格はスーパーストアと比べて、高くても3パーセントが限度だった。これらは高いハードルだった。当時、地元のコンビニエンス・ストアは、典型的なスーパーマーケットより10〜20パーセント程度高かった。その上、販売量が少ないため、廃棄が多い生鮮食品を幅広く品揃えすることを避ける傾向があった。

店舗は、3000平方フィートの広さで、3000種類の商品を売り、価格は我々の典型的店舗よりも3パーセント以上は高くない。これは恣意的な目標かもしれないが、しかし、それは極めてシンプルで明確なアイデアであった。チーム全員が統制された考え方をするようにし、新しいシステムをつくるフレームワークを与えることで、そのようなシンプルさは目標を達成するのに役に立つということを、速やかに学習した。

最初のエクスプレス店舗のプロトタイプは、ロンドン西部のバーンズのガソリン・スタンドの給油場であった。その店舗の収益はさほど多くはなかったが、売上高は極めて良く、顧客は気に入ってくれた。それは、我々がもう数店舗を出店するのを勇気づけるのに十分な可能性を示した。そしてそれを滞りなく行った。小型店舗は多くのコストを必要としないので、異なる場所に出店し、学ぶことが簡単であった。異なる地区に出店し、店舗の業績には幅があることがわかった。そして、ビジネス・モデルとしては、大規模に展開するのにはまだ十分強力ではなかった。それぞれの地元エリアが微妙に異なり、好み、ニーズと購買行動といったミクロ文化が存在することを理解することができた。我々は事業を展開するにあたって、業態全体を複雑にしすぎることなく、各々の店舗を地元市場に合わせて手直しをし、ポテンシャルを最大化する簡単な方法を見つける必要があった。

このような問題に直面した時には、シンプルで簡単なことを実行し、それで問題を克服できるかどうか確かめるのが良い。『クラブカード』のおかげで、我々は各々の地区の顧客について、データをたくさん持っていた。しかしながら、この天の恵みは災いでもあった。我々はたくさん情報を持ちすぎていたので、簡単にそれに圧倒されたり、完璧さを追求することに没頭してしまったりする危険性があった。その代わりに我々は、収入と居住形態の違いなど住民のタイプでの違いを表すシンプルなマトリクスを作ることにした。

収益を上げ、顧客が必要とする全てのものを提供するためには、エクスプレス業態もテスコのシステムと連携し、既存のインフラからの恩恵を受けられるようにする必要があった。我々が売った商品の多くは、適切でなかったか、あるいは輸送方法や包装の仕方が小型店舗にとっては過剰か、複雑すぎた。商品のケースは大きすぎ、マーケティング資材は小型店で展示するにはあまりに大きく、棚はあまりに高かった。また人事方針や発注システムのようなバックオフィス機能は、小型店にはあまりに複雑だった。そこで全てを最もシンプルな必須の要素に分解し、極めて重要なもの以外を取り除いた。大量の操作マニュアルは捨てられた。また、特に発注と補充業務まわりで、多くの意思決定を自動化した。

エクスプレス店舗で売られる商品の品揃えは、最初は既存の店舗で売っていたものから選ばれた。エクスプレス店舗の売上高は小さく、売上高全体にあまり影響がなかったので、バイヤーはそれに多くの時間と関心を割くことを嫌った。そこで我々は物事をさかさまにし、エクスプレス業態の3000アイテムについて、バイヤーに過去の例に倣うのではなく、彼らのカテゴリーの中で最も重要な商品から順に選ぶよう頼んだ。古着のお下がりのような品揃えの代わりに、バイヤーはエクスプレス業態のためにあつらえた品揃えを徐々につくった。その結果、大型店の品揃えの体系と魅力を、強化することもできた。

この注意深い事業モデルの再構築によって、我々はテスコだとすぐに分かるようなものを提供し、テスコの既存ネットワークの経済性から恩恵を受けることを可能にし、販売数量の少ない複数の拠点で小さなチームによって運営できるよう、シンプルで強固なものを作り上げた。それに加え、包装と配送方法での革新と、発注方式の変更により、生鮮食品の供給というチャレンジを達成することができた。例えば、エクスプレスの顧客は大きな果物を一つ買う傾向があるが、大きな店舗の顧客は小さな果物をたくさん買う傾向がある。それぞれにサプライチェーンを適応させなければならなかった。そして、特別な仕入れをエクスプレス店舗のためにおこなった。新鮮な魚と肉のために、真空包装を開発した。エクスプレス店舗の販売数量は他の店舗よりも少なかったので、この包装はより長い期間、商品の新鮮さを保つことができるようにした。我々は、農産物をエクスプレス店舗に運ぶために、小さな車両（狭い場所に簡単に駐車することができた）を設計した。この配送車は、冷凍食品や他の農産物を同時に運ぶことができ、複数回配達する必要がなくなった。これらを学んだことで、異なる地域での需要を満たし、高い利益を生み出すことができると確信した。

低価格と格別の品揃えという注目に値する組合せに加え、便利な場所でのすばやいサービスが加わり、エクスプレス業態は顧客から最も人気のある業態に即座になった。顧客の80パーセントは店舗へ歩いて来店した。各々の店舗の商圏半径は、一般的に半マイルであった。スタッフも、エクスプレス業態が好きだった。地域の店舗として、スタッフは顧客と知り合いになることができた。大部分のスタッフも地元に住んでいたので、彼らは歩いて仕事に行くことができた。とりわけ彼らは、様々な種類の仕事、明確で具体的な違いを作ることができること、チーム・スピリットなどを楽しんだ。小型店舗は、チームワークが重要である。皆は、他の人の代わりを務めることができなければならない。エクスプレス店舗のマネージャーは、事実上小さなビジネスを運営しており、顧客対応から現金管理、セキュリティーからマーケティングまで、全てに携わることができなければいけなかった。この店舗のスタッフには通常よりも多くのことが要求されていたことを反映し、またチームメンバーの貢献と店舗の業績との間に明確な関連があったので、我々は初めて、店舗の業績と賃金を関連づけた。エクスプレス店舗は、マネージャーに大きな責任を与えたので、人材の訓練場ともなった。

『テスコ・エクスプレス』は、最も低迷した商店街や、最も荒れた公営住宅、僻地の村、大学のキャンパスなどに出店した。それは、地方の商店街に再出発の機会を与えた。客足が増えたので、他の地元業者のためにもなった。全般的に見て、店舗は社会のために良いことだった。私が子供の頃、目にしていた、ふやけたレタスや傷ついたリンゴではなく、新鮮な果物と野菜を手頃な価格で提供することができたので、エクスプレス店舗は環境のために良く、雇用のために良く、人々の食事のために良い店であった。

しかし全員が歓迎した訳ではなかった。何人かの人々は、小規模な小売業者の領域とみなした所に、テスコが侵入してはならないと考え、すでに「十分な」テスコがあると主張した。これらの抗議は声高であったけれども、既存のコンビニエンス・ストアやスーパーマーケットで、お金と時間の面で買い物をする余裕があった、少数の人々の意見であった。時間と予算に余裕がない大部分の人々は、エクスプレス店舗の恩恵を感じていた。

徐々にエクスプレス店舗は、テスコが営業するあらゆる国に広がった。地元市場と各々の国のコンビニエンス業態特有の特徴に合わせるために、エクスプレス業態は慎重に改良されなければならなかった。世界中の何千もの『テスコ・エクスプレス』は、今や数十億ポンドに達する売上高を生み出す。非常に収益性は高く、コンビニエンス業態はeコマース業態に次いで最も急速に成長している。社会の都市化が進み、世界中の人々がより忙しい毎日を送るようになり、エクスプレス業態は、今後さらに拡大するに違いない。そしてその全ては、ウェンブリーの駐車場での、シンプルなアイデアから生まれた。

シンプルさは、慣習に逆らう

シンプルなものは、我々の人生にたびたび重大な影響を及ぼす。ペーパー・クリップ、輪ゴム、ポストイット・メモ、飲み物の紙パック。世界はデジタル化されたかもしれないが、これらの商品は今も存在している。しかしながら、シンプルな何かを発明することは、会社にとって極めて難しい状況を招く場合がある。シンプルな発明は革命的である。すべての規則を壊して、現状を維持しようとする力に逆らう。本当に急進的な発明は、会社の構成、考え方、サプライチェーンなどのすべてを蹴散らし、「これが、未来だ」と宣言する。

ヘンリー・フォードの製造したT型フォードは、デザインのみならず、何より生産工程の点で、最高の革新がシンプルであることを示している。

新型の重要な特徴は……シンプルさであった。車にはわずかに4つの構造部分しかなかった。動力装置、フレーム、前車軸、そして後車軸。これらの全ては簡単に利用することができた。そして、その修理・交換に特別なスキルが必要ないように設計されていた。アイデアが斬新であるために、ほとんどそれについては何も言わなかったが、パーツをシンプルに、とても安価にすべきであり、費用のかかる手作業による修理を全て取り除くべきだと私は思っていた。古いものを修理するよりも、新しいものを買う方が安く済むように、部品は安く作ることができた。それらの部品は、ちょうど釘やボルトが置かれているように、金物店で扱うことができた。誰もが理解できるよう完全シンプルに車を作ることは、デザイナーとしての私次第であると思った。それは両方向でうまく作用し、すべてに適用する。複雑ではない製品は、製造するのが簡単で、安く売ることができ、そのためにまた非常にたくさん売れる。

「本部は調査を理解できない」とか、新しいプロセスは「目標とは逆方向に進む」とか、新しいアイデアは「書きとめられたが」何も実行されなかったなどと、社風によって革新が抑圧されることがある。革新をより親しみやくするために、際立ったシンプルなアイデアは「いつも通りのビジネス」に薄められる。それは通常、発明にとって致命的である。このことは、世界最大のグローバル企業の1社であるネスレが開発したネスプレッソの物語をいっそう際立たせる。

テスコと同じようにネスレは大きいが、素早い。私は20年間、同社とともに働いた。そして、ビジネスと革新へのアプローチに感嘆している。ネスレとテスコは共に、毎年、多数のブランドと増え続ける多くの国での事業展開を通じて、10億ポンド以上のビジネスを行っている。おそらくネスレは、ネスカフェとミロのようなグローバル・ブランドで最も有名であるが、はっきりとした競争優位性を維持し続けるように、食べ物の調査に毎年10億ユーロを使う。

現地市場の特性に強い関心を持つことで、彼らは本社の意思決定と個別の市場における意思決定との間での正しいバランスを保っているようである。事業展開をしているあらゆる国で、現地チームには少なからぬ自主性がある。そして彼らは、強いローカル・ブランドを維持することに満足している。

ネスレは、自ら厳しいチャレンジを設定した。コーヒーを作っているプロセスを単純化して、小型化することで、誰でもカップ1杯の素晴らしいコーヒーを楽しむことができるようにすることだ。このチャレンジは大きなグローバル企業にとって、従来のコーヒーを淹れて飲むやり方に基づく現在のあらゆる製造プロセスと供給ネットワークを、根本的かつシンプルに考えなおすことを要求した。

コーヒーは何世紀にもわたって、我々の台所とカフェにあった。コーヒーを入れる技術はイタリアでその頂点に到達した。そこで、圧力をかけて温水を挽いたコーヒーに強制的に通過させる機械が開発された。そして、苦さを取り除いて香りを引き立てた。一旦それが開発されると、進歩は止まった。数世代にわたり、コーヒーを淹れることは厄介な、長たらしいプロセスのままだった。コーヒー豆を挽いて保存し、フィルターに注ぎ、そして粉を処分する。

1976年に話を戻すと、ネスレは答えを出していた。コーヒーカプセルを特別な機械に置き、熱湯に圧力をかけてそれに通す。その結果、豆を挽いたりフィルターをクリーニングすることが不要な、フレッシュなコーヒーができた。その後10年間開発を継続し（今やネスプレッソは1700もの特許によって保護されている）、そして商品はついに、顧客に直接ではなく、レストランにグルメなコーヒーを供給するため、当時好況だった日本市場で発売された。しかし、市場は無関心だった。製造した機械の半分も売れなかった。

ネスレはその事業を止めることができたし、何人かはそう主張したが、継続した。次に彼らは、オフィス分野を試した。少しは成功したが、依然としてブランドの高級なポジショニングが邪魔をした。そしてついに彼らは、直接消費者に販売することに決めた。そして、最上級のコーヒーを本当に望んだ人々のためのメンバーシップ・クラブを設立した。様々なメーカーが機械とコーヒーを販売していた古いサプライチェーンは、たった一つのものと入れ替えられた。ネスプレッソに。そこでは、機械とコーヒーに加えて、機械のためのサービスが販売された。1つのブランド、1つのサプライチェーンというワン・ストップ・ショッピング。そのコーヒーはインスタントより高価であった。しかし、喫茶店に支払う価格の何分の1かであった。

そこで今度は、直接消費者にサービスするために、完全に新しいマーケティング・チャネルが必要になった。ネスプレッソは、その特徴的なアイデンティティーを維持するために、ネスレ内の別会社としてつくられた。「クラブ」のすべては、機械のデザイン、コーヒーのカプセル、広告などで独自性を与えられた。ミシュランの星付きレストランがネスプレッソを出しているという話は、ブランドの高い地位をつくるのに役に立った。面白いことに、その姉妹ブランドである、ドルチェ・グストは異なるルートを採用し、テスコのような伝統的な小売店で販売された。そして、ネスプレッソと同様に成功した。ネッスルは、ネスプレッソのおかげで利益が大幅に増えた。同社は利益の構成を公表しないが、伝えられるところでは、ネスプレッソの粗利益は、他のフィルター式コーヒー・ブランドの40～50パーセントに対し85パーセントくらいであると元幹部が話したとのことである。２００６年から２０１０年の間に、ネスプレッソの売上高は、３倍の30億ドルを超えたと推測されている。

市場とビジネスを行うやり方を再構築するため、長年にわたって会社を支えたのは、目的の明快さであった。それは伝統を壊し、人々がコーヒーを作る方法を変えた、シンプルなアイデアであった。もちろん、シンプル化は行きすぎることもある。プロセスをシンプル化することで、価値を増すことがストップしてしまうかもしれない。ちょうど絵が細かい描画なしでは豊かにならないことがあるように、プロセスも同じかもしれない。明らかに、これは判断の問題である。アメリカでは、我々がフレッシュ＆イージー業態を開始したとき、最初に店舗が売る商品の品揃えをシンプル化し過ぎた。結局、１０００以上の商品を再導入した。しかし、変わりたくないためにシンプルさを怖れている人達によって、「過度のシンプル化」の危険性があまりにも多く言われている。

そして最後に、シンプルとはものを短く、的確にし続けていき、いつ話を止めるべきかわかっていることを意味する。ウェリントン公はかつて、「ラテン語を引用してはいけない。言うべきことを話し、座りなさい」と国会議員に話をした。彼は、全く正しかった。単純さは良いもののための力であり、スリムな組織をつくることへの踏み台である。

※1　*The Complete Plain Words*, Sir Ernest Gowers, Penguin (1987), pp.2–3

第8章

リーン

持続可能な消費は、
天然資源をなるべく使わない商品とサービスを
人々が求めることで可能になる。
リーンの考え方によって、
我々は環境に優しくなれる。
より多くのことをより少ない負荷で
行うことができるのだ。

リーンは、経営コンサルティングの世界にひとつの分野を生んだ言葉である。「リーンな生産」と「ジャストインタイム方式」は、プロセス、材料、時間などあらゆる種類の無駄を容赦なく省き、より多くの価値を生み出すための仕組みである。リーンな生産者のモットーは、「少ないほど豊か」であり、より少ないインプットの投入で、より多くのアウトプットを得ることを意味する。

より少ないものでより良いものを、しかも安く作るというのは、不可能に聞こえる。既定路線、つまり世間一般の通念では、より多くのお金を使う場合にのみ、より良いものを作ることができる。あるいは逆に、何かを取り去り、前より劣ったものを作る場合にのみ、安く作ることができると考えられている。生産性についての一般的な理解は、この考え方を反映している。生産性は、インプットから生み出されるアウトプットとして定義される。資源からのアウトプットとして創り出す生産価値は、例えば労働力、資本、エネルギーなどの投入したものによって違ってくる。そのため人々は、インプットを増やせばアウトプットを増やすことができ、インプットを減らせばアウトプットに影響が出ると考える。

この考えは、社会で広く一般に容認されている見識の一つとなっている。それは、公益事業の改革がなぜ常に政治的な反撃を受けて停滞するのかの説明になる。一方が支出を少なくすべきであると言うと、もう一方はそれでは物事が悪くなると反論する。ナンセンスである。

イギリスの公共部門での2つの事例を見てみよう。まず、学校の新設である。2003年にイングランドの全ての中学校を再建または改装するため、450億ポンドを投じる計画が実行に移された。それは政府による最大の設備投資プログラムで、全ての地域が対象となる記念碑的な事業であった。しかし2010年までに予定されていた再建のたった8パーセントしか達成されなかった。一方、この取り組みのコストは550億ポンドにまで増えた。多くの政治的な論争のあげく、取り組みはキャンセルされた。

監査によって、あきれるほどの問題が明らかになった。例えば、全ての取り組みのゴールは、「教育の変革」をもたらすことであった。監査では、これが意味する定義を見つけることができなかった。定義は、「目的にあった教育環境を提供する」から、「世界最高水準」の象徴的な学校を建設するという劇的な目標まで幅があった。そして、学校を建設する前に、およそ３７００ページのガイダンスと山のような契約書の作成業務がコストを引き上げた。このプロセスだけで１１００万ポンドかかった。建物の入札は「仕様よりも合計金額」で始まり、デザインは「過度なオーダーメイド」となり、「誤りや成功から学ぶ効果的な方法」が取られた形跡はなかった。より明確なゴールを設定し、官僚主義を切り離して、標準化された図面と仕様を使うことによって、「完成品の品質を向上させる」と同時に、時間と費用を現在のコストの最大30パーセント節約できると監査は結論づけた。

もう一つの例は福祉制度である。イングランドでは働いていない両親、メンタル面での問題、未就学児童など深刻な問題で苦しんでいる「問題のある家族」が12万世帯あると推定されている。そして、こうした家族は犯罪、反社会的行動などの深刻な問題を引き起こしている。歴代の政府はこのような家族を救うために、多くの機関を巻き込んで、多額の費用をつぎ込んだ計画の実行に乗り出していた。各機関は伝統的に自分たちのサイロの中で、自分たちの計画、官僚制度および目標に従って、ときには他との重複やさらに悪いケースでは対立しながら活動していた。その結果、各々の家族は最大20の機関と接触しなければならなかった。当然のことながら、このアプローチは今や費用がかかりすぎる。このような家族は全人口の1パーセント未満だが、納税者が負担したコストは全体で90億ポンドにのぼる。このうち80億ポンドは、これらの家族の問題と彼らが引き起こしたトラブルに費やされ、本来の目標である彼らの生活改善のために使われたのは、たった10億ポンドだった。現地サービスの年間コストは、平均して1家族につきなんと33万ポンドである。高い出費にもかかわらず、成果は出ていない。

ついに政府は、以前よりもコストがかからず、より良い結果を生む統合された1つのアプローチを実現した。これならコストを1家族につき1万4000ポンドに引き下げられる。例えば、北イングランドのソルフォードに住むある家族は、1年で58回の警察出動と5件の逮捕、5回の緊急通報による救急救命への搬送、2度の禁止命令、地方税未払いによる召喚を含む250回の介入を必要とした。しかしこの新しいアプローチのおかげで、20万ポンドの費用のうち、3分の2が削減された。

生みだすものを損なうことなく、資金を節約することができる。多くの資金を使うことなく、生みだすものを改善することができる。システムの中で問題となりやすいポイントやボトルネックに取り組むことにより、全てのプロセスが整えられ、無駄は最小限に抑えられ、生産性を向上させることができる。より少ないインプットから同じアウトプットを得ることが可能なだけでなく、より少ないインプットから劇的に多くのアウトプットを得ることができる。顧客がどんなアウトプットを最も評価するかについてより明確な考えを持ち、その価値をもたらすプロセスをシンプル化して整えることで、サービスと商品をより良く、より安くすることができる。

「リーン思考」にはこれらの洞察が備わっている。これについて我々は、自動車会社2社と、あるスーパーマーケット・チェーンに感謝しなければならない。ヘンリー・フォードは大量組立生産ラインを確立し、消費者が負担するコストを削減しながら品質と生産数量を増大させた。フォードは、無駄がどのように人間の努力を蝕むかを理解していた。

日々の作業をしている農民は、壊れそうなはしごを何度も登ったり降りたりする。彼は、何年もの間、ちょっとした長さのパイプを使わず水を運ぶつもりだ。彼の考え方は、追加の仕事があるときは追加の人夫を雇うというものである。彼は、改善にお金を使うことは損だと考える。……それは、無駄な動き、無駄な努力であり、農産品の価格を高くし、利益を少なくする。

フォードは、部品の作成とそれに合うプロセスをできるだけシンプルにすることによる恩恵を得た。そして、車を製造するプロセスからほぼ完全に、専門の組立工を不要にすることを可能にした。「役に立たない部品を削減し、必要なものにシンプル化すると、生産コストも削減できる。これはシンプルなロジックである、しかし奇妙なことに通常のプロセスでは、製品をシンプルにするのではなく製造工程を安く済ませることから始める。製品から考え始めるべきである」。

戦後の日本まで話を進めよう。資本の制約と低迷する需要を考慮し、トヨタのエンジニアの大野耐一は、生産を目標値ではなく販売高に応じて進める方法を模索した。彼のチームは、フォードから学べることがあると考え、アメリカを訪問した。その結果は、使用されていない在庫の山、修理しないと販売できない欠陥車の台数、そしてムラのある業務パターンに愕然としただけだった。彼らが感銘を受けたのは、スーパーマーケットのピグリー・ウィグリーだけだった。そこでは商品が販売されたときだけ再発注され、必要以上の在庫が少なく、スペースが余計に取られず、場合によっては古くなって売り物にならないような商品が少なかった。

大野と彼のチームがつくりあげた生産システムは、トヨタを世界で最も成功した企業の1つに変え、多数の博士論文の主題にもなった。トヨタはシステム全体を見て、それを構成要素に分解し、あらゆる形の役に立たないものを取り除いた。それを彼らは「ムリ」（人々またはシステムに過度の負担をかけるもの）、「ムラ」（不均等またはプロセスそのものの不整合）と「ムダ」（価値を付加しない仕事）に分類した。これを真似るためには、インプットのコスト、アウトプットの価値、要した時間などプロセス全体における指標を測定した上で、あらゆる役に立たない事例を特定し、それを取り除くようにしなければならない。例えば生産プロセスでは、そのデザインを見て、どのプロセスが非効率（ムリ）か確認することから始める。次に、プロセスの実行方法を見て、それを可能な限り円滑にし、数量と品質において不要な変動（ムラ）を最小限にする。最後に、プロセスが稼働したら、無価値（ムダ）な仕事を特定し、対処する。ムダは7つのタイプに分かれ、経営学の学生はそれをTIMWOOD（transport＝運搬、inventory＝在庫、motion＝動作、waiting＝手待ち、overproduction＝作り過ぎ、overprocessing＝加工し過ぎ、defects＝不良品）と覚える。トヨタは、このアプローチによって支えられた文化を身につけた。それは、2つのテーマに基づく。まず一つは継続的な改善活動で、無駄を除去するプロセスは決して終わらない。そして人々を尊敬すること。問題を共有することが信頼とチームを築き、個々が新しいスキルを学ぶことを可能にする。

何年もかけて、「リーン」技術はトヨタの経験と学習に基づいてつくり上げられ、同じように他の企業も巨額を投じ、無駄を取り除いてより多くの価値を作り出そうとしてきた。多くの企業と組織がこのプロセスを習得し、より少ないものでより多くのことができることを示した。しかしそれでも、リーンを目指すアプローチの可能性が全て理解されたわけではない。

スリムであることは、環境に優しくなること

私が出会ったリーン思考の中で最高の事例は、上海にあるカーペット工場で、より効率的なポンプを機械に設置しようとしたケースである。既存の設計を調整するよりむしろ、そこのエンジニアは第一原理に戻り、システムのあらゆる要素を見て、それがどのように改善できるか考えた。彼は、機械

で使用されているパイプを調べた。一般的な見解では、製造にかかる費用が安い細いパイプを使用するのがベストである。しかしながら、液体を細いパイプで吸い上げることは、より多くのエネルギーを必要とすることをエンジニアは知っていた。太いパイプは確かに高価かもしれないが、効率が上がるため、より小さな安いポンプやモーターなどを使うことができる。それゆえ全体として、これまでの慣習を変えればきっと節約できるだろう。次に、レイアウトを設計し直した。パイプをできるだけまっすぐにして、その周りに他の要素を設置した。摩擦を増やしてエネルギーを消費してしまう曲がった部分を最小限に抑えたのだ。その結果、新しいポンプを動かすために必要な馬力は、92パーセント削減された。

過去には、このようなリーン・アプローチの経済的価値は示されたが、その必要性は広くは認識されていなかった。エネルギーが安くて豊富だったとき、大部分のビジネスではその浪費は心配されておらず、それは極めて少ないコストのように見えた。１９７０年代のオイル・ショックでさえ、１回限りのショックと見なされ、目を覚ますにはいたらなかった。同様に、今日の農場、機械、工場、配送システム、店舗などのサプライチェーンは、天然資源が自由に、無制限に使うことができるという前提に立って築かれている。そして、再利用するよりも、資源を捨てる方が安かった。

今、人々は、それらの資源が有限であることを理解し始めている。もはやそれは極めてわずかなコストではなく、その傾向は将来ますます強まるだろう。需要が増加し供給が不安定になることで、エネルギーと原材料のコストは高くなる。それに加え人々は、気候変動に取り組まない場合の経済的および社会的なコストに気がつき始めている。イギリス政府のために２００６年に作成された気候変動に関するスターン報告書では、気候変動の全体的なコストは、毎年の全世界のＧＤＰの少なくとも５パーセントに等しいと予測されている。

そしてこの点でリーン思考が、「環境にやさしくなる」（エネルギーと資源の保護、または二酸化炭素排出量の削減）ことの必要性と一致する。リーン思考は、既に優れた企業のＤＮＡに組み込まれており、「少ないほど豊か」と主張するものである。消費を制限するという意味以上に、生産プロセスで使う天然資源を確実により少なくする。製造でのリーン・アプローチは、無駄と非効率性を取り除き、乏しい天然資源を節約し、プロセスを再設計することを可能にする。再設計されたプロセスでは、商品の品質を維持しながら生産コストを下げられる。リーン・アプローチは資源の使用、そして「ムダを測ること」に根ざしている、その情報は例えば、商品の製造と流通の間で発生した二酸化炭素の量についてなどであるが、消費者が「環境によい選択」をするのに役に立つ。

濃縮洗剤を例に取ってみよう。従来の衣料用洗濯洗剤は大きく重く、多くの包装を必要とし、輸送にも高い費用がかかる。その全ては、製造と販売を行う企業の利益に影響する。対照的に濃縮洗剤は、経済的な利点が多い。小さなパッケージで輸送コストも安く済む。また、低い温度で洗うことができるため、消費エネルギーが少なくて済む。世界中で濃縮洗剤が使われるようになったら、４００万トン以上の二酸化炭素の排出を減らすことができると計算されており、これは道路から１００万台の自動車をなくすことと同等である。

これは、リーン思考が持つ力、経済的効果、そして可能性を示している。ムダ、つまり不要なパッケージや輸送費用を削減することで、資金を節約して二酸化炭素も削減できる。トヨタの大野は、手持ちの資源から最大限のものを得る必要があるということを知っていた。本質的にそれは、我々が今日、グローバル規模で行っているチャレンジである。リーン思考は、我々に環境に優しくなれる道筋を提供し、経済を成長させる。

多くの人は、その意見の根底にある前提に同意しないかもしれない。我々が直面する人口増加と気候変動の環境への影響という問題に対する唯一の解答が、消費を削減するということだ。現状のままの消費が続けば、地球と同じサイズの惑星3つ分の天然資源が必要になると彼らは指摘する。我々に残された道は後退するのみで、政府は税額を増やさなければならず、人々は消費を減らさなければならず、経済はゆっくりと成長しなければならない。彼らの目には、メーカー、小売業、その他大部分の企業は敵であり、地球の資源を貪欲に、そして、非効率的に使い果たすように見える。それらの企業が、環境保全の実績を主張しようとしても懐疑的に扱われ、その取り組みはPR目的の「広報活動」以外の何物でもないと片づけられている（公平に言えば、ときにはその見方が正当なこともあったが）。

これは理解できる意見である。しかし私の考えでは、それはそれで独自の困難な問題をもたらす。西欧社会において、数百年の物質的な進歩を翻すことは難しい。また、発展途上国の進歩を正当な理由なく阻むことは極めて難しい。消費を抑制しようとすることは、ほぼ間違いなく富裕層よりも貧困層によりひどい打撃を与えるだろう。

それ以外にも、消費を維持または増やしながら環境を維持することを学ぶ、という選択肢がある。より良い人生を送るために抑えられない欲求が存在することは人間の性であり、私にとってはこれが唯一の現実的な選択肢である。歴史上では、その欲望を抑えつけ、個人の安全や幸福と進歩といった生まれついての欲求を捨てようとして何度も失敗している。

持続可能な消費は、リーンな考え方の根底にある原則、「少ないほど豊か」を受け入れ、その力を借りて生活する人々にかかっている。これは、欲しいものを「より少なく」することを受け入れるのではなく、より少ない天然資源を使う商品とサービスを望むことを意味している。それは、環境を大切にする消費者にとってより簡単に、より安く、より論理的であることが、エネルギーの節約や環境によい商品を販売することにつながるということである。それは、リーンにするために、全てのサプライチェーンの完全な再構築を必要とする。

理論はこの程度にしよう。このことは実際にテスコのような企業にとってどのような意味があったのか？　最初、我々はリーン方式で運営し、必要以上に資源を消費する無駄な活動を根こそぎ排除する必要があった。イギリスでのテスコの事業でも、約２５０万トンの二酸化炭素を直接的に排出していた。これは、イギリスでのテスコの事業に商品やサービスを供給する多くのビジネスによって排出されるおよそ３６００万トンに並ぶ量である。そこで我々は、２０２０年までに30パーセント、グローバル・サプライチェーン全体での二酸化炭素排出を減らすという挑戦的な目標を立てた。最終的に我々は、テスコを２０５０年までにゼロ・カーボン企業にしたいと考えた。それは、テスコのビジネスで依然として排出される二酸化炭素量が、テスコが産出する再生可能エネルギーの量と一致することを意味している。疑い深い人には、ただの広告宣伝に聞こえるかもしれない。しかし、イギリスでのテスコの事業だけで、２０１1年1年間のガス料金と電気料金が2億ポンドであったことを考えると、グローバル全体で年に1億５０００万ポンドの光熱費を削減することになる。

いろいろな実務的なステップを実行し、現在もまた取り組みを続けているが、より素晴らしい効率性がもたらされている。物流センターを商品を配送する店舗の近くに再配置した。トラックの設計を見直して空気抵抗を少なくし、燃料を節約した。最も重点を置いたのは店舗である。店舗からの排出量は、テスコ全体のおよそ70パーセントを占めていた。

１９９０年代半ばから、リーン思考を店舗設計に適用し始めた。そして、２００７年までには、10年前に建てられたものと比較して、半分のエネルギーしか使わない新店舗を建てた。しかし、二酸化炭素排出量を２０５０年までにゼロにすることは、徐々に変えていく方法ではなく、根本的な新しい考え方を必要とした。それゆえに、我々は全てのアプローチを徹底的に調べ、プロセスを精細に調べた。そこで分かったのは、実に恐ろしいことに、テスコの店舗は建て直しが必要になったときにそのわずか14パーセントしかリサイクルできないということだった。これは不当な浪費だ。そこで我々は、すべてを再利用するという目標を立てた。組み立てるのと同じくらい、分解して簡単に再利用できる新しい店舗を設計するというチャレンジを自分たちに課した。ある店舗では首尾よく材料のほぼ60パーセントを再利用することができ、大きな変化が10年も経たず遂げられた。日々の営業による消耗のため、平均的なテスコの店舗はおよそ30年しか持たないが、新しい設計の店舗によって将来大きな節約ができそうだ。

我々はまた、実際にゼロ・カーボン店舗をつくれば、ゼロ・カーボン企業になるというゴールをすぐに達成することができるのか、確認してみたかった。これは、非常に大きなチャレンジであった。最新の店舗は、時間とともに進化しており、その多くの機能の全てのバランスを慎重にとっている。忙しい店舗は、１週間につき5万人の顧客に応対する。売上高は１週間につき２００万ポンドだ。４万種類、およそ20万ケースの商品を、注文、配送、開梱、陳列、そして販売しなければいけない。全ての店舗で顧客とスタッフの両方のニーズを満たさなければならない。

リーン思考で我々は全ての店舗の運営を調べ、全ての活動からの二酸化炭素排出量を測った。チータム・ヒル店において、エネルギー消費と二酸化炭素排出量を削減する方法を研究したことが役に立った。この店舗で使われる熱は、37パーセントが換気により失われ、８パーセントが建物の素材を通じて失われていることが分った。電気については、23パーセントが照明に使われていたが、最大の問題は冷蔵であった。冷蔵庫は店舗の熱の54パーセントを奪い、電気の37パーセントを消費していた。

我々は、新しいゼロ・カーボン店舗を設計するために、これらの洞察を活用した。鉄とコンクリートを止め、木材を用いた。ハロゲン灯と蛍光灯を止め、小売業者にとって革新的であったがLEDライトを採用した。また、技術的な代替案がなかったので、古い伝統的な建築デザインへ回帰し、自然を賢く利用し、建物を明るくし、暖め、冷やすことにした。店舗を断熱し、人工の冷暖房を必要とする熱獲得と損失を少なくするために、ガラスの種類を変えた。加えて、環境破壊することが少ない、今までとは異なるガスを使用する完全に新しい冷凍システムを設計し、全ての冷蔵庫にドアを取り付けた。

また我々は、店舗を営業するのに十分な、再生可能な大きな動力源を必要とした。そこで我々は、熱電併給プラントを開発した。食料品の製造から出る植物油の廃油を再利用することによって運転し、プラントは近隣の住宅にも供給するのに十分なエネルギーを生み出した。

これらの結果として２００９年、世界初のゼロ・カーボン店舗がケンブリッジの近くに開店した。我々が期待した通りに稼働し、目標は達成された。同様に重要なことだが、木材建築はより暖かく、より快適な雰囲気を作りだしたため、店は顧客に気に入ってもらえた。全ての革新的な技術については、店舗の周りに説明表示を設置した。それは、環境への影響について、利用客を安心させた。

同時に我々は、リーン思考によってサプライチェーンでの二酸化炭素排出量をどのように削減できるかに関心を向けた。そのためには、生産工程と輸送、商品の保管と使用のどの部分で最も多くの二酸化炭素が発生するのか、知る必要があった。その際に指標となるのは、商品のカーボン・フットプリントである。

「フットプリント」では、大野が生産工程において無駄を見つけ出すために使ったのと類似するアプローチを使う。けれども、想像するよりもこのリーン・アプローチは難しい。ある国で販売されているTシャツは、別の国で製造された布地から作られる。その布地はまた別の国で育てられたコットンから作られる。家では、他のどこかの国のテクノロジーを使用して洗濯される。こうしたプロセス上の各ポイントで、二酸化炭素は排出される。

主要なサプライヤーの協力を得て、私がテスコを離れる頃には、我々は１１００以上の人気ＰＢ製品について、すなわち花から衣料用柔軟剤、オムツからパスタ、牛乳、雑誌まで、幅広い商品のカーボン・フットプリントを計算した。炭素の排出量の測定は非常に大きな、コストのかかる取組みだった。だがプロセスを改善し、洗練し、測定コストは、１商品当たり２万５０００ポンドからわずか１０００ポンドに下がった。この経験で、無駄を根絶するためにシステム全体を見るという、大野のアプローチの妥当性が明らかになった。

我々のいくつかの発見は、驚くほど直観に反していることが分った。例えば、テスコの濃縮還元オレンジジュースは、濃縮していないジュースよりもカーボン・フットプリントが低いが、これは濃縮ジュースの方が少ないエネルギーで冷蔵し、輸送できるからである。また、テスコのフレッシュスイートソイミルクは、半脱脂牛乳の3分の1だが、これは牛によって生み出されるメタンのためである。ケニヤの赤いバラ一束のカーボン・フットプリントは、オランダの1輪のバラよりもかなり低い。オランダで花を育てるために使う燃料と電気は、ケニヤからの航空貨物による分を相殺して余りある量であった。新鮮なパスタのカーボン・フットプリントは、冷蔵しなければならないため通常、乾燥したパスタ商品よりも10～20パーセント高い。季節によっては暖房なしで生産されるスペインのキュウリのカーボン・フットプリントは、イギリスの暖房付きの温室で育てられたキュウリより、かなり低い。

これらの全ての調査結果は、よりリーンな生産チェーンを追求するのに役立った。こうした生産は、「自然資本主義」の原則を反映する。これは、ポール・ホーケン、Ｌ・ハンター・ロビンス、エイモリ・

B・ロビンスが先頭に立ち、何人かの科学者、研究者、そしてビジネス・パーソンが主張したアプローチである。自然資本主義は、市場の恩恵や利益、富の創造を退けない。その代わり、資本の定義を拡張し、無駄を最小にして生産性を高める自然資本を含めることがビジネス自体の利益であると主張する。

自然資本主義者は、4つの原則が市場へのこのアプローチを強化すると主張する。第一に、「資源の生産性の飛躍的な改善」である。ビジネスが使用するあらゆる資源をできる限り効率的に使うこと。次に「廃棄物を価値に変える」こと。どんな余分の資源でもリサイクルする。もしリサイクルできないなら、環境に害を与えないようにする。そして、「ソリューション型経済」。浪費を削減することにより、生産者と顧客の双方が利益を得る。最後に、「自然への再投資」。自然をより生産的にすることで、全体として人類のためになる。

これらの4つに加えて、私は5つめを追加したい。「消費者の力を利用する」だ。前述の通り、持続可能な消費への重要な要素である。直観に反するように見えるかもしれない。消費者は我々が直面している問題に対して、責任があるのだろうか？　しかし、消費者に参画してもらわなければ、変化のための最も素晴らしい力を失ってしまう。

イギリスでは現在、二酸化炭素排出量の約60パーセントは、消費者の決定によってコントロールされるか、何らかの影響を受ける。たとえば、1つの電球や1着のスラックスの洗濯などが、家庭でどのように扱われるかによるのだ。また、冷凍、プラスチック、航空貨物など商品が小売業者によってどのように保管、包装、配送されるかにもよるだろう。牛が生み出すメタン、農民のトラクターからの排気、生産工場で必要なエネルギーなど、生産工程そのものかもしれない。いずれにしろ、消費者がエコ製品を購入すれば、レジが電子音を発し、サプライチェーンの下流に「この商品をもっと供給してくれ」と信号を送る。消費者は力を持っている。それゆえ、サプライチェーンを環境に優しいものにするのだ。

その力を引き出すためには、顧客の考えを十分に知る必要がある。多くの人々の頭の中では２つの考え方が競り合っている。赤コーナーには、現代的な消費者の考え方がある。価格と品質、そしてまた利便性、モビリティ（移動性）と独立性を評価する気持ちだ。最新の電化製品を買うことが好きで、ドイツのビールやチリのワインを楽しみ、予算が許すならば休暇には海外へ飛んで楽しみたいと考える。緑コーナーには、責任感のある市民の考え方がある。気候変動が単に世界にだけでなく、子供たちにも影響を及ぼす脅威であると認識している。環境を保護して、排出を削減することにおいて、役割を果たしたいという考えである。

これらの２つは相容れないこともない。顧客が言っていることに耳を傾けるならば、彼らが「環境によい選択」をするために何をする必要があるかは明確である。エコ商品の価格を下げれば、予算を絞っている人々もそれを買うことができる。次に、一般の商品と同じくらいに簡単に使えるエコ商品を作ることだ。最後に、環境に有害な商品に関する情報を人々に提供すること。こうした障害を解消すれば、サプライチェーンとそこに商品やサービスを提供する企業は、エコ商品をつくるためにリーンになる。それを無視するなら、リーン思考が世界を変えるチャンスを失ってしまう。最悪なのは、環境に優しくなるよう消費者に強要することである。彼らは怒って赤コーナーの考え方に行ってしまうだろう。

テスコでは、顧客のエコ商品の購入と生活での二酸化炭素排出の削減を妨げるような、価格の障壁、不便さ、情報不足をなくした。私の目標はシンプルだった。皆ができ、したいと思う「環境にやさしい」ことをする。「環境にやさしい商品」は単にお金を節約するだけではなく、品質が高く、便利で、しかもファッショナブルである。

我々は、レジ袋を再利用した顧客に『クラブカード』ポイントを進呈した。これも環境保護の取り組みであり、またリーンな取り組みだった。リサイクルとリユースを促進することにより、我々は30億枚のレジ袋を節約した。また我々は、エネルギー効率の良い電球の値段を半額にしたが、その売上高はたった3年間で6倍に増加した。

ゼロ・カーボン店舗、カーボン・フットプリント、エコ商品。これらは、規模が大きくなり、有限な資源に頼って気候変動と取り組んでいる世界のチャレンジを乗り越えるために、リーン思考がどのように役に立つことができるかという具体的な例である。環境に優しくなることは、消費を制限することでも、高価で品質の低い環境保護商品のために高品質な商品を犠牲にすることでもない。リーンに考えることにより、我々は環境に優しくなれる。そして、少ないほど豊かになる。何にも増して、リーンな企業は健全な企業であり、競う準備ができている。

第9章

競う

競合他社――
そして、競争という行為自体は、
素晴らしい教師である。
競合他社が視界に入ってからでは遅い。
見つけ出すのだ。

競争は消費者の利益になる。このような主張はあまり見かけないだろう。なぜなら多くの分野で「競争」は禁句になっているからだ。しかしながら私にとって、競争は会社のためだけでなく、社会にとっても善をもたらす力である。

確かに、競争は勝者と敗者がいることを意味する。そして、時々、結果は不公平に見えるかもしれない。月並みな言い方だが、それが人生である。人は、平等には生まれない。平等を実現しようとする試みは、常に悲嘆とさらなる状況の悪化を生み、流血で終わった。市場経済を捨て、繁栄に向かって独自の道を歩もうとした政府は通常、自分たちの国を破産させてしまう。殺伐とした共産主義の時代に育ち、チェコ共和国の初代大統領になった故ヴァーツラフ・ハベルは、同じ結論に達した。

唯一の有効な経済システムは市場経済であるということを、私は常に知っていた。……これは、唯一自然な経済である。意味をなす唯一のものであり、繁栄に至る唯一の道である。なぜなら、それ自身が人生の本質を反映する、ただ一つのものであるからだ。人生の本質は無限であり、そして、不思議なほど多様である。したがって、その豊かさと変わりやすさについて、どんな中央情報局でもそれを抑圧したり、計画を立てたりすることはできない。

歴史の教訓にもかかわらず、多くの人々は、市場とその中でのビジネスを、特に大企業を疑っている。たびたび大企業に向けられる批判は、「投入したよりも多くのものを社会から搾取している」ということである。これらの批評家にとっては、利益の追求は、うさんくさいことなのだろう。ある会社が得る利益は、社会の中では他の誰かの大きな犠牲の上に成り立っていると彼らは常に主張する。ビジネスは、良くてもせいぜい道徳的、悪くてもせいぜい不道徳といったところだ。批評家は、ビジネスは自己の利益の追求において利己的で、他人の利益への尊重がないと言う。人生における厳しい選択をしなければならない。他人のために良いことをするか、自分自身のためにビジネスを行うか。

私は競争と市場経済が、人間に恩恵を与えることを信じている。だが一方で、多くの人々の信頼が、21世紀前半に一部の銀行家たちの無謀な行為によって蝕まれていることも認めなければならない。その愚かさと貪欲さは、競争と自由市場への賛同の論争に、計り知れない損害を与えた。金融規制の明らかな欠点には、もちろん取り組まなければならない。しかしながら同様に重要なことは、競争の正当性と自由市場がもたらす恩恵について弁明することだ。

1950年以降、世界はその歴史の中で、最も速くて、最も継続した経済成長期を経験した。その成長の基盤は資本主義であり、私有財産を保護し、競争市場で自由取引を許す経済と政治のシステムであった。それは完全な自由な競争ではなく、明確な法律的な枠組みの中で競っているのであれば、個人は自由に自分自身の利益を追いかけることができるシステムである。

このシステムの中心には、根本的な信念がある。政府ではなく、人々に対する信用。これらの人々を、経済学者ルートヴィヒ・フォン・ミーゼスは「主権を有する消費者」と呼んだ。彼らは、何が自分と自分自身の家族に最適なのか判っている個人である。そして彼らは、彼ら自身の人生について自由に決定できるはずである。

この、人々と競争と利益に対する信念は、1930年代に高まった保護貿易主義の垣根を打ち破った。その結果、商取引はより自由に、市場の革新、創造、そして投資を促した。多角的貿易交渉のひとつ、ウルグアイ・ラウンドは、年間2000億ドル以上と推定される世界的な減税をもたらした。

1960年から2003年の間に、世界の一人当たりGDPは、2倍以上になった。最も恩恵を受けたのは、自由な商取引、自由な競争、そして資本主義体制を支持する「自由」を温かく受け入れた国々であった。ある調査では、「自由」か「大部分は自由」と評価される経済は、他の全ての国の平均レベルの2倍以上の収入を得ていることが明らかになった。

一方、極端な貧困と飢えとの戦いは、まだまだすべきことはあるものの、前進している。世界銀行によると、1日に1・25ドル未満で生活している人の数が、1990年には18億人、2005年には14億人であったが、2015年には8億8300万人になると予測されている。競争、自由市場、消費者の信用——これは勝利の方程式であり、人々の日常生活を変えた。

競争はもちろん、不安を引き起す。競合各社は、互いをビジネスから閉め出そうとする。それは、彼らの仕事である。明けても暮れても、CEOと何千人もの従業員は策略をめぐらし、人の裏をかこうとする。そして、相手のビジネスを奪おうとして、相手をけなす。それは、数年ごとではなく、まるで選挙戦を毎日行っている政治家のようである。

それゆえ、競争を避けたいという誘惑にかられる。同じように、敵を蹴ちらすことができれば、とりあえず勝利し、ひと仕事終えたことで満足する誘惑にかられる。または、ある競合との激しい戦いに没頭し、背後に静かに忍び寄る他のライバルから目を背けるかもしれない。もし彼らを見つけても、「今は心配しないようにしよう」というだろう。すべてのこれらの傾向は、単に誤りなだけではなく、チャンスを逃している。競争は受け入れなければいけない。競い合うのだ。退いてはいけない。

生き馬の目を抜くような小売業界で過ごした年月は、私に競合他社との競争それ自体が素晴らしい教師であると気付かせてくれた。私は、競合他社が姿を現すのを待つのが好きではない。私は、彼らを探すのを好む。そして、彼らの欠点や弱点を見つけることには興味がない。それは簡単なだけでなく、自己満足のしるしでもある。彼らから学ぶことができるように、彼らを知っていたい。最強の競合他社は、最高の経営コンサルタントたりえる。私は競合他社の現場での運営の仕方や商品を調査し、ときには彼らのウェブサイトを訪れて彼らの考え方、調査、計画をただで調べたりする。

そのような調査は、いくつかの厄介な真実を明らかにすることがある。私は何度もそれを経験した。準備不足、新製品に関する知識のなさ、投資の必要性。しかし、それがどんなに辛いとわかったとしても、競争が去るまで、我々全員が幸運を祈り、そのレポートを古く黄色くなるまで引き出しに入れることの結末よりも辛くはなかった。調査をしないことよりも悪いのは、調査をしてその結果に対応した改善を行わないことである。

たとえば、競合他社がするかもしれない様々なシナリオをとことん考え抜くといった準備は、悲しいことにこれで十分ということがない。冷戦の間のイギリスの最も有力な国防立案者の1人であった、故マイケル・クインラン卿は、それを上手く要約した。

定理。軍事上の不測の事態は、予測できるからこそ予測できない。論理的根拠。我々が予想することは、それに対する計画と備えによって阻止できる。我々が阻止することは、起こらない。それを予想せず、計画も準備もしなかったため、我々が阻止できないことが起きるのだ。

これをビジネスに適用すると、定理は同様に真実である。競合他社の動きへの対応を計画すればするほど、競合他社がその行動を起こすことはない。

さらにまた、アナリストと専門家によって定義された従来の考え方で競争について考えるほど、隠れた競合他社を見つけることはできない。これは何よりも大きな脅威である。直面していることを知らない競争。その未知の脅威を発見するために、市場の深い所に潜んで、消費者のように考え、行動しなければならない。慣習を捨てて、サイロの中で考えることや自分の展望からビジネスを見るのを止めて、ニーズと願望や要求を持つ消費者のように考え始めなければいけない。そして、本能に従い、好奇心旺盛に、周りを見てみるべきである。直観力と経験といった無形で、数量化できない人間の資産が効き始める。それらが導く道をたどるべきだ。

私は何度も、予想外の脅威は他の会社の行動によってもたらされるのではなく新しいテクノロジーの登場で、全く新しい分野が生まれることだと気づいた。例えば、洗濯機や自転車などの、非食品の商品を家庭へ直送するサービスは、当初、倉庫でピッキングし顧客に届ける、カタログ販売の小売業者であるアルゴスに打ち勝つことを目的としていた。結局、この仮定がまったく間違っていると私は気づいた。突然理解したが、我々の本当の競合他社は、アルゴスでなくアマゾンであった。当時は、主に本、音楽と映画を売っていたが、新しい商品分野に拡大しそうだった。もしそうなったならば、はるかに難しい競合相手になるだろう。それゆえに我々は、立ち向かわなければならなかった。そのことは、取り組みの規模を拡大し、プロセスを変更し、全く新しい商品カテゴリーとオンライン上での能力とロジスティックスを開発することを意味した。

小売業者にとって、競争において先んじることはとても重要である。評論家がたとえ何を言ったとしても、小売業は世の中で最も容赦なく厳しい業界の1つである。小売業者は個々の消費者の前を歩んでいる。商品を展示し、来店して買うように消費者を招く。力は、顧客と共にある。彼らは選択する。そして彼らの選択は即座に、時には容赦のない判断をそれぞれの小売業に与える。それは、最も純粋な形の競争である。

これは、毎時、毎日、起こる。ある瞬間、売上はとてもよく、顧客は幸せである。次の瞬間、全てが変わる。顧客に対して失敗をした。そして彼らは、買い物の習慣をどこか他の小売業で行うことで、判決を下す。この経験は小売業者を鍛練する。小売業者はいつも用心深くなければならず、顧客を取り込むために毎日戦わなければならない。その戦いは激しい。利幅は少ない。小売業者は、長い間、損失を出している余裕はない。プレーヤーとして、朝起きるとき、プレッシャーを感じる。それは、生き残りのための戦いである。

イギリスで、そして世界中での、そのような手厳しい競争は悪いことであり、管理され、規制されなければいけないと主張する人々がいる。スーパーマーケットはその顧客争奪戦において、社会問題を多く引き起こしたとして責任を問われる。我々は、小規模な商店を破壊する。我々は地域社会への愛情を引き離す。我々は野原をコンクリートで固めて、何百万もの人々を交通渋滞に直面させる。我々はサプライヤーの数を絞り、イギリスの農業に悪影響を与える。我々は人々が不健康に食べることを奨励する。そして、肥満の異常発生に対して責任がある。それが、人々が我々について言ったことの中で、まだ礼儀正しいことである。

1980年に戻り、イギリス政府がそれに同意して市場を凍結することに決めたと考えてみよう。セインズベリーが一番で、テスコはそれについていくために苦労している。サプライヤーはより小さな市場を相手にする。何人かの人は、「良いこともある」と言うかもしれない。しかし、競争を凍結させることが消費者に与える影響を考えてみて欲しい。

1980年代初期に、スーパーマーケットは単に食品だけを売り、その食品は通常缶詰だった。新鮮な果物と野菜の供給は限られていた。贅沢と言えば、かなりあやしいリースリングの瓶のことであった。そのような日々はもはや歴史上の日々である。競争は、私の青春期の贅沢であったことを、そこそこの収入の人々のための手頃な商品に変え、低所得の人々が収支を合わせることに役に立った。イギリスの食品価格は、1975年から2007年の間に実質、おおよそ3分の1まで着実に下落した。言い換えれば、他の家計費の請求は上昇したが、テスコは、典型的なイギリス家庭の買い物を、10年間でほぼ5000ポンド節約した。

競争は選択の余地の爆発的な増加をもたらした。私が1979年にテスコに入社したとき、今日取り扱っている商品の、たった10分の1しか売っていなかった。21世紀の最初の6年間に、イギリスのトップ4のグローサリー小売業は、平均して1日につき3つの新しい商品を、各々導入した。言い換えると、消費者の選択肢には6年の間、平均すると毎日1ダースずつ新商品が加わったことになる。

そして、単に商品の選択の幅だけではなく、店舗の選択の幅も広がった。イギリスでは、人口の95パーセントは自宅から15分以内に、3つ以上の異なるスーパーマーケットに行くことができる。その選択の幅は、顧客がもっと店舗を見てまわることを可能にする。4週間の間に、顧客は平均して3つの異なるスーパーマーケットを使う。スーパーマーケットを買い回って、1つの店舗から買うことに執着しない顧客による売上高は、今や年間100億ポンド以上になる。その100億ポンドは、競争をより激しいものにする。

そして競争には、間接的なメリットがある。仕事である。テスコは10年間、毎年20分毎に1つの新しい仕事を創出した。そして税金。10年間テスコは、イングランドの160の新しい中学校を建てるのに十分な、350億ポンドを税金として納めた。そしてもちろん、サプライヤー。今度、スーパーマーケットのレジで、ショッピングカートから商品を出す時に、手にそれらの商品が届くまでに関わった人々の数を考えてみてほしい。農家、食品製造業者、醸造者、漁師、小さなメーカー、運送業者、地方や国、大陸に跨がるサプライチェーンのネットワークがある。

それらは、競争の恩恵である。しかし、実際に競合企業の間でどのように戦うのか。私がテスコで直面した最もタフな競合他社は、2社の巨大な小売業であった。アルディとウォルマートである。

競争から学ぶこと

アルディとウォルマートは、2つの手ごわい小売業者であったし、今もそうである。イギリス国内市場で、そして我々が世界中に事業拡大をしたので、他の市場でも彼らと競った。彼らはお互いとても異なるように見え、またビジネスを行う方法も異なるにもかかわらず、競争する上で一つの共通の特徴がある。両社ともに、マス・マーケット向けのディスカウント・ビジネスである。そして古くからある小売ビジネスを行う上での、新しい破壊的な方法を開発した才能ある起業家によって設立された。私は、破壊的という言葉に重きを置いている。彼らのアプローチとシステムは、彼らの国内市場を著しく再構築した。そして、コストを低くし続けることによって既存企業を淘汰した。

「世界最大の小売業者は誰か？」と尋ねると、多くの人々はウォルマートと答えるかもしれない。小売業界外の人は、少数の人しかアルディと言わないだろう。アルディは依然として個人所有であり、控えめに事業を運営する。少数の人しか知らないが、売上高が600億ドルあり、アルディはアホールドやマークス＆スペンサーより大きい小売業である。

テスコと同様にアルディは、一つの店から始まった。アルディの場合、ドイツ・エッセンで鉱夫の妻によって運営されていた。1946年に、彼女の子供たち（テオ・アルブレヒトとカール・アルブレヒト）は、店舗を引き継いで、徐々にビジネスを拡大した。1960年までに、彼らは300の店舗を持ったが、争いが起こった。ケンカは利益でも戦略についてでもなく、タバコをレジで売るべきかどうかについてであった（という話であった）。兄弟の一人が怒って立ち去るよりも、彼らは論理的に対処した。彼らはビジネスを2つ、アルディ・ノルドとアルディ・スッドに分けた。そして、各々が兄弟のそれぞれによって所有された。それ以来、大部分は同じ商標を付け、同じビジネス・モデルを続けて、異なる地域で営業した。そして、両方のビジネスがとても成功した。

アルディは、限定された品揃えでのディスカウント・モデルを開発した。小売業の提供するあらゆる要素は、所定の品質の商品を最大限安い価格で届けるように設計することである。すべての小売業者は、ある程度このようにしようとするが（もちろん、高級ブランド以外は）、アルディは論理的に極端なアイデアをとった。低価格に対する彼らの強迫観念的な関心の理由は、ドイツでの１９２０年代のハイパーインフレと、第二次世界大戦中と終了後の略奪や物資不足によるトラウマによるものであろう。

このアプローチは、私が出会った小売業の中で、最も純粋なビジネス・モデルを創造した。無用の装飾が、文字通り存在しない。そこには選択肢がほとんどない。モデルにとって本質なものでなければ、それは含まれない。例えば、どんな商品でもたくさんの選択の種類はない。そして、幅広い品揃えもない。典型的なスーパーマーケットの最大４万種類と比較して、大部分のアルディの店舗は伝統的に、１０００から１５００種類の商品しかない。１０００種類の商品の大部分は、アルディの自社ブランドである。費用が掛かるので、通路に装飾はない。商品はパレットや箱のまま置かれ、それによってコストを節約している。

アルディの強さは、彼らの使命のアピール、モデルのシンプルさ、原理の固守によるものである。競合他社にとっては、ひびを入れることが難しい、タフな木の実である。アルディが誤りを犯すことは、あてにできない。勝つためには、より良い何かを考えださなければならない。そのため、アルディと競うことは、人を正直にし続ける。アルディが持っていない何かをはっきりと追加しない限り、顧客に高い値段で提供することはできない。

アルディは、徐々に所得階層を跨がってそのアピールを広げ、ドイツで強く、大きくなった。ディスカウント・ストア業態としては注目に値する、市場シェア25パーセント以上を獲得した。彼らの成長の理由の一部は、他のドイツの小売業者が戦略的な誤りを犯したことであった。アルディと正面から競り合うために自身の主力業態を再編成する代わりに、ニッチな小売業の小さなディスカウントストア・チェーンとして見て、彼らの主力事業と完全に別業態と判断した。この過ちは、小売業者は、彼らが理解しなかった業態としてアルディの土俵の上で競うことになることを意味した。まもなく、アルディは彼らの主要市場で大きくなった。そして、他の小売業者が適合させることができなかった規模の経済から利益を得た。もしアルディの競合他社が改革を行っていたならば、より良い条件で戦えたかもしれない。しかし、彼らは決してしなかった。

我々は1990年に、アルディと、ドイツからイギリスに来たもう1社の絞られた品揃えのディスカウンターであるリドルと、初めて競った。ドイツ市場では、彼らは25パーセントの市場占有率を取ると予測されていた。これは、主要な既存企業の少なくとも1社の終焉を意味した。当時、専門家は、主要な既存企業がテスコであると思った。

アルディは開店したときに、かなり激しく我々と衝突をした。そして今にして思えば、これは天の恵みであった。それは、我々が応戦するほか仕方がないことを意味した。影響が少なかったならば、まるで何も起こらなかったように今まで通りに続けるために、自分自身を説得したかもしれない。そしてその結果はもちろん、アルディの手中にまっすぐ落ちてしまっただろう。

1990年代初期の不況において、我々の顧客は苦労していた。彼らはお金を守る必要があった。そして、アルディは「記録的な低価格」を約束していた。第1章で説明した調査のおかげで、顧客は「私はテスコが好きだけれど、アルディで買い物をしなければならない」と思っていると、我々は知ることができた。我々は、正しい決定をした。テスコは顧客にアルディと同じ価格で提供することに決めたので、アルディを選択する必要はない。しかし重要なポイントは、余分のものを失うことなくうまくやることであり、我々はテスコのままでなければならず、「アルディの代わり」になる必要はなかった。

これは、たやすい仕事ではなかった。バリュー商品ラインと呼ぶ、商品の特別な品揃えを開発した。それらは、最高の価値を提供するように設計された実質本位の商品であった。正直なラベリングのおかげで、我々の品質、または我々のアピールについての顧客の認識に影響を与えなかった。まあ、マークス&スペンサーの顧客くらいであろう。それらは予算に限りのある人々のために設計されたという事実を隠すことなく、商品には際立った青と白の包装を描いた。アッパー市場に移るために、セインズベリーとマークス&スペンサーのマネに数年を費やした後、この品揃えを開始したときに、株主は我々が正気を失ったのではと思った。しかし、我々は正しく市場を読んで、競争から学んで、顧客に従った。それは、アルディに不意打ちを食わせた、おそらく初めての大きな成功であった。

そして我々は長い攻撃に乗り出した。新しいシステムと多くの新しい経営革新と共に、ゆっくりと、素晴らしい効率を我々のビジネスのあらゆる部分に導入した。我々は、アルディの得意分野で勝負したかった。しかもアルディよりも上手く。例えば、我々は店舗で商品の陳列にパレットを使うアルディのやり方をコピーしたが、パレットに車輪を取り付け、動き回り易くして、より良くした。シンプルな代物だが、「どんな小さなことでもお手伝い」である。我々が節約したあらゆるコストは、実際にはそれよりもたくさんあったが、より良いサービスとより良い商品として顧客に提供するために再投資された。10年以上にわたり、価格は前年比で実質ダウンした。我々は自分自身に価格の引き下げと数量の増加という、好循環を強いた。それによって我々はさらに価格を下げることができた。

プレッシャーは激しかった。賃金、エネルギー、土地のコストが実質的に上昇している10年間、商品の価格は実質的に下降していった。社内予算に関わる全ての人は、息ができる余裕を得るため、私に価格を下げることを緩和してほしがった。株主は、顧客のために価格を下げ続けることよりもむしろ、配当を増やすことができるかどうか尋ねた。私は、ビジネスにおいて競合に絞め殺されないようにする唯一の方法は、常に自分自身にプレッシャーをかけ続けることであると、絶えず思い出さなければならなかった。ありがたいことに、私は正しかった。我々はその期間、着実に市場シェアを増やした。また、我々はますます収益性が高くなったので、すぐに我々のブランドを最高の形にし続けるために、長期投資をすることができた。

アルディとリドルにもいくつかの成功があった。しかし、それは彼らよりも弱い、ソフト・ディスカウンターに対してであった。1990年から2005年の間、ディスカウンターの市場占有率は、4〜5パーセント程度で不変のままだった。彼らがドイツでおこなったように市場の中核に入り込むことは、決してできなかった。

この間に、アルディとリドルとの戦いとは別の戦線が、今度は海外で開かれた。それは1989年のベルリンの壁崩壊に続いて、我々が中央ヨーロッパの旧共産主義国を訪問して、これらの国が潜在的な新しい市場を提供すると理解したことによる。

私は、1991年のポーランドへの最初の訪問を決して忘れない。中央計画経済が、市民のニーズを満たすことができないことについて、確信が持てない人がいるならば、当時の中央ヨーロッパへの旅行はその矯正手段として使えただろう。現代的なイギリス風の店などないと我々は感じた。最終的には共産主義政権を打倒する役割を担った連帯運動の地元であるグダンスクは、私が育った1960年代初期のプレハブ店舗での買い物を思い出させた。それでも人々は、良い店と良い品を強く求めていた。

残念なことに我々だけが、チャンスを見つけたわけではなかった。小売業者は、ヨーロッパ中から殺到した。我々が選んだ市場、ポーランド、チェコ、スロバキア、そして、ハンガリーは、特にフランスとドイツの小売業者にとっても魅力的だった。アルディとリドルは、市場の一部もしくは全部にすぐに参入した。

各々の小売業者はゼロから出発しなければならなかったので、初期にはあまり多くの店舗がなかった。しかし国の大きさと比較して、非常に多くの小売業者が参入していたので、利益は低かった。これは、ディスカウンターの思惑通り、深刻な消耗戦を起こした。住民の所得が低い国で、小売業者間の競争の全ては価格に集中した。

テスコはこれらの市場に、大きく、なんでも揃っているハイパーマーケットとして、ほとんどはショッピングセンターの中に出店した。一般にこれは、素早く小売業者が規模を確保できる、小売ネットワーク基盤である。車で立ち寄る、なんでも揃っている店として設計されており、通常町の外れに位置する。しかしながら我々は、旧東欧圏国でアルディとリドルが上手く立ち回っており、店舗は町の中心地近くにあることを発見した。スロバキアとハンガリーの多くの人が車を所有するということを我々は統計から知っていたが、ほとんどの自動車オーナーは、毎週の買い物をするために店まで運転する余裕がなかったということは気がつかなかった。それに対する我々の対応は、８０００または1万平方メートルの大型店の代わりに、新しくより小さな業態である、２０００または３０００平方メートルを基本とする小さいハイパーマーケットを開発することであった。この業態は、食品と雑貨を合わせた幅広い品揃えを提供し、ディスカウンターの店舗の近くに出店することができた。

そして我々は、イギリスで持っていたPBブランドの『バリュー』ラインだけではなく、さらに我々が所有した独占的なブランドでつくる安い商品を追加のラインとして導入した。これはアルディ自身が創造したテクニックであり、我々は彼らから学んだ。競争は容赦のないものだった。

我々は、ドイツのディスカウンターに多くの注意を注いだことに、彼らは驚いた。彼らは、主要な競争相手が、彼らのことをニッチとみなし、正面からの競争を避けることに慣れていた。しかし我々は、その誤りをしないと決めた。ゆっくりと、しかし確実に、我々の戦略は実を結び始めた。そして、我々は市場シェアを着実に伸ばした。最初は、我々の市場シェアの増加分の多くは、他のハイパーマーケット・チェーンなどの競合他社から来ており、ディスカウンターからは奪えなかったが、しかし彼らの成長を大変遅くはした。そして我々は、徐々に裕福になり始めている消費者によって助けられた。それによって我々は、彼らに公定価格よりも高い価格帯の商品を訴えることができる様になった。衣料品や電気製品を含む高級志向の商品を増やし、より良い品質の生鮮食品などで我々のオファーを改善したとき、我々はディスカウンターに本当の圧力を与え始めた。我々のビジネスをできるだけシンプルで効率的にするためのやり方を、競合他社から最初に学ばなかったならば、これは不可能だった。

これら初期の活動は、我々が顧客と信頼を築くのに役立った。我々が高級志向の商品を高い値段で追加したとき、顧客は価値に見合う価格であると感じた。

ハードワークと安定した進歩の15年を経て、テスコは今や中央ヨーロッパのマーケット・リーダーである。それは決して、楽ではなかった。アルディとリドルは、静かな時間を過ごすには、対戦相手としてあまりに手ごわい。そして、ちょうど我々がその前線で勝っていた時、さらにより大手の競合他社が我々の国内市場に戻ってきた。ウォルマートである。

ウォルマートは、驚異的な会社である。間違いなく小売とマーケティングの天才であるサム・ウォルトンによって1962年に創立され、独力で成長し、アメリカで真に大陸を縦断した最初の小売業になった。ウォルマートは、雑貨（衣料品と食品を除く家庭向けの全ての商品）の売り手としてスタートした。ウォルトンは、アメリカでディスカウント雑貨業態を発明はしなかったが、それを確かに完成させた。初期の頃には、Ｋマート・ディスカウント店舗（当時はウォルマートよりとても大きいチェーンであった）との正面からの接触を避けるために、彼はより小さな町を探した。Ｋマートが各々大きな部門の規模の経済に依存し続けたのに対し、ウォルマートは集中配送、集中購買と集中ロジスティックスに投資した。大陸を跨がるネットワークを作り上げるには、アメリカ大陸の規模は巨大である。試みた人々は、常に失敗した。そのためほとんどの人は、ウォルマートが挑戦するまで試みさえしなかった。

ウォルトンは、「ハブ」（物流センター）と「スポーク」（店舗ネットワーク）のシステムを用いて、南東部のウォルマートの地元から、速く、そして秩序だって拡大した。ロジスティックスと商品システム（とても退屈に聞こえるが、成功にきわめて重要である）の先駆者であるウォルマートは、運営コストが低いシステムを徐々に作り上げたが、それは最大の一般雑貨小売業とスーパーマーケットなどの競合他社よりも優れていた。そしてそれは、システムだけではなかった。よく動機づけされた精力的なチームをつくる、明確な価値観をウォルマートは持っていた。士気が高く、俊敏な小売業者として、彼らはそのエネルギーで店舗に生気を与えた。

１９８８年にウォルマートは、最初のスーパー・センター（アメリカでのハイパーマーケットに相当）を、食品ならびに雑貨を売る巨大な業態として開店した。１９９０年代半ばまで、ウォルマートに正面から競り合うことができると感じた小売業者は、多分いなかっただろう。その代わりにコンサルタントたちは小売業者に、ウォルマートに押しつぶされることを避けるため、彼ら自身を巨大な船と差別化する方法を見つけることを奨励した。この戦略はウォルマートの思うつぼだった。ウォルマートに「価値」においてマーケット・リーダーであることを許した。イギリスに参入する頃にはウォルマートは世界最大の小売業者であり、すぐに世界最大の会社になるところであった。そして、彼らはテスコの5倍のサイズであった。

100億ドルでアズダを買収することによって、ウォルマートはイギリスに参入した。私は、タイでの質疑応答セッションの最中に、そのニュースを聞いた。「なんてことだ、なんで今なんだ」と考える一方で、冷静を装うことがどんなに重要かという良い鍛錬になった。告白しなければならないが、私の最初の反応は、「この会議から出て、イギリスに戻らなければいけない」だった。しかしながら私は、それがパニックを起こしていることの、極めて明確なサインに見えることを知っていた。そこで私は落ちつくようにし、予定を全部こなした。私は、スペイン艦隊と対決する前にボーリングの試合をゆったりと終わらせたフランシス・ドレーク卿のような心境にはなれなかったが、ひと呼吸ついて気を落ち着かせ、ウォルマートの動きを把握すべく、真正面から考えてみた。

この脅威に直面して、会社に与える正しいメッセージは、何だろうか？　それは明らかに深刻な事態だった。しかし、私はビジネスが恐怖によって破壊されるのを望まなかった。一方で、我々が顔をそむけ、ウォルマートが大した脅威を引き起こすわけではないと偽わることもしたくなかった。彼らは、確かに脅威であるからだ。

我々はウォルマートを知っており、賞賛していた。しかし今まで彼らと競ったことはなかった。我々は、彼らの運営コストが我々のものと比較してどれくらい安いか、全くわからなかった。

確かに、イギリスよりもアメリカの産業は、単刀直入に言って我々を簡単にたたきのめすくらい生産性が高く、ウォルマートも同様である、という意見が広く支持されていた（我々はそう思わなかったが）。

我々を悩ませたことの一つは、彼らの非食品における大量の売上数量であった。テスコの非食品事業はそのときはまだ初期段階にあった。そして、雑貨は食品よりも素晴らしく規模の経済性が効く。

ウォルマートが雑貨で我々を圧倒し、我々の核である食品事業への攻撃に、その利益を投入することを心配していた。

それでも我々は、テスコのままでいることを決めた。ウォルマートからは学んだが、顧客に従った。言い換えると、顧客のまわりで基礎を固めた我々の根本的な戦略を変えることなく、競合他社を尊重し、ウォルマートから学べることを全て学ぶということを決めた。そして、我々はそうした。我々は、彼らのビジネスに潜り込んだ。我々の最も上層のマネージャー（日々ビジネスを運営した人々）のチームは、アメリカ、中国、そしてどこでも、ウォルマートが事業をしているところを訪問し、彼らについて最大限学んだ。感嘆することが多くあった。しかし徐々に、神話が現実に代わり、我々のチームは確信を得た。そして、我々はどのように競うことができるかを理解し始めた。雑貨は、その鍵であった。我々はできるだけ早く、競争できるグローバル・サプライチェーンを創造する必要があった。

我々はウォルマートのように大量の一般雑貨商品を売っていなかったが、急速に成長していた。また自分たちがリーンなサプライチェーンをつくることに長けていることを知っていたので、生鮮食品のサプライチェーンをイギリスで構築した。供給と流通をより効率的にすることによって、生産者に支払った高い価格（我々の数量の方が少なかったため）を、補うことができるとわかった。食品と非食品類の完全な品揃えを提供するために、店舗のサイズを急速に拡大した。新しい業態、新しい商品ライン、新サービスと新しい低価格を導入した。ウォルマートは身近な商品（トースターのような）を作るために10の中国の工場に発注するかもしれないが、我々が1つの工場を満たすのに充分な注文ができるならば、競い合うことができるということを知った。

結果は、ウォルマートの猛攻撃に耐えるのに十分なだけでなく、我々のビジネスに勢いを与えた。時間とともに、テスコの生産性は極めて高くなりウォルマートに匹敵するようになり、食品ではそれを上回った。たとえ評論家が、ウォルマートが大きくてアメリカ企業であり、高い生産性を持っているはずだとくどくど言ったとしても、実際に我々はウォルマートが市場に参入した5年後に、以前よりも市場シェアと利益を増やした。この闘いは、グローバル小売業界という非常に大きな市場では、ウォルマート、テスコ、アルディとその他の企業のための場所がたくさんある、という私の意見を強化した。ウォルマートは、最高のものを我々から引き出した。彼らとの戦いでは、テスコと他の主要な小売業者はベストを尽くして戦った。そして消費者は、とりわけ利益を得た。

いかなる犠牲をも払った勝利は、勝利ではない

戦いの最中には、「いかなる犠牲を払っても勝つ」という誘惑がある。しかし、戦いの最中に、尊重するものを裏切ったならば、その様な勝利は無意味である。勝利への意志は、価値観に誠実なことによってバランスが保たれなければならない。我々の激しい戦いでは、常にテスコとして行動しなければいけないことについて、私は一点の曇りもなかった。競合他社から学ぶことは、決して彼らのようになろうとすることではないし、ましてや我々の従業員への関心よりも勝利への関心を優先することではない。

勝利は、顧客、スタッフ、現地の地域社会、サプライヤーに責任をもたらす。強い会社は、これらの責任を受け入れる会社である。顧客とテスコとの関係は、信用に基づく。もし彼らと彼らの地域社会に対してきちんと行動しないならば、我々はその信用を失う。我々が、「自分が扱われたいように、人々に接する」という正しい行いをすることは、社会的義務であるのと同じくらいビジネス上必須のことである。

ある人々にとって、企業の社会的責任は第一にビジネスを行うことのための「代償」である。私は

そのようには考えない。企業は、市場の単なる受動的な役者ではない。企業は、モラルを喪失しては存在できない。企業の行動は、働いている人とそれに投資する人全員の共同体としての信条を反映する。今日のビジネスにおいて、個人の道義的責任の実行以上に、尊敬される判断と責任ある行動がビジネスでは期待されている。

良いビジネスとは、革新を続け、リスクを取り、競い、投資し、雇用し、奉仕し、マーケティングを行い、社会的責任を果たすことである。これらの日常的な活動は、企業とその顧客だけでなく、より広く地域社会のためになるものである。

企業の最高の「使命」が、利益を生み出すことだけであることは滅多にない。企業は、明らかに利益が必要である。しかし利益の追求は、従業員と投資家のモラルやモチベーションを長い期間にわたって維持するには不十分であることも、ほとんどの企業は理解している。私が「ほとんどの企業」と言うことに注意してほしい。あらゆる企業の役員はこの言葉を口にし、ほとんどは本気だが、何人かはそれに応えることに失敗する。なぜ、何人かはできないのか。環境を汚染したり、向こうみずな投資をするのか？ それは無知、粗末なガバナンス、またはひねくれた動機によるものかもしれない。しかし多くのビジネス上の行動は、それが行われる文化と社会によって説明できる。ビジネスで示される道徳基準は、そのときの社会道徳の基準を必然的に反映する。社会は、それにふさわしいビジネスを得るものである。

しかしながら良い会社は、顧客と市民の両方に仕える。彼らは、顧客がいま求めるものの先を思い描き、市民と地域社会のメンバーのいずれにも奉仕する方法を考える。

私はもちろん、テスコがそのような会社であると思いたい。我々は大きくなったので、我々が営業する地域社会に対する奉仕の重要性も同様に増した。この責務は、付け足しでもおまけでも、1年に

1回レポートを出すようであれば良いことでもないことは明らかである。それは我々のビジネスに必要不可欠なものであり、我々の戦略に反映しなければならない。

我々が、事業をバランスを取って管理するために使っている『ステアリング・ホイール』(第6章を参照)は、当初は4つのセグメントがあった。5番目としてコミュニティーが、全ての事業が顧客と同様に地域社会に奉仕することに本分を尽くすことを確実とするために追加された。我々の価値と、顧客からのフィードバック及び既に述べた韓国での経験によって形づくられた取り組みを反映したものである。

『ステアリング・ホイール』の5つのセグメントは今や、以下の通りになっている。

・我々は、お客様のために何をしているか?
・どのように、仕事は改善されているか?
・我々は、スタッフのために何をしているか?
・我々には、どんな財務目標があるか?
・我々は、地域社会のために何をしているか?

我々は、地域社会を対象としたコミュニティー計画について、カスタマー計画と同様に詳細な戦略とプログラムを策定し、『ステアリング・ホイール』の他の部分と同様、プロフェッショナルとして管理した。我々が最初に注力することに選んだのは、地域社会での活動、教育、ダイエットと健康、気候変動であるが、これはでたらめに選んだものではなかった。我々がビジネスを運営している環境と顧客が望んでいるものに対処したのである。これらのエリアで、我々の為すべきことをすることが、テスコ自体の長期の生存能力の向上に役立つという事実を我々は認識した。「Race for Life」（人生のためのレース）は、この計画の実行例として特に良い例である。我々は、人々が人生でより活発であることの手助けをするため、「Race for Life」の創始者であるイギリスの癌研究機関（Cancer Research UK）を、彼らの極めて重要な仕事において支援したかった。多くの癌は、人々のライフスタイルの影響を受ける。我々は、商品をより健康的にし、健康的なライフスタイルに関する詳細な情報を提供していた。癌研究機関への支援は、この努力の自然な延長線上にあった。

イギリス癌研究機関は、これまで一緒に働いた組織の中で、最も賞賛に値する組織の1つである。ヨーロッパで最も大きな単一の独立癌研究基金であり、毎年癌調査に3億ポンドを投入し、イギリスの癌研究活動の大半を占める。組織単独で、また他と協力し、癌の効果的治療でのいくつかの躍進を成し遂げた。主に彼らと彼らの仲間の調査部門に感謝したい。世界の癌との戦いは、ゆっくり、そして、徐々に勝利へと向かっている。その成功は、そのマネジメントから必然的にもたらされたものである。癌研究機関は、プロフェッショナリズムと戦略的な集中の点で、最高の企業に匹敵するくらい組織化されていた。

癌研究機関は、認知度の向上と必要としていた資金を集めるために、1994年に「Race for Life」を開始した。アイデアは、シンプルなものである。女性のための5キロメートルのレースである。幾人かの人はレースをするが、しかし主には、癌に何らかの方法で影響された女性を伴って参加する。彼女たち自身、その家族や友達などだ。

年を重ねるにつれ、「Race for Life」は、大きな国家的なイベントに育った。我々はお金も提供したけれども、我々の最大の貢献は、広報、宣伝、組織、募集、そして計画といった、実際的なサポートであった。すべての本物のパートナーシップのように、我々双方がお互いから恩恵を得て、そして学んだ。我々はお互いに要求が多く、お互いから最高のものを得た。多くの我々の顧客がイベントに参加した。そして彼らは、テスコが参画しているという事実が好きである。同じことは、我々の従業員とサプライヤーについても言える。

しかし「Race for Life」とコミュニティー計画全体は、単に何かを社会に還元しているだけではなく、テスコというブランドのロイヤルティを深めているという、実際の例である。あらゆる成功したビジネスは、商品を売るためのマーケティング・スキルを磨くが、この活動は売上金額や客数で定量化されるような、普通の商業的な目的を達成するものではない。それは、我々と顧客、従業員と地域社会の間での、より強い、より深い、感情的な繋がりをつくるように設計されている。そして、それは異なるやり方で、そして、異なる時期に配当を得ることができる。

何人かは、懐疑的にとらえるかもしれない。私はこれは、シンプルに良いビジネスであり、自由市場が会社の従業員、経営幹部と会社の株主だけでなく、より広く社会へどのように貢献するかという明確な例であると思う。政治家はビジネスを問題の一部というよりも、むしろ人生の困難に対する解決策の一部と考える方がずっと良い。我々全員が直面しているチャレンジに対する革新的な解決策を見つけるために、政府とビジネスはもっと密接に連携しなければならない。しかしとりわけ社会も、人類にとって口では言い表せない恩恵を生じさせる望ましい力である競争を、企業と同じように受け入れなければならない。

最後に、自由市場の擁護者であるアダム・スミスの言葉を引用しよう。競争は「人の個人的な利益と情熱」を「とても好ましい社会全体の利益」に変える。あらゆる小売店経営者の琴線に触れる一節だが、「我々が夕食に期待するものは、肉屋、醸造者またはパン屋の慈悲によってもたらされるのではなく、彼らの利益に対する関心からもたらされる」とスミスは書いた。我々は、彼らの利己心に注目するのではなく、我々自身の必要を語るのでもなく、彼らの利点について話すべきである。競争は良いことである。「競い合え。退いてはいけない」という言葉は、あらゆるリーダーのマントラでなければならない。競い合い、そして勝つ。しかしながら、あらゆるリーダーは、信頼することの重要性も理解する必要がある。

第10章

信頼

信頼は、リーダーシップの基盤である。
人々はあなたを信頼したとたん、
あなたに任せておけば
自分たちの利益が守られると感じる。
人々はあなたのビジョン、能力、判断、活力、
そして物事を見通しての決断を信用する。

私のリストの最後の言葉は、リーダーシップになるはずであった。強いリーダーは素晴らしい企業をつくり、驚くべき勝利を得て、栄光のシャワーを浴びながら引退する。良いリーダーシップなしでは、成功することはできない。モンゴメリー陸軍元帥は、自らの「指揮の原則」はすべて「リーダーシップ」の一言に要約されると述べている。

私が1992年、マーケティング担当役員への就任を依頼されたとき、リーダーシップと真の責任について最初に感じたのは、不安だった。イアン・マクローリンとデイビッド・マルパスは、事業の問題が何なのかよく分からないし、だから私の助けが必要だと言っているようだった。その時まで、私はイアンとデイビッドに全幅の信頼を置いていた。彼らは、私のメンターだった。彼らは私を導いてくれ、私は当然彼らがすべての答えを持っていると思っていた。突然私は、恐ろしい責任の重さ、つまり私のリーダーシップを期待している人たちの重圧を初めて感じた。父親が自分の助けを求めているることが分かった息子のように、衝撃的な瞬間であった。

しかし、リーダーシップとは何だろうか？　スリム子爵は、リーダーシップとは勇気、意志の力、率先、知識、そして無私であると主張している。しかし考えてみると、リーダーには他の何よりも必要な1つの要素があるという結論に私は達した。それは、信頼である。信頼は、リーダーシップの基盤だからである。

信頼なしでも、人々は従うかもしれない。しかし「従う」という言葉が含意しているように、それはしぶしぶ、いい加減に、そして躊躇しながらである。人々はあなたを信頼したとたん、あなたに任せておけば自分たちの利益が守られると感じる。人々はあなたのビジョン、能力、判断、活力、そして物事を見通しての決断を信用する。この信頼は、私が前章まで触れてきたものに基礎を置いている。あなたが掲げる目的をチームが信用すること、あなたの崇高な目標、あなたと価値観を共有すること、定められた手順にしたがって行動すること、などである。そうなれば、あなたは人々の理性だけではなく、心を掴んだのである。モンゴメリー元帥は「戦いはまず人々の心において勝利しなければならないことを絶対に理解すべきだ。……イギリス兵は、注目すべきやり方でリーダーシップに応えてくれる。いったんその心を掴めば、イギリス兵はどこまでもついてきてくれる」と確信していた。

しかし、リーダーについてはもう一つ、多くの人が気づいていない点がある。強いリーダーシップとは、信頼を寄せてくれる人々がいるからだけで成り立つものではない。リーダーが彼らを信頼することが欠かせないのである。彼らが店舗をつくり、棚を埋め、企業を買収することを信頼しなければならない。敵の築いた塹壕を占領することも信頼しなければならない。彼らを信頼することで、彼らの忠誠や自尊心、勇気、決断そしてコミットメントが育つ。この信頼が生まれれば、どんなことでも可能になる。特に、3つのことが起こる。

第一に、信頼されたリーダーは、メンバーの野望と献身、そして時には忍耐をより大きなものにすることで、到達できるであろう地点よりさらに遠くまでチームを導く。リーダーの勇猛な目標は当初、不可能に見えるが、リーダーに信頼を置いていることで、チームはその目標を達成すべく喜んでベストを尽くす。リーダーに信頼を置いていることで、自信のなさや自らの能力に対する判断を乗り越えていくのだ。

第二に、人々の行動が変わる。お互いを信頼する雰囲気が、リーダーとメンバーの間だけでなく、チームの中にも広がっていく。一人ひとりが仲間を信頼するのだ。

第三に、おそらく何よりも重要なことだが、メンバー自身が自信と自己評価と自らの行動に対して責任をとる意欲を備えたリーダーになる。これは何も全員が平等だとか、規則をないがしろにするとか、みんな好きなことをしていいということではない。前にも述べたように、メンバーに明確な役割を与え、その行動について説明を求めることが極めて重要だ。しかし、それと同時に優れたリーダーは、部下に自分で判断させ、一人前のメンバーとして扱われていると感じさせる。

この文化は、どのような組織においても重要だ。それも、組織が大きくなればなるほど、重要性は増す。あまりにも多くの公的機関が、官僚主義と目標に埋もれている。正しい目標は間違いなくチームに焦点を合わせ、チームを活性化させるものであるはずだ。しかし、行動をコントロールするためだけの目標は、経営層がチームを信頼していないため、現場のメンバーの士気を下げ、尊厳を傷つけ、プロフェッショナリズムを蝕む。こうした信頼が欠けた組織では従業員のやる気が失われ、パフォーマンスの低下に見舞われる。結果的に文書と命令が増え、問題が悪化し、不信が深まっていく。

信頼を築く

テスコには信頼の文化があっただろうか？　もちろんそうだと言いたいが、私はそれを判断する立場にない。正直言って私は、自分を信頼してもらうためどのようなステップを踏めばいいかというチェックリストを持ったことがなかった。しかし、後知恵ではあるが、今それらをつなぎ合わせてみると、リーダーが自分のチームとの間に信頼を生み出すためにこうしたらいいというステップがいくつかあるように思う。

まず、自分らしくあることだ。いつも部下と誠実に向き合えばそれだけで、部下があなたを信頼するよう促すことができるだろう。リーダーはよく、理想的なマネジメントは違うタイプの人間、つまりスーパー・エグゼクティブでなければできないと考えがちだ。そのため違う言葉を使い、ときには声のトーンを変えたりする。部下が知りたがっているのは、自分たちのリーダーが本物であり、自分らしさをどこかに置き忘れてきたりしていないということだ。部下は仮面を見抜く。それに、仮面はどんな場合でもいつかははがれるものだ。自分ではない誰かのふりをしても、あらゆる場面でそう振舞うのは不可能だからだ。

次に、中間管理層や本社だけでなく、組織全体があなたのことを知っているようにしなければならない。そして、あなたはどこへ行っても、誰と話しても同じ人物であるようにしなければならない。本社での人格と現場での人格が違ってはならない。確かに私は、店舗のスタッフと会う時や特にタウンミーティングで、いつも自分らしくあることには大変苦労した。何百人もの見知らぬ人たちの前で、その信頼を得ようと心を開き、本当の自分をさらけ出すということは、とても緊張する経験だ。しかし、もし信頼を得たいなら、そうするしかない。

人々の信頼を得るためには　多くのことを行い、すべての決定を自ら下し、明確にコントロールしていると見られることが欠かせないと考えているCEOもいる。それはときとして非効率的だ。何もしていないように見えるとしても、黙っているほうがよいことも多い。黙っていることで、管理職は耳を傾け、目を凝らし、学び、より大きな絵を見ることができる。中心にいて動き過ぎる管理職は、道路にちょっとした段差があったり、最新の「新しいアイデア」が出るとすぐ指示を出し、組織にとって助けというよりは障害となる。ある指示の後に反対の指示が出ると、組織の最前線には混乱が生じる。

現場に対する私の信頼は、我々が組織全体でどのように権限委譲を進めたかに表れている。私は、人は誰でも自分自身で考える自由と権限を必要としていると信じている。そうすることで、問題が深刻になる前に解決策を工夫することができるし、何より重要なのは自信が持てるようになることだ。自分たちを信じている組織は、価値が創造される場所である現場に、権限と責任を委ねる。サミュエル・スマイルズは、管理職がそれらを手放すことの必要性を明確に指摘した。

あまりに多くの指導や制限は、自助の習慣をつくる邪魔になる。それらは、泳ぎ方を教わったことのない人の腕の下に結びつける浮き輪のようなものである。一般に思われている以上に、信頼の欠如は大きな障害である。

そこで我々は、広範囲における権限と責任を積極的に認め、管理職を忙しくし、部下の業務を結局代行してしまうということがないようにした。我々は肩書きをシンプルにし、人々がさほど組織の上下関係や地位を気にしないようにした。イギリス国外には25万人の社員がいたが、イギリスからの駐在マネージャーは1000人に1人以下の割合だった。そのため、いろいろな決定は現地の文化を知り、現地の社会を理解している地元の社員が行うようにした。人々は、自分で決定し新しいことに進んで挑戦するよう励まされた。

デジタル革命によって、あらゆるリーダーはますます活発に動き、問題へ即座に反応し、口出しするよう圧力を受けている。私も確かにテスコ在籍中、たくさんの電子メールを送った。しかし、重要な件についてはわずかだった。電子メールは手軽なコミュニケーションのための素晴らしいツールだが、限界がある。電子メールで声を聞くことはできないし、相手の気持ちや心の動きを追いかけることもできない。慎重を要する問題については、顔を突合せて話すのが一番である。直接話すことは、何にもまして信頼を保つ方法である。

電子メールを通して小さな問題に関する議論に巻き込まれるマネージャーは、より大きい視点を見失いやすい。彼らは細かい点まで管理し、瑣末なことに延々と関わっている。これこそだめな人間の作り方だ。優秀なマネージャーは、常に優先順位を持つことの必要性を理解しており、細かい問題を処理するために頼れる他のメンバーがいることを知っている。マネージャーがすべてのことに関わり、組織内のほんのちっぽけな問題まで心配しているとしたら、それはだめなリーダーシップのあかしである。そのような行動はリーダーとチームとの間の信頼が損なわれていることを示している。そのようなリーダーは優先順位がまったく分からなくなっており、最悪の場合は部下をコントロールすることさえできない。

しかし、だからといってリーダーが、細かい問題がもたらすかもしれない結果について何も知らなくていいということにはならない。細かいことを知らなければ、ビジネスや組織を理解することはできない。テスコで人生の多くを過ごしたおかげで、私は店舗内を歩くとひと目で上手くいっているか、まずいことになっているか見分けることができた。もし木々の中からある木を見分けたいならば、まずはそれらの木々を知っていることが役に立つ。

信頼されているリーダーはそれゆえ、細かいことを知っているが、他の誰かに安心して任せ、その仕事に手を出そうとはしない。こういうリーダーは何が起きているか見ていて、物事が間違った方に行き始めた場合にだけ手を差し伸べる。そのような信頼こそ、成功する組織の基盤である。モンゴメリー元帥は、独特の力強さと自信に満ちた筆致で、この点を的確に指摘している。

上級指揮官が、細かいことにばかり没頭しないようにすることは、きわめて重要である。そして、私は常にそうしてきた。私は、重要な問題を考え抜く際には、多くの時間を静かな思索と内省に費やした。戦いにおいて指揮官は、どのように敵を倒すかについて考えなければならない。もし細かいことにこだわっていると、本当に重要な本質を見失って、どうやって敵を倒すかを考えることができず、戦いにおいてほとんど影響のない枝葉の問題に目を向けるようになる。兵士たちが頼るべきあの堅固な巌となることができない。細かいことしか考えられないのだ。

私は、黙っていた。それは、社員たちが自分で仕事をどんどんやるよう放っておくことであった。しかし一方で、私の部屋のドアは常に開いており、いつでも誰にでも会う準備ができていた。はじめは、このやり方が居心地悪いという人間もいた。彼らは、自分の決断が他人の承認によって再保証されることを望んだ。しかし、私はそうした文化がリーダーを育てたり信頼を育んだりしないということを知っていた。誰もが自分に保険をかけ、承認を求めていたら、私は疲れ切ってしまうだろうし、会社はお寒いペースでしか成長しなかっただろう。時間とともに、私が彼らを信頼していることが分かってきて、社員の自信は大きくなっていった。

それは私が、フィッシャー提督（前にも触れたイギリス艦隊の指揮官）のようであるという意味ではない。彼は部下に自分の代わりに署名させ、執務室には「もし言うべき重要なことが何もないなら、この場から立ち去り、私を仕事に専念させて欲しい」と掲げていた。あるいは、私はモンゴメリー将軍のように楽天的ではない。彼は1940年のフランスでの戦いで、ドイツ軍がルーヴェィンの町を占領したと、寝床で参謀将校から告げられた。「あっちへ行け。私の邪魔をするな。連中を追い出すようルーヴェィンにいる准将に言え」と彼は怒鳴り、再び眠りについた。

静かな環境や細かいことに忙殺されていないことは、必ずしもリーダーに要求されるわけではない。自分たちのやり方を見失った組織は士気が低く、目的意識が薄れているものだが、まったく別のダイナミックなリーダーシップがあればきちんと反応することはできる。有名な例が、ウィンストン・チャーチルが1940年5月に首相になったとき、起こったことである。

イギリスは、最も暗黒の時代を迎えていた。ナチス・ドイツはフランスをほとんど占領しており、イギリスのみがヨーロッパで孤立していた。しかし、チャーチルが「本日実行すること」と名付けた大量のメッセージや覚書を発信するにつれ、自信なく揺れ動いていた政府機関の間に瞬く間に彼のエネルギー、行動力、そして決意が広がっていった。当時、彼の秘書官であったジョン・コルヴィル卿はこう振り返っている。

大部分の内容は、激戦がつづく戦況や航空機の製造に関しての重要な問題だったが、彼は常に些細な事柄にも時間を割いた。第一次世界大戦で手に入れた戦利品は修理して使えるかどうか？交戦の騒音を和らげるため耳に栓をするワックスを部隊に送れないかどうか？　爆撃があったら、動物園にいる動物たちをどうするのか？

コルヴィル卿が書き留めたように、チャーチルが「取るに足らないことのために重要なことをないがしろにしている」といった不平は誰も言わなかったが、「ちっぽけなことと同じように重大な問題についても重箱の隅をつつくように細かいと嘆く人たち」がいた。それにもかかわらず、チャーチルのエネルギーと熱意は、政府機関をつくり変えた。内閣官房のあるメンバーは次のように述べている。

時には断固としたトーンだったが、いつもは適切でタイムリーな彼のメッセージは、ホワイトホール（イギリスの官庁街）の上層部に素早く広がった。それはまさに、強い人間が中枢で指揮を執っているという感覚を確かなものとした。広い範囲のテーマについて絶え間なく発信されるメッセージは、サーチライトの光の様に絶え間なく周囲を巡り、政府機関の遠く奥深いところまで届いた。そのため、たとえとるにたらない地位や業務の担当者にも、ある日、光が彼に当たり、彼がしていることを照らすかもしれないと感じさせた。ホワイトホールにおいてこれは、瞬く間に劇的な効果をもたらした。政府機関はただちに彼のリーダーシップに呼応した。ペースを速め、業務の調子が改善された。強い意志に導かれた確かな手がハンドルを握っていることがはっきりするにつれ、新しい緊迫感が生まれた。士気は高まった。

「確かな手」と「強い意志」は、政府機関そしてイギリスが、政府に対する信頼を取り戻すために必要としていたものだ。秘書官が書きとめたように、この変化は、「誰にでもすぐ分かる断固とした目的意識」を反映したものだった。彼によれば、「それはまるで、機械が一晩で1つか2つ新しい歯車を装着し、それまで可能だと思われるよりはるかにスピードを出すことができるようになったようなものだった」。

組織が危機に直面しているような状況では、このようなリーダーシップのスタイルが鍵を握る。しかしながらほとんどの場合、組織は存亡を賭けた戦いに臨んでいるわけではないので、この様な過剰な活動は障害になる。たとえば、平時におけるチャーチルの政治経歴は、戦時ほどは成功していなかった。それでも彼は、私がもろ手を挙げて賞賛し、共鳴することができる特徴を明らかに備えていた。それなしでは、どんな組織のリーダーも自分の影響を持続させることができないもの、つまり意志の強さである。

「それは彼の意志の強さによるものだった。1940年の最大の危機を我々が切り抜けられたのは、彼の意志の強さ以外の何物でもないと言ってよいだろう」と、彼の最も近しいアドバイザーの1人は書いている。断固たる意見や方針、あるいは取るべき行動があれば、彼はそれに忠実に従った。「彼はときどき間違えたり、しばしば時期尚早で、せっかちだったため、反対されることはしょっちゅうだった。論争は緊迫し、長引いた。しかし、徹底して議論する機会が常に与えられていた」。

その議論の間、「彼は賛成、反対どちらの主張にも耳を傾けた。自分の見解がまとまったときでも、もし新しい証拠が持ち込まれたり新しい論点が出てきたときは、しばらく熟考した後で、喜んでそれを見直した」。「首尾一貫しているよりも正しくありたい」というのはチャーチルの大好きな格言の1つであった。彼のもう一人の側近は次のように述べている。

こういうやり方の途中でしばしば、彼の考えている作戦は根拠が弱かったり、活用できる資源では実行がとても難しかったり、あるいは少なくとも当初はそう見えることがよくあった。しかし、彼は全く立ち止まろうとしなかった。やり通すか、どこかから不足を補う資源を見つけてくるか、または自分の案がやはり良くなく他に替えたほうがいいと認めざるを得なくなるまで、意に介すことなく突き進んだ。

チャーチルが備えていた実行力、一見乗り越えられないと思える障害が行く手を阻むことへの反発心、到達不可能と思われるゴールに対する集中力。これらの特徴は、彼の回りの人々を発狂させ、消耗させ、そして憤慨させた。しかし、これらは一国が軍事的敗北を食い止めるためには、また次元は違うが、組織が成長し発展するには不可欠なものである。

私はしばしば、ある問題について真実に到達したと感じるまでとことん議論しないと気が済まないことがあり、同僚たちをひどく怒らせていた。そのプロセスは辛かったかもしれないが、議論の結果としての決定をチームが信頼するため、それは極めて重要だった。また私は、自分たちが行うと言ったことを実際に行うことについて頑固だった。ある価値観やゴール、目標を受け入れたなら、迷ってはいけない。ある戦略を設定しながら、単に状況が厳しくなっただけでそれを変更するようなリーダーは、結局はチームの信頼を失う。約束を果たすことは、信頼をつくる最善の方法である。それは政治家と有権者の間であろうと、CEOとチームとの間であろうと変わらない。

「沈黙」と「頑固さ」に、私は「敬意」を付け加えたい。私は世界中で、できるだけ多くのチームメンバーに直接、会おうとしてきた。しかし、社員に会うだけでは十分ではない。確かに社員にとって、自分の店舗にCEOがやってくることは（それも通常は予告なく）、少々不安を呼び起こすことだったろう。彼らが持つかもしれない疑念や恐れを取り除き、彼らが抱える問題を私に対してオープンにしてもらうだけで、我々の戦略がどのように売場で実行されているか知ることができた。彼らの観点から見れば、ただ彼らに向かって話すのではなく、実際に耳を傾けてくれるCEOがいたということが、彼らの自尊心を高めるため役立ったことを望む。

また、敬意を示すことは、未熟な怒鳴り合いやマッチョな攻撃的態度を慎むということを意味する。テレビのリアリティ・ショーを観ていると、リーダーはチームのメンバーを人前でののしり、辱め、あげくの果てには解雇を言い渡す必要があるような印象を与える。こうした行動は、リーダーシップの失敗と信頼の完全な欠如を表している。もしミスがあったら、リーダーはチームがそこから学ぶよう励まさなければならない。辱めは信頼を蝕み、次第に独創性やイノベーションの力を弱める。計画に反対し、その実行を拒否する者がいるとしても、大声を上げるだけでは納得させることはできない。

それは、テスコが懸命に実践しようとしてきたものと関係がある。それは「批判するより賞賛する」ということである。人というのは、賞賛の言葉が10あってやっと1つ、批判の言葉を覚えているものだ。その批判がスタッフがめったに会わないCEOからのものだとしたら、なおさらそうだ。私はこれをとても意識していたので、経営幹部に対する場合と比較すると、売場でスタッフを「批判するより賞賛する」ことについてはまあ、うまくできていたと思う。

次に、「平等」が来る。私は会社のあらゆるレベルで、誰に対しても、平等な扱いをすることを常に重視していた。会議の前に根回ししたり、派閥やコネをつくることは私のスタイルではない。私は内気な人間であり、オフィスでの政治的な駆け引きが得意ではない。私はこれまで個人の性格にそれほど影響を受けなかったので、お気に入り連中をつくることはなかった。そんなことをすれば不信感が広がるだけだからだ。スリム子爵は、「あなたにとって一番優秀な部隊はどれですか?」と尋ねられたなら、「どの部隊も全部優秀だ」と答えただろう。あるグループを他より優遇することは、組織についてリーダーが耳にすることを歪める。ある派閥に属する者は、彼らが聞きたいことをリーダーに話す。さもないと彼らは干され、冷や飯を食うことになるからだ。一方、派閥に属していない者は、間違いなく孤立し、嫌われ、さげすまれる。それは何の信頼も生まない。

最後に、真実を口にしない人を信用することはできない。相手に示すことができる最高の尊敬は、真実を伝えることである。抹香臭く高慢に聞こえるかもしれないが、私はそのことにこだわってきた。ときには欠点といってもよいくらいだったろう。売場でスタッフに会うときも、役員会で議論するときも、私は自分が思ったことを単刀直入に、ただ自分としては丁寧に、述べてきた。時間が経つにつれ、私が首尾一貫して自分の言ったことは実行し、スタッフにたいして率直であるということを見て、私の発言に対する彼らの嫌悪が少しでも払拭されたとしたらうれしい。人々がリーダーやリーダーの発言を嫌うことは、リーダーに対する不信感に比べれば何でもない。

相手に真実を伝えることは決定的に重要である。もし相手を道に迷わせたと分かれば、あなたへの信頼は粉々になってしまう。たとえそれが悪い知らせであるとしても、どうなのかを伝えるのだ。そうすれば信頼が育つ。そして、最も重要な真実は、自分自身に誠実であることだ。自分を知り、強みと弱みがわかっていれば、失敗は少なくなる。より大胆で自信が満ちてくる。それを、何を成し遂げたいかを正確に知ることと組み合わせるのだ。そうすれば、行く手に待ち構えている酷評やあら探し、批判など気にしなくてすむ、自信の文化を創り出すことができる。

尊敬が信頼を育む

しかし、結局重要なことは、リーダーやリーダーの行動ではない。リーダーによって人々が何を行うようになるかである。本当に成功したリーダーは、組織内に信頼と自信の文化を育てる。それが強い組織の基盤となる。

信頼の文化を創り出すには、人々が仕事から得たいと望んでいるものを与えなければならない。本質的には、先ほど述べたように、多くの人が望む4つのものがある。これらを届けることができるなら、人々はリーダーを信頼し、ほとんどどこへ行くにも従うだろう。その4つとは、敬意を持って扱われること、おもしろい仕事ができること、助けやサポートとなる上司がいること、そして成績を上げれば昇進するチャンスがあること、である。

人をマネジメントするのが他より上手な人がいる。しかし、どんな組織であろうと、従業員の生まれ持ってのマネジメントの才能や能力に頼ってはいけない。マネジメントのスキルと能力を常により良いものにしていくことが肝心なのだ。私がCEOになったとき、テスコは急速に大きくなっていた。私は、スタッフの助けとなるマネージャーがちゃんといるようにするには、管理職全員が最高のスキルと最新の技量を身につけられるよう、可能な限りあらゆる手立てを講じる必要があることを理解した。ある経営コンサルタント会社が、テスコの店舗や倉庫、本部で働く1万人のマネージャーのため、管理スキル用のツール・キットをオーダーメイドで開発した。我々はこのツール・キットを『フューチャー』と名付け、研修プログラムの基礎として活用した。

2年間にわたって行われる『フューチャー』は、おそらくイギリスでこれまでに実施された最も大規模かつ最も厳しい経営管理のトレーニングである。いわばミニMBAプログラムであり、当社のマネージャーに対し、どのように部下に話かけるのか、どのように会議を運営するのか、どのように素早く分析し計画を立案するのか、どのようにプロジェクトを実行するのか、どのように部下をコーチするのかなど、毎日部下をマネジメントするために必要な実践的なスキルを教えるものだ。

会議運営というシンプルな技術だけでも、信頼を築くため素晴らしい効果があった。我々は誰でもひどい会議はどんなふうになるか知っている。議題もなければ、なぜ皆が部屋にいるのかについて明確な目的もない。そんな会議は通常、一人か二人の人間によって進行し、行きつ戻りつしながら漂う。何が合意されたか（もし合意があればだが）誰も記録しておらず、大部分の参加者は良くて混乱したまま、最悪の場合はいらいらして部屋を後にする。マネージャーはこのような会議を1、2回は開けるだろう。しかし、いつもそうだとしたらチームの信頼をすぐに失うだろう。

我々は、マネージャーが司会する会議において2、3のシンプルなテクニックを使うことを教えた。第一に、会議では必ずテーマと目的をはっきりさせる。次いで、人々になぜ会議に出席したのか、何を達成したいのかを尋ねる。これによって、出席者をすぐ引き込み、会議から何かを得てもらうようにする。出席者は全員、他の人が言ったことに基づいて議論を進め、あまりに否定的、批判的にならないように言われる。決定と実行されるべきことは図表にまとめられ、誰が何を何時までにするのかを皆が分かるようにする。会議の最後、全員に会議は彼らが望んだことを達成したか、何か懸念が残っていないか尋ねられ、何かあれば対処する。さらに、マネージャーは会議を短くするよう訓練を受けた。

『フューチャー』の成功は、テスコのそれまでのやり方、つまり何を売り、どのように運営するかということを、我々自身が信じられないほど早く変えることができたことを証明している。その成功は、経営陣とチームの間に生まれた信頼のおかげである。いくつかの極めてシンプルな実践によって、誰もが望んでいたスキルと自信を備えた何千人ものマネージャーが育った。それは皆を助け、支援する上司である。

我々は、人々が仕事で結果を出し昇進するチャンスを提供するため、できるだけの時間とエネルギーを注いだ。それは、人々が仕事に求めるもうひとつの重要な要素である。組織の規模にかかわらず、人は誰であれ、どんな生まれ育ちであれ、自分たちを信頼し、自分の望みをかなえるチャンスを与えてくれる組織を信頼する。

「誰でもテスコでは歓迎される」は、我々が雇用主としてどのように行動してきたかという企業としての基本哲学を凝縮している。この言葉により、我々は生まれ育ちや年齢、学歴にかかわらず、誰もが同じように成功するチャンスがあるという考えを徹底させようとした。実際、事業のトップに就くチャンスは誰にでもある。我々の行動と言葉は一致していた。我々は人々に、できるだけすべての研修と教育を受けるよう奨励した。それは、生まれつき持つ才能を伸ばしたり、新たな才能を付け加えたりして、仕事も人生ももっとうまく行くようにするためである。ただ、我々はまた、テスコでの評価は仕事において何を行ったか、すなわち資質だけでなくその態度、人格、貢献、そして達成にかかっているということを伝えた。多くのビジネス、特に知的職業では現在まで長い間、大卒の採用がビジネスを発展させる前提条件だとして重視されてきたが、我々はそのルールを無視した。

テスコはその歴史が他社とは異なっているので、他社とは違うやり方を好む。これはジャック・コーエンが移民であったというルーツによる。彼の家族は19世紀後半、ポーランドでのユダヤ人虐殺から逃れてイギリスにやって来た。彼のスタートは、社会の底辺からであると同時に、アウトサイダーとしてであった。彼はうまくいくにつれ、自然と自分に似た人材を採用した。それは輝かしいアカデミッ

ク な賞や学位、紋章などより、機知と常識を備えた、エネルギッシュで若い連中だった。彼らは全員、通常は店舗から始め、ハードワークと決断力、そして才覚によって出世していった。我々は、コーエンが会社に残した、実力主義で階級にこだわらずチャンスを与える社風を保とうとした。しかし、「誰でもトップになることができる」と言っても、それを励ます具体的な支援とインセンティブがなければ意味がない。そこで我々は、さまざまな方法でこの文化を創ろうとした。

幹部を選ぶ際、我々は人々をマネジメントし、リードする能力を非常に重視した。誰かを昇進させるかどうか検討するとき、最初の質問のひとつは「あなたは誰を育てましたか?」というものだった。昇進してうまくやりたいなら、才能を見つけ育てた実績が必要だという話はすぐ広がった。マネージャーたちは間もなく、それぞれ自分の後任となる新しい人材を探すようになった。

わが社は、ほとんどの人がスタートするポジション（レジ係、棚の補充係、倉庫業務担当など）からCEOまで、たった6つの階層しかない、とてもシンプルな構造を維持してきた。このようなシンプルさは、どんなキャリアが用意されているのか理解することを容易にした。次に登るべきはしごの階段がわかるのだ。どんなキャリアが用意されているのかよくわからない込み入った組織構造は、「内情に通じた」人だけが出世できるという印象を生み、それが不信感を助長する。

キャリアを積み重ねていくことを支援するため、我々は『オプション』と呼ぶシステムを構築した。これは、人々がビジネスの次のレベルへ上るための訓練を行うものだ。大部分のトレーニングは勤務の中で実施されるが、それは綿密にプログラムされており、通常、経験を広げるため同じレベルで新しい業務に携わるものである。昇進を確実に成功させるため、候補者が正しいスキルを身につけるよう訓練には多くの時間が割かれた。『オプション』は、会社の末端にいる人達だけのためにあるものではなかった。経営幹部を含む全ての人が、常にもっと学ぶことができた。経営トップに至るまで、あらゆるレベルのマネージャーのためのプログラムが『オプション』にはあった。上級管理者は主にオフ・ザ・ジョブ研修を受け、経営幹部になると2年以上にわたって世界中を回るオリジナルのコースが用意された。そのうちのいくつかは、候補者自身が考えたものだった。

誰でも『オプション』に申し込むことができ、実際に数千人もがそうした。常に、グループ従業員(今日ではほぼ3万人になる)の6パーセント以上が、次のレベルへ上がる準備ができていた。そして、社会的流動性の原動力のひとつとして、それは快調な音を立てて稼働した。何千人もが会社の末端から上に上がり、何人かはトップまでたどり着いた。パートタイムのレジのチェッカーとして職場復帰した母親たちは、地域ディレクターになった。16歳で就職したショッピングカートの収集係たちは、その後、あらゆる市場で我々の事業の運営に携わった。

みんなが全て、成功して出世したいわけではない。中にはただ仕事をしたいだけの人もいる。しかし、彼らと一緒に棚に商品を積み上げている人にも成功するチャンスがあるということが重要なのだ。私は何度も、若い新入社員だった一人が出世して店に戻ってきたとき、その店のスタッフがとても誇らしげにしているのを目にした(彼らは16歳の時と同様に扱われていたが)。

テスコの従業員はいまでも、社会をありのままに映している。例えば、16歳で学校を出て入社するよりも大卒の方が、パートタイムとして仕事に復帰した母親よりも若い男性の方が、依然として昇進するのは楽である。これは我々も意識しており、全員に同じチャンスを本当に与えるよう努めてきた。我々は、女性と少数民族が自信を持てるよう支援するネットワークをつくり、こうしたグループが結果を出し昇進するにあたっての障害を十分理解できるようになった。もっと多くのことを行い、多くの時間を使えば、良い結果が得られることを学んだ。より多くのロール・モデルが生まれ、より多くの候補者が一歩を踏み出し、より多くの人々が前進するのだ。

このアプローチが成功を収めていることは、今、どれくらい多くの女性がテスコでマネージャーを務めているかということが証明している。いまから見ると驚くべきことだが、そう遠くない昔、女性の店舗マネージャーは実質的にはゼロだった。女性はまだ多数派ではないが、店舗管理においては40パーセントを占め、さらに上のレベルでもどんどん増えている注目の少数派である。規則によって公正や公平が確保されるわけではないという私の考えは、テスコの文化として我々の価値観がうまくいっていること、特に取締役会に多くの女性が入ってきていることによって裏付けられていると思う。イギリスでは、法律によって企業は一定数の女性を役員にしなければならないようにすべきだと主張する人がいる。それでは女性の価値を貶め、偏見を助長しかねない。そうではなく、企業はなぜ女性が時にパフォーマンスが下がるのか理解し、対応を適切に変える必要がある。ある女性は、家庭と仕事のバランスについて不安があり、自信をなくしているのかもしれない。別の女性は、とても小さなことに表れる企業文化が合わないのかもしれない。確かに、私は席につくと5分もしないうちにサッカーの話を始めてしまう。これは多くの女性に疎外感を与えるかもしれない。企業文化を変えることによって、ロール・モデルをつくることによって、女性の選考委員会を立ち上げることによって、企業はいろいろなことを変え、信頼を生み出すことができる。

テスコが世界中の新しい市場に参入した際、イギリスやアメリカよりもっと階層化された社会でビジネスを行っていることに気がついた。「誰でもテスコでは歓迎される」というモットーは、これらの国でもっと重要だった。それはただの言葉、表現ではあるが、行動によって裏打ちされることで、確かに公平でチャンスがあるという感覚を生み出し、やがて信頼の文化を創り出したのである。

終章

人類の歴史は、組織の歴史である。国家、企業、都市、教会、慈善団体、軍隊など、人類が自らを組織化する能力が進歩と繁栄をもたらしたとともに、戦争、専制政治、大量虐殺も引き起こした。組織は我々に富と悲惨を、おそらく同じ程度にもたらした。私は幸運にも大きな組織の運営に携わったが、それも歴史のキャンバスの上では小さな点である。私がこれまで学び、本書でまとめようとしたことは、どんな組織でもこの先何十年にもわたって留意すべきことだと思う。

急速に増大する人口と気候変動の脅威は、限られた天然資源にさらに多くの負荷をかけるだろう。デジタル革命は、人々により多くの情報と選択を与え、企業だけでなく政府をも引きずりおろそうとしている。かねてより明らかなアジアの興隆は、西から東へのパワー・シフトを告げている。そこでは、大きな夢を抱いたエネルギッシュな中間層が急速に台頭している。

こうした顧客は、世界中の消費者と同じく、グローバル市場を自分でしっかりと歩かなければならない。何を買うかオンラインで調べて店舗で買う（あるいは店舗で調べてオンラインで買う）ことができる世界に暮らし、なんでも選べて情報に急き立てられている消費者にとって、ブランドの役割は今後もっと重要になるだろう。強力なブランドは、品質、価格、利便性といった消費者の物質的かつ合理的なニーズを満たすだけではない。人々は忙しい生活を送り、時は金なりということを認識するだけでは、顧客のロイヤルティを勝ち得ることはできない。どのようなタイプのブランドでも、消費者の希望や夢、ニーズに訴えかけ、消費者との感情的な結びつきを築く必要がある。

人生において成功すること、例えば子供たちに自分のときより良い門出を用意し、安全でちゃんとしたところに住み、健康で長生きするといった望みはどれもこれも、人類と同じくらい昔からある願望だ。しかし、グローバル市場の需要、中産階級の富の増大、そして空間の圧力は、今後ますますそうした願望の重要性を高めていくだろう。東洋の何千という高学歴人材の影響力はグローバル経済で認識されるようになっており、世界中の雇用主はますます高い教養と訓練を積んだ社員を求めるだろう。教育がいま以上に重要で成長性の高い産業となることを期待しよう。世界各地の巨大都市や人口密度が急上昇しそうないくつかの地域では、人々は自分たちの安全により多くのコストを支払うだろう。より多くの人が、特に高齢者が、すでに相当な規模となった健康マーケットをより大きなものにするだろう。国が運営する保健制度はきしみ、破たんしそうなため、市民は自分自身で医薬品や介護への支出を増やさざるを得ないし、またそうするよう奨励されている。

もう一つの目新しくはないトレンドについても、触れておくべきだろう。大衆の反乱だ。インターネットは以前にも増して、団結し、抗議し、反乱する力を人々に与えている。これによって政府であろうと企業であろうと、あらゆる組織は以前にも増して、自然災害への対応であったり、役員への報酬であったり、新しい空港をどこにつくるか、政府の支出をどのようにカットするかなど、一連の行動がどのような結果をもたらすかより慎重に考慮しなければならない。間違えると、すぐに何千人もの人々がインターネット上やあるいは通りで、ブランドを攻撃し、店をボイコットし、もっと悪い場合は暴動を起こしたりする。

データの重要性は、もう一つの重大な要素である。2010年に、企業は世界中で7「エクサバイト」以上の新しいデータをディスクドライブ上に保存したが、消費者自身も6「エクサバイト」以上の情報を保存した。1「エクサバイト」は、米国議会図書館に保管される情報の4000倍以上にあたる。この規模のデータを用いれば、いろいろなやり方で生産性を改善することができる。透明性が大幅に高まることで説明責任と選択肢が増え、組織は自らのパフォーマンスをチェックしてフィードバックを得、顧客や市民に合わせた貢献ができるようになる。ビジネスにおいては、本書で述べたように、データは企業に競争上の優位性を与える。マッキンゼーによると、この規模のデータを最大限に活用する小売業者は、営業利益率を60パーセント以上改善することができる。しかし、これはまた、ジョージ・オーウェルが描いた「ビッグ・ブラザー」的な監視国家をめぐる、大きな倫理的問題を呼び起こす。誰がこのデータにアクセスできるのか？　それは安全なのか？　どのようにしてそれを得たのか？　そして、誰がそれを所有するか？

こうした変化は新しい難題をもたらすが、冒頭で述べたように、私は楽観主義者である。人類はこれまでも様々な難題を乗り越える創造力に恵まれてきた。最近の世界的な金融危機の痛みによって、世界経済が成長を続けるという事実から目をそらしてはならない。スリム子爵が語ったように、「物事は決して、最初に報告されたほど悪くはないし、また良くもない」。

我々の過去がいくばくかの慰めを与えてくれるとしても、今日の難題に対応するにはイノベーションと斬新なアイデアだけでは足りない。あらためて、我々が我々自身をどのように組織化しているか、すなわち企業、サービス、都市などがどのように組織化されているかを振り返る必要がある。これまで以上にさまざまな組織は、ただ一生懸命働く意欲を備えているだけでなく、イノベーションを起こし、自主性を貫き、そしてリスクに挑戦する自由と励みを備えた人々を必要としている。我々は、変化を積極的に受け入れる文化と、変化に柔軟に対応できるシンプルなシステムを必要としている。なにより、顧客や市民のロイヤルティに依存する企業や組織は、単に共通の価値を持っているだけではなく、共通の価値に従って行動しなければならない。そうした企業や組織は、移ろう砂のような嘘や言い訳によってロイヤルティと信頼を築くことはできないという真実に、真正面から向き合わなければならない。

これからの時代の強くて成功する組織とは、こうした永遠のシンプルな原則に立脚した組織だと私は思う。こうした原則の多くは、人生における明白な、そして時には見落とされ無視されている真実を反映しているものだ。こうした原則は、人が生まれ持つ欠点に対処するためにも役立つ。人々は真実に向き合ったり、大胆なゴールを設定したり、競争に負けてしまうことを怖れている。人々はプロセスを書き留めたり、シンプルなタスクを実行したり、あるいは細部にこだわったりすることにうんざりする。しかし、こうしたことはすべて成功のために欠かせない本質だ。

私はまた、重要な真実が見のがされる、もっとはっきりした文化的原因があることに気がついている。短期主義は、その一つである。ビジネスであれ政治や公共部門であれ、リーダーたちはますます目の前にある次の結果、翌日の見出しといったことを気にしている。もちろん、これは目新しいことではない。市場そのものと同様、ビジネスにおいては利益が決定を左右しがちである。それは政治家が昔から、目の前の人気取りに流され、長期的な計画に背を向けがちなのと同じである。しかし、今日問題を特に深刻にしているのは、コミュニケーションがきわめて簡単にかつスピーディーにできるようになったことである。ソーシャルメディアと、世界中のどこに住んでいようとも直接、お互いにコミュニケーションできるようになった消費者によって、あらゆる組織のリーダーは僅かな批判にも対応し、すぐ良い知らせを伝えることが必要だ感じるようになっている。

官僚主義は、これらの真実が忘れ去られるもう一つの理由である。官僚主義は、特定の目的に合わせて人々を組織化するために生まれた。それゆえ官僚主義は、常に管理のための道具であった。ところが組織が大きくなるにつれ、官僚主義の触手は組織の最前線で働くプロフェッショナルたちの独創性や自立心、そして尊厳を押しつぶすようになった。それは同時に、彼らをリーダーから引き離すことにもなった。いまでは管理者と被管理者の間には、デジタル技術でも乗り越えることのできない大きな隔たりができてしまった。

次に信念の不足である。これは、他人を怒らせるくらいなら、真実を伝えたり自分が正しいと信じることについて議論すべきではないという意識を生む。資本主義についてが良い例だ。一部の銀行家と投資家による失敗あるいは愚行（控え目に言えばだが）が、世界を不況に陥れただけでなく、自由市場や利益、そして消費者パワーなどは本質的に悪いものだと信じている人達を勢いづかせてしまった。そのため、自由市場を批判する人達が説教壇の上から演説をぶつのに対して、誰も競争の恩恵や、いかにして企業が社会を支える富を生み出しているかというシンプルな真実について、きちんと反論し擁護しようという勇気を持つことができなかった。

そして、この事例は私に、全てにおいて最も有害な傾向である道徳的な相対主義に、我々が知らず知らず陥っていることを気付かせる。寛容であることへの強迫観念、つまり皆を喜ばせたいという願望は、難しく苦痛を伴う決定を行うことを避ける言い訳をリーダーに与える。明確な価値観のコンパスがないまま、間違った理由のため、あまりに多くの決定が下される。「間違った」とは、道徳的に間違っているという意味だ。ビジネスは、政治と同じように、道徳のないところには存在しえない。正しいことをするということは、単に法律を守るということではなく、あなたが一緒に仕事をする人たち、あなたが役に立つ相手の人たち、あなたがその生活に影響を与える人たちのため、正しいことをするということを意味する。それは、一時的な金融危機や世論調査の急落を意味するかもしれない。もしそれが正しく、もし決定が真実に基づくのであれば、そして何より重要なことはそれが共通の適正な価値を反映しているのであれば、恩恵が痛みを乗り越えるだろう。

マネージャーが教えられることの多くは、この基本的な人間性の認識、あるいは真実にもっと焦点をあてるべきなのに、それがぼやけている。価値でなく数値が、会社での人生を支配する。「正しいことをする」は、企業の社会的責任の奨励になった。意図は完全に良いのであるが、ビジネス的な考え方からあまりにもかけ離れている。一方、政治家は政治を「可能性の芸術」であるというが、その言葉には敗北の響きがある。つまり、どのように行動すればいいかは分かっているが、それをやり遂げる意思も決意もないということだ。

真実、ロイヤルティ、勇気、価値観、行動、バランス、シンプル、リーン、競う、信頼。これらは良い組織を作るための、私の経験を反映した10の言葉である。思うに、これらに11番目として「運」を付け加えたくなる人がいるかもしれない。「彼は運が強いか?」。ナポレオンは将校を昇進させるべきかどうか考えるとき、こう尋ねたと言われる。あなたが素晴らしいアイデアを思いついても、不幸にして僅かの差で誰かに先を越されることがあるかもしれない。また、あなたが素晴らしい計画を立てても、あなたにはどうしようもない環境によってつぶされることがあるかもしれない。テスコもアメリカでフレッシュ&イージーを立ち上げたとき、2007年の金融危機で吹き飛ばされそうになった。小さな失敗は幸運な環境では大したことはないが、不運な環境ではとんでもない代償を払わされることがある。

運は我々の人生に一役かっており、我々のほとんどはそれを良い形と悪い形の両方で経験する。しかしながら、重要なのは運をどう操るかではなく、どう応えるかである。幸運の一かけらは、ほとんどのことを可能にする勇気を生み出すはずだ。不運のひとかけらは、運を乗り越えていく強い願望を生み出すはずだ。何よりも、物事はいつも自分の思い通りにいくわけではないという認識が、厳しい時期にも臨機応変に対応する復元力をあなたに与えてくれるだろう。

確かに、私のテスコでの日々は、全てが自分の思い通りにいったわけではなかった。マーケティング・キャンペーンで失敗したこと、競合他社を早く見極められなかったこと、ITプロジェクトを上手くコントロールできなかったことなど、そのリストは長い。しかし我々は、時々後戻りしたり失望したりしても、それで道を外れることはなかった。その結果、1992年には売上高が70億ポンドでイギリス第3位のスーパーマーケットとしてもがいていた会社が、2011年にはイギリス国内で売上高440億ポンドという世界最大の小売業の1つになった。さらにその時点では、13の新しい市場に参入し、そのうち8つで1位または2位であった。

こうしたことから、私のリストに「運」は入っていない。運が存在しないからではない。経営のツールのひとつと考えるにはあまりに気まぐれだからだ。これでは、他の10の言葉とは相容れない。10の言葉は良い組織をつくる私の経験を反映しており、私はそれらが普遍的に通用するものだと信じている。

10の言葉のうちどれが一番重要か選べといわれたら、私は真実をあげたい。問題の原因について真実に辿り着き、それを隠さないこと。「この組織の目的は何か?」という問いへの正直な答え。自分と自分の周りの人に正直であること。真実を求め語ること。それはただ道徳的に正しいというだけではなく、成功するマネジメントの基盤でもある。そして多くの場合、あなたが役に立つ相手の人たち、つまりあなたの顧客こそが真実の源である。どんなに難しいとしても、顧客に耳を傾け、学び、そのアドバイスに注意を払おう。そうすればあなたはもっと素晴らしい成功のチャンスに恵まれる。シンプルなことである。

おわりに

この本の執筆を始めたとき、取り上げた10の重要な経営上の言葉のうち、「真実」がおそらく最も重要だと思っていた。1年が経ち、「勇気」が真実と同様に最も重要ではないかと考え始めている。その理由を説明しよう。

これを書いている現在、私たちは世界的な安定を高めるための極めて長い道のりにいる。イギリスでノーザン・ロック銀行崩壊の5年後、リーマン証券が破綻した4年後でも、先進国の経済はまだ銀行メルトダウンの影響で苦労をしている。頼りない景気の回復は、石油価格とユーロ通過危機の衝撃によって消滅してしまった。それは私の生涯の中で、最も長くて最も厳しい不況である。私たちがどのようにビジネスを行うか、何百万人もの人々がどのように彼らの人生を生きるかは、以前とは変わってしまった。もはや銀行が破綻し、不況が襲って来る前の人生に戻ることはない。緊縮、難しい10年、失われた10年。なんと呼んでも良いが、企業と政府を含む全員が、チャレンジに応ずるために変わらなければならない。

テスコも、そのチャレンジから、またそれに適応する必要性から逃れることはできない。変化をルーチンとみなしているが、それがもたらした幾つかの変化は辛いものだった。私が去った18ヵ月後に、テスコはアメリカでの『フレッシュ＆イージー』事業を再評価していると発表した。「再評価している」とは、撤退という意味である。以前述べた通り、アメリカに投資するというテスコの決定は私に責任がある。我々の試みが望んだ通りにならなかった事実は、もちろん悲しい。もし我々がその計画を成功させたなら、その報いは莫大であった。私は依然として、『フレッシュ＆イージー』が成功すると信じているが、難しい状況下で私の後継者が難しい選択をしなければいけないことも理解している。

後知恵であるが、何人かの人は、私達の計画が最初から悲しい結末を迎える運命にあったと今さらながら言う。私は、後知恵より今後の展望を好む。そう、もちろん他の案件と同様に、アメリカで事業を拡大することは、リスクを伴うことは理解していた。私たちは、成功と失敗が同じコインの裏表であることを理解している。失敗なしでは成功を得ることができない。しかしそのリスクは、全てのテスコの事業を危険に晒すものではなかった。私達のアメリカ参入という冒険は、多国籍小売業者、オンライン小売業者、非食品小売業者にテスコがなるための勇敢な、力強い戦略の一部分であった。そのような勇気、そして失敗の覚悟が、今日ますます必要である。世界経済の多くを覆っている景気不安の殻から抜け出るために、私たちはより多くの人々がイノベーションに挑み、投資を行い、また新しい事業を始める勇気を必要とする。この世界をまだ半分しか満たされていないコップだと見る人々にとって、成功の報酬は巨大である。

実例をいくつか見てみよう。パトリック・ウォールは、オンライン・ショッピングの爆発的な需要を満たす仮想サプライチェーンを創造しようと考え、高収入のコンサルタントとしての生活を捨てた。彼の会社、メタパック社はラベリングとトラッキングを通じてオンライン小売業と運送業者と購入者をつなぎ、配達サービスの改善とコスト削減を実現するeコマースの配送管理サービスである。元タイヤ交換工のマイク・ウェルチは、あたかもバーでビールを飲みながら話すようなアイデアだが、インターネットを活用すれば、タイヤの発注や装着の古くさい方法が劇的に改善されると考えていた。そして、独立系のタイヤ交換業者を繋げたブラックサークルというオンラインのタイヤ小売業を立ち上げ、伝統的なマーケット・リーダーと比較して最大40パーセントも小売価格を引き下げた。もうひとつ、ハット・グループのマット・モールディングは、激烈な競争市場であるオンラインのエンターテイメント業界で創業した後、オンライン小売業として大成功を収めている。今やハット・グループは、若いターゲット層に栄養食品、スポーツ補助食品、エンターテイメントとファッション衣料を販売することに特化しているのだ。

　私は、テスコを離れてから彼らに出会った。彼らは典型的な起業家であり、彼らが部屋に入ってくるとエネルギーの波動が伝わってくる。せっかちで、詮索好きで、気まぐれな人達であり、「なぜそうしてはいけないんだ？」と質問し続ける。彼らは仕事をすることを楽しんでいるので、仕事と遊びを分けて考えてはいない。私たちが当たり前すぎてビジネスになんてならないだろうと思うようなことに、彼らは可能性を見つける。私たちがただ、あるがままを受け入れるのに対して、彼らは問題を解決することができると思っている。何より彼らは、今までの仕事と穏やかな生活を捨て、個人的なリスクを取る方を選んだ。そして、私たちの多くがやりたがらない、新しい何かを創造した。

　勇気とは、難しい決定をするだけのことではない。その最も純粋な形として、人は直面しているチャレンジと困難に対して正直であるため、勇気を必要とする。このことは、我々をひとつの真実に引き戻す。多くの国の政治家は、有権者の目を見て、自国の経済と財政が実際は恐ろしい状況であることを話す勇気を奮い起こさなければならない。もしそうすれば、景気と財政の安定性を取り戻すため、辛くとも必要な戦略を実行する政治家を国民は喜んで信じるであろう。真実と勇気が不足しているところに、国民の信頼はない。

　厳しい経済状況では、公共部門ができることはより少なくなるしかなく、少ない資源でより良い成果を上げなければならないことを意味している。しかしそれは、慌ただしく動くことが結果につながると考え、リーダーが死にもの狂いで何かをしなければならないことを意味してはいない。政治家は人々を導くために存在している。管理のためではない。彼らは選挙で説明する責任があるが、もし彼らが毎日説明できるように行政サービスの管理に干渉するなら逆効果であり、結果として混乱が生じるだけである。株式公開企業のトップは、明けても暮れてもビジネスの最前線で起こることの細かい点まで管理したりはしない。大臣も同様である。リーダーシップとは、大きいゴールに集中して、なにがなんでもそれを成し遂げるために計画に執着することである。

そう、真実を明らかにすることは、良い経営の基盤である。真実に基づいて行動する勇気を持つことは、マネージャーをリーダーに変える。そして困難な時期にこそ、私たちはますますその勇気を必要としている。

訳者あとがき

本書はタイトルの通り、今日のテスコを形作ったテリー・リーヒー氏が選んだ、組織運営で大切な10の言葉について書かれている。

リーヒー氏は、苦境に喘いでいたテスコを立て直すために、まず「真実」に向き合った。テスコ側の主観を取り除いて、「顧客」の視点で見た「真実」を受けとめた。調査会社やデータに頼るのではなく、店舗や顧客の住んでいる地域に出向き、後ろに座って黙ってそれをひたすら聞くことから始めた。そこからテスコの変革がスタートをした。文中にあるアレルゲン・フリーのPBライン『フリー・フロム』の開発秘話も興味深い。自分に開発させろと役員に面談を求めてくる母親も大したものだが、その人を採用して開発を任せたリーヒー氏も大した度量の持ち主である。

変革が目指したものは、「ロイヤルティ」の獲得である。顧客からのロイヤルティ、そして従業員のロイヤルティを築くことを目標とした。そのためには、様々なことを変え、止め、新しく作り、痛みも伴った。「真実」を知ることと同様に「ロイヤルティ」を作り上げるためにも、リーヒー氏が導入した会員カード、『クラブカード』が活躍をした。

それを乗り越えるためには「勇気」が必要だった。しかしただ「勇気」だけで変革を推し進めていったのではない。

「価値観」を定め、それを共有し、共に同じ目線で変革を進めていった。

変革を確実にするためには、確実に「行動」することが必須である。

また企業としての「行動」は、地域社会にも配慮をして、「バランス」の取れたものでなければいけない。バランスを取るために作った道具が、『ステアリング・ホイール』である。日本語では車のハンドルという意味だが、見た目はダーツの的のようで、各象限毎に異なる色に塗られており、カラフルなものである。どこの国のテスコの社屋、店舗であっても、必ず掲示してある。これは単に年度毎の標語を掲げるものではなく、経営トップが定めた目標を各部門でやるべきことに分解し、それを徹底させる目標管理の仕組みである。それぞれの目標は必ず定量的に測定可能なものになっており、それが会社、部門、店舗、チームの業績評価に連動をしている。

また一方で物事を「シンプル」に保つことが、企業を健全に変革していくことの秘訣である。その中で出てくるものに「Better, Simpler, Cheaper」の原則がある。これは新規案件に対する判断基準の一つで、お客様にとってより良い（Better）ことか、テスコのスタッフにとってよりシンプル（Simpler）なことか、テスコにとってより安い（Cheaper）ことか、という問いの全てに合格しなければいけないというものである。言われてみれば当たり前のことだが、世の中の実際の企業で決済されている案件の中で、明快にこの3つの問いにYesと答えられるものは果たしてどれくらいあるだろうか。

「シンプル」なことは、「リーン」なことに繋がる。かつて無いほどに企業が社会的責任を果たすことを求められる今日では、「リーン」なことはまた、環境に優しいことも意味する。テスコは環境対応活動に積極的な企業として有名である。テスコのCSR報告書を見てみると、あたかも『ステアリング・ホイール』の様に、いくつもの定量目標が並んでいる。2050年までに全世界で二酸化炭素排出量0の企業になること、等々である。この中の取り組みの一つである「ゼロ・カーボン・ストア」は、訪英の機会があれば、是非訪問してみるべきである。世の中では、マーケティング的なアピールでエコ・ストアを作るケースが多いが、「ゼロ・カーボン・ストア」はまさに二酸化炭素排出量がゼロ（店舗内での発電で排出量をオフセットしている）の店舗である。幾つか新しい設備が設置されているので、従来の店舗より多少初期投資が増えるが、エネルギー消費量が少ないために、数年でそれを取り戻し、以後は通常の店舗よりも低コストで運営できると言われている。エコロジーはエコノミー（経済的）でもあるのである。

次いで「競う」ことの重要性に触れている。「競う」相手を待つのではなく、探しに行く。競争相手の弱点を探すのではなく、強みを学ぶ。テスコはそうやって、ドイツから来たアルディやリドル、アメリカから来たウォルマートと戦ってきた。海外事業を拡大しながらも、ドイツとアメリカの強敵を迎え撃って、尚且つ市場シェアを伸ばしたことは、驚くべきことである。

そして最後に「信頼」が来る。メンバーからリーダーへの信頼が、またリーダーのメンバーへの信頼がなくては、優れた組織は成り立たない。信頼を築くために必要なリーヒー氏の人間への深い洞察が書かれている。

「おわりに」にもあるが、当初筆者がその中で一番重要だとしていたのは、1番目の「真実」である。ほとんどの組織は、この時点で既に間違いを犯している。主観的で、聞くに堪える、見るに堪える「真実」しか見ない組織が大部分であろう。しかしそれに直面するには「勇気」が必要であり、そのため筆者は「1年が経ち、『勇気』が真実と同様に最も重要ではないかと考え始めている」と述べている。ここに今日の日本企業の、日本国の苦境を脱出する鍵があると訳者は考えている。

テスコの成功は、

1. あるべきことをそのまま、曲げずに行った
2. 決定したことを徹底的に実行した
3. 物事を常にシンプルに考え、そのシンプルさを維持した
4. 実行力と定着力を担保する仕組みを作った
5. 謙虚である

ことが理由だと訳者は考えている。これらはイギリス人の国民性、テスコ社の企業風土もさることながら、リーヒー氏の人柄によるものも少なくないだろう。

翻訳のため何度も原著を読み返した。リーヒー氏から一番学ばせて頂いたのは、他ならぬ訳者であった。原著を読んで感じたことは、著者の持つ明快な考え方、強固な意志、そして人やビジネスへの誠実さであった。もしそれがこの本で充分に伝わらなかったならば、訳者として力不足である。その際は是非原著を一度読んで、リーヒー氏の人柄に触れて頂きたい。

幾つもの幸運が重なり、この本を翻訳する機会を頂いた。

カテゴリーマネジメント勉強会の支援を依頼してくれた楢村文信さん。楢村さんの紹介で、最新のカテゴリーマネジメント手法を教えてくれたルック・デメルナーレさんとグラント・ウィザースさん。グラントさんを通じてテスコについて勉強する機会を与えてくださった故小林健治さん。テスコから学んだことを実践する機会を下さった飯野弘俊さんと原正浩さん。そして本書を翻訳することを実現してくださったダイヤモンド・フリードマン社の石川純一さんと三橋和夫さん。訳者は、長年にわたりテスコについての本を翻訳する機会を求めていた。残念ながら数年前に別のチャンスを逃してし

まったが、この度それを上回る機会を頂戴したことはまさに幸運であった。たくさんの方のご厚意でこの本を翻訳する機会を頂戴できたことを感謝します。

最後に、いつも努力することの大切さを教えてくれた私の両親と、常に一番の理解者の妻の三奈子に感謝します。

矢矧晴彦

[著者]

テリー・リーヒー

テスコを世界第３位、イギリス最大の小売業に成長させたカリスマ経営者。2002年には、食品小売業への多大な貢献が認められナイトの称号を授与される。1956年、リバプール生まれ。セント・エドワーズ・カレッジ、マンチェスター科学技術大学を経て、23歳のときにテスコに入社。同社初のマーケティング・ディレクターに就任し、テスコの改革に着手。CEOとしての14年間に、金融保険業への進出、テスコクラブカード、ネットスーパーなど数々の革命的事業展開で、世界の小売企業経営者から注目される。2011年２月、テスコのCEOを退任。

[訳者]

矢矧晴彦（やはぎ・はるひこ）

デロイトトーマツコンサルティング株式会社パートナー。1989年に慶應義塾大学大学院経営管理研究科を卒業後、外資系コンサルティングファームに入社。コンサルティング会社数社を経て2009年よりデロイトトーマツコンサルティングに参画。アジア・パシフィック地域の消費材・流通インダストリー・リーダー、及び日本での同インダストリーの責任者。自らは販売業務、SCM、マーチャンダイジング分野の業務改革プロジェクトを多数手掛けている。欧州の流通企業、とくにテスコの戦略と実務に精通している。

テスコの経営哲学を10の言葉で語る
——企業の成長とともに学んだこと

2014年2月6日　第1刷発行

著　者——テリー・リーヒー
訳　者——矢矧晴彦
発　売——ダイヤモンド社
〒150-8409　東京都渋谷区神宮前6-12-17
http://www.diamond.co.jp/
販売　TEL03·5778·7240
発行所——ダイヤモンド・フリードマン社
〒101-0051　東京都千代田区神田神保町1-6-1
http://www.dfonline.jp/
編集　TEL03·5259·5940
印刷・製本—ダイヤモンド・グラフィック社
編集協力——藤井　廉
編集担当——石川純一

ISBN 978-4-478-09037-4